WISSEN FÜR DIE PRAXIS

Weiterführend empfehlen wir:

FOKUS Sozialrecht
www.fokus-sozialrecht.de

Weitere Titel unter: www.WALHALLA.de

Wir freuen uns über Ihr Interesse an diesem Buch. Gerne stellen wir Ihnen zusätzliche Informationen zu diesem Programmsegment zur Verfügung.

Bitte sprechen Sie uns an:

E-Mail: WALHALLA@WALHALLA.de

http://www.WALHALLA.de

WALHALLA Fachverlag · Haus an der Eisernen Brücke · 93042 Regensburg

Telefon 0941 5684-0 · Telefax 0941 5684-1 11

WALHALLA

Thomas Knoche

Grundlagen – SGB XII: Sozialhilfe

Textausgabe mit praxisorientierter Einführung

2., aktualisierte Auflage

Bibliografische Information der Deutschen Nationalbibliothek

Die Deutsche Nationalbibliothek verzeichnet diese Publikation in der Deutschen Nationalbibliografie; detaillierte bibliografische Daten sind im Internet über www.dnb.de abrufbar.

Zitiervorschlag:
Thomas Knoche, Grundlagen – SGB XII: Sozialhilfe
Walhalla Fachverlag, Regensburg 2022

2., aktualisierte Auflage

Hinweis: Unsere Werke sind stets bemüht, Sie nach bestem Wissen zu informieren. Alle Angaben in diesem Buch sind sorgfältig zusammengetragen und geprüft. Durch Neuerungen in der Gesetzgebung, Rechtsprechung sowie durch den Zeitablauf ergeben sich zwangsläufig Änderungen. Bitte haben Sie deshalb Verständnis dafür, dass wir für die Vollständigkeit und Richtigkeit des Inhalts keine Haftung übernehmen.
Bearbeitungsstand: Januar 2022

Produktion: Walhalla Fachverlag, 93042 Regensburg
Umschlaggestaltung: grubergrafik, Augsburg
Printed in Germany
ISBN 978-3-8029-7251-5

Schnellübersicht

Vorwort

Die Sozialhilfe erbringt Leistungen für nicht erwerbsfähige Personen, die ihren Lebensbedarf nicht aus eigener Kraft decken können und auch keine Ansprüche aus sonstigen Sozialleistungssystemen oder gegenüber Unterhaltsverpflichteten haben. Als letztes Auffangnetz soll sie eine menschenwürdige Existenz sichern. Grundpfeiler dabei sind

- Geldleistungen zur Sicherung des Existenzminimums
- Hilfe zur Selbsthilfe durch aktivierende Leistungen

Das Sozialhilferecht ist – ebenso wie alle anderen Bereiche des Sozial- und Sozialversicherungsrechts – ständigen Änderungen und Reformen unterworfen. Hilfreich ist es daher, auf eine aktuelle Textausgabe zurückgreifen zu können, die nicht nur die Vorschriften beinhaltet, sondern darüber hinaus auch einen praxisorientierten Überblick zur Bedeutung und Tragweite der Regelungen vermittelt.

Diese Arbeitshilfe stellt die unterschiedlichen Hilfeformen vor und geht im Überblick auf den notwendigen Einkommens- und Vermögenseinsatz ein. Der in Kapitel 9 abgedruckte Wortlaut des Zwölften Buches Sozialgesetzbuch (SGB XII) und der dazugehörigen Durchführungsverordnungen ist auf dem Rechtsstand 01.01.2022.

Thomas Knoche

Abkürzungen

Abs.	Absatz
Az.	Aktenzeichen
BGB	Bürgerliches Gesetzbuch
BGBl.	Bundesgesetzblatt
BTHG	Bundesteilhabegesetz
BVerfG	Bundesverfassungsgericht
DVO	Durchführungsverordnung
EStG	Einkommensteuergesetz
EVS	Einkommens- und Verbrauchsstichprobe
GKV	Gesetzliche Krankenversicherung
Nr.(n)	Nummer(n)
RBEG	Regelbedarfs-Ermittlungsgesetz
SGB	Sozialgesetzbuch
SGB I	Sozialgesetzbuch – Erstes Buch (Allgemeiner Teil)
SGB II	Sozialgesetzbuch – Zweites Buch (Grundsicherung für Arbeitsuchende)
SGB III	Sozialgesetzbuch – Drittes Buch (Arbeitsförderung)
SGB IV	Sozialgesetzbuch – Viertes Buch (Gemeinsame Vorschriften für die Sozialversicherung)
SGB V	Sozialgesetzbuch – Fünftes Buch (Gesetzliche Krankenversicherung)
SGB VI	Sozialgesetzbuch – Sechstes Buch (Gesetzliche Rentenversicherung)
SGB VIII	Sozialgesetzbuch – Achtes Buch (Kinder- und Jugendhilfe)
SGB IX	Sozialgesetzbuch – Neuntes Buch (Rehabilitation und Teilhabe für Menschen mit Behinderungen)
SGB X	Sozialgesetzbuch – Zehntes Buch (Verwaltungsverfahren und Datenschutz)
SGB XI	Sozialgesetzbuch – Elftes Buch (Soziale Pflegeversicherung)
SGB XII	Sozialgesetzbuch – Zwölftes Buch (Sozialhilfe)
WfbM	Werkstatt für behinderte Menschen

1 Ziele, Grundsätze und Leistungen der Sozialhilfe

Aufgaben und Merkmale der Sozialhilfe

Aufgabe der Sozialhilfe ist es, den Leistungsberechtigten die Führung eines Lebens zu ermöglichen, das der Würde des Menschen entspricht (§ 1 Satz 1 SGB XII). Im Falle unzureichenden Einkommens und/oder Vermögens deckt die Sozialhilfe den Mindestbedarf, um eine Lebensführung auf gesellschaftlich akzeptablem Niveau zu ermöglichen. Behinderungen, Pflegebedürftigkeit oder besondere soziale Schwierigkeiten versucht die Sozialhilfe im Bedarfsfall auszugleichen mit dem Ziel, dass die betroffenen Personen am gesellschaftlichen Leben teilhaben können.

Ein zentrales Ziel der Sozialhilfe ist es, die Selbsthilfekräfte zu stärken: Die Leistung soll so weit wie möglich befähigen, unabhängig von ihr zu leben; darauf haben auch die Leistungsberechtigten nach ihren Kräften hinzuarbeiten (§ 1 Satz 2 SGB XII).

Weitere Merkmale der Sozialhilfeleistungen:

- Die Leistungen werden auf den individuellen Bedarf abgestimmt und berücksichtigen dabei die Lebenslage, die Wünsche und die Fähigkeiten der Leistungsberechtigten (§ 9 SGB XII).
- Die Sozialhilfe ist eine nachrangige Leistung und wird daher in der Regel erst dann erbracht, wenn alle anderen Möglichkeiten ausgeschöpft sind, so etwa das Einkommen und Vermögen des Leistungsberechtigten und ggf. der zu seinem Unterhalt verpflichteten Personen, seine eigene Arbeitskraft sowie seine Ansprüche gegenüber vorrangigen Sicherungssystemen (§ 2 SGB XII).
- Die Sozialhilfe muss nicht beantragt werden, sondern setzt unmittelbar ein, sobald dem Träger der Sozialhilfe bekannt wird, dass die Leistungsvoraussetzungen gegeben sind. Eine Ausnahme bilden lediglich die Leistungen der Grundsicherung im Alter und bei Erwerbsminderung nach dem Vierten Kapitel (§ 18 SGB XII); siehe dazu auch Kapitel 3.
- Die Leistungen werden erbracht in Form von Dienstleistung, Geldleistung, Gutscheinen oder Sachleistung, wobei Geldleistungen grundsätzlich Vorrang gegenüber Gutscheinen und Sachleistungen haben (§ 10 SGB XII).
- Die Leistungserbringung beschränkt sich nicht auf finanzielle Unterstützung, sondern umfasst immer auch Beratung, Aktivierung und weitere Unterstützungsformen, die auf eine Unabhängigkeit von der Sozialhilfe hinwirken sollen (§ 11 SGB XII).

Systematik der Sozialhilfeleistungen

Die Sozialhilfe umfasst folgende Leistungen (§ 8 SGB XII), die im weiteren Verlauf dieser Arbeitshilfe vertiefter dargestellt werden:

- Hilfe zum Lebensunterhalt (§§ 27 bis 40 SGB XII),
- Grundsicherung im Alter und bei Erwerbsminderung (§§ 41 bis 46a SGB XII
- Hilfen zur Gesundheit (§§ 47 bis 52 SGB XII)
- Hilfe zur Pflege (§§ 61 bis 66a SGB XII)
- Hilfe zur Überwindung besonderer sozialer Schwierigkeiten (§§ 67 bis 69 SGB XII)
- Hilfe in anderen Lebenslagen (§§ 70 bis 74 SGB XII)
- sowie die jeweils gebotene Beratung und Unterstützung

Bis Ende 2019 enthielt das SGB XII (geregelt in den §§ 53-60 SGB XII) eine weitere Hilfeform – die Eingliederungshilfe; sie soll Menschen mit einer Behinderung oder von Behinderung bedrohten Menschen helfen, die Folgen ihrer Behinderung zu mildern und eine Teilhabe an der Gesellschaft ermöglichen. Diese Leistung wurde durch das Bundesteilhabegesetz mit Wirkung ab 01.01.2020 aus dem SGB XII-Leistungsset entnommen und als eigenes Leistungsgesetz im Neunten Buch Sozialgesetzbuch (SGB IX), dort in Teil 2, verortet. Seitdem ist nicht mehr der Träger der Sozialhilfe für diese Leistung zuständig, sondern der Eingliederungshilfeträger.

Anspruchsberechtigte

Durch die Einführung der Grundsicherung für Arbeitsuchende im SBG II wurde 2005 ein großer Teil der bisherigen Empfänger von Hilfe zum Lebensunterhalt vom Bezug dieser Leistungen nach dem SGB XII ausgeschlossen (§ 21 SGB XII). Alle erwerbsfähigen Arbeitsuchenden im Alter ab 15 Jahren bis zum Rentenalter können seitdem bei Hilfebedürftigkeit auf Antrag Arbeitslosengeld II zur Sicherung des Lebensunterhalts (§ 19 SGB II) erhalten. Leben in deren Haushalt auch nicht erwerbsfähige Personen, haben diese einen Anspruch auf Sozialgeld (§ 28 SGB II).

Daraus folgt, dass nur Personen Anspruch auf Hilfe zum Lebensunterhalt (siehe Kapitel 2) haben, die nicht erwerbsfähig und bedürftig sind. Als nicht erwerbsfähig gelten:

- Kinder bis zum 15. Lebensjahr
- Personen zwischen dem 15. Lebensjahr und dem Erreichen der Altersgrenze (siehe Tabelle in § 41 Abs. 2 SGB XII), die aufgrund einer Minderung ihrer Arbeitskraft nur noch weniger als drei Stunden am Tag unter den üblichen Bedingungen des Arbeitsmarktes aus medizinischen Gründen erwerbstätig sein können.
- Ebenso leistungsberechtigt sind Personen aus dem letztgenannten Personenkreis, die zeitweise voll erwerbsgemindert sind. Dies gilt natürlich immer nur dann, wenn diese Personen nicht andere Einkünfte beziehen, etwa aus einer Rente wegen Erwerbsunfähigkeit.

Ausnahmen: Wie dargestellt hat nur Anspruch auf Leistungen zur Sicherung des Lebensunterhalts im Rahmen der Sozialhilfe, wer hilfebedürftig ist und keine Leistungen nach dem SGB II erhält. Von diesem Grundsatz gibt es in § 21 Satz 2 SGB XII eine Ausnahme: Leistungen nach § 36 SGB XII, etwa die Übernahme von Schulden bei drohender Wohnungslosigkeit, können trotz Anspruch auf SGB II-Leistungen gewährt werden.

Auszubildende, deren Ausbildung im Grunde im Rahmen des BAföG oder der Berufsausbildungsbeihilfe förderungsfähig ist, können in besonderen Härtefällen Hilfe zum Lebensunterhalt als Darlehen oder Beihilfe erhalten (§ 22 SGB XII).

Anspruch auf Leistungen der Grundsicherung innerhalb der Sozialhilfe (siehe Kapitel 3) haben ältere Menschen ab Erreichen der Altersgrenze (siehe Tabelle in § 41 Abs. 2 SGB XII) und dauerhaft voll erwerbsgeminderte Personen ab dem 18. Lebensjahr.

Sozialhilfe an im Ausland lebende Deutsche

Weitere Voraussetzung für einen Anspruch ist ein gewöhlicher Aufenthalt in Deutschland. Nach § 30 Abs. 3 Satz 2 Erstes Buch Sozialgesetzbuch (SGB I) hat jemand seinen gewöhnlichen Aufenthalt dort, wo er sich unter Umständen aufhält, die erkennen lassen, dass er an diesem Ort oder in diesem Gebiet nicht nur vorübergehend verweilt.

Deutsche, die ihren gewöhnlichen Aufenthalt im Ausland haben, erhalten keine Leistungen der Sozialhilfe (§ 24 Abs. 1 SGB XII). In außergewöhnlichen Notfällen kann allerdings Sozialhilfe gewährt werden. Dazu muss der Hilfesuchende nachweisen können, dass eine Rückkehr in das Inland aus folgenden Gründen nicht möglich ist:

- Pflege und Erziehung eines Kindes, das aus rechtlichen Gründen im Ausland bleiben muss
- längerfristige stationäre Betreuung in einer Einrichtung
- Pflegebedürftigkeit verhindert die Ausreise
- rechtliche Gründe (hoheitliche Gewalt) verhindern, das Land zu verlassen

Art, Form und Maß der zu gewährenden Hilfe und der Einsatz von Vermögen und Einkommen richten sich nach den besonderen Verhältnissen im Aufenthaltsland (§ 24 Abs. 3 SGB XII).

Zuständig für die Gewährung der Sozialhilfe ist nach § 24 Abs. 4 SGB XII der überörtliche Träger der Sozialhilfe. Hilfesuchende im Ausland müssen die Sozialhilfe dort beantragen.

Sozialhilfe an Ausländer

Ausländer, die im Besitz einer Niederlassungserlaubnis oder einer Aufenthaltserlaubnis sind und sich voraussichtlich dauerhaft in Deutschland aufhalten, haben Anspruch auf alle Leistungen der Sozialhilfe, wenn die jeweiligen Voraussetzungen vorliegen.

Ausländer, die sich ohne Aufenthaltstitel in Deutschland aufhalten, haben nur Anspruch auf reduzierte Leistungen (Überbrückungsleistungen) bzw. erhalten im Ermessensweg Leistungen, soweit dies im Einzelfall gerechtfertigt ist. In § 23 Abs. 3 SGB XII werden zudem weitere Leistungsausschlüsse bzw. davon betroffene Personenkreise formuliert (z. B. Leistungsausschluss bei Einreise wegen Sozialleistungen).

Ausländer, denen Sozialhilfe geleistet wird, sind auf für sie zutreffende Rückführungs- und Weiterwanderungsprogramme hinzuweisen. In geeigneten Fällen ist vom Leistungsträger auf eine Inanspruchnahme solcher Programme hinzuwirken (§ 23 Abs. 4 SGB XII).

Asylbewerber erhalten keine Sozialhilfe (§ 23 Abs. 2 SGB XII), sie erhalten Leistungen nach dem Asylbewerberleistungsgesetz. Nach 18 Monaten Leistungsbezug haben sie jedoch Anspruch auf Leistungen in Höhe und im Umfang der Leistungen des SGB XII (sog. Analogleistungen).

2 Hilfe zum Lebensunterhalt

2

Übersicht

Rechtsgrundlagen für die Hilfe zum Lebensunterhalt sind in den §§ 27 bis 40 SGB XII zu finden.

Es gelten die allgemeinen Grundsätze des Sozialhilferechts, wonach Sozialhilfe dazu dient,

- dem Empfänger ein menschenwürdiges Leben zu ermöglichen,
- den Empfänger in die Lage zu versetzen, sich selbst zu helfen.

Die Hilfe wird grundsätzlich nachrangig geleistet.

Sozialhilfe ist individuell nach Vorliegen der Gewährungsvoraussetzungen zu gewähren (Leistungsberechtigung). Je nach Hilfebedürftigkeit kommen folgende existenzsichernde Leistungen in Betracht:

- Geldleistungen in Höhe des Regelbedarfs
- Kosten der Unterkunft und Heizung
- Mehrbedarfe
- einmalige Bedarfe
- Übernahme von Beiträgen der Kranken- und Pflegeversicherung
- Übernahme von Altersvorsorgebedarfen

Zudem können für hilfebedürftige Kinder bei Vorliegen der Voraussetzungen Leistungen zur Bildung und Teilhabe (Bildungspaket) geleistet werden.

Bei der Bedürftigkeitsprüfung der Hilfe zum Lebensunterhalt wird je nach Haushaltstyp das Einkommen und Vermögen von einsatzpflichtigen Haushaltsangehörigen berücksichtigt und ggf. angerechnet (siehe Kapitel 8).

Einschränkung der Leistung

Trotz fehlender Erwerbsfähigkeit können manche Leistungsberechtigte wie z. B. voll erwerbsgeminderte Zeitrentner bis zu drei Stunden täglich noch einer eingeschränkten Erwerbstätigkeit nachgehen. Werden hier entsprechende Arbeitsangebote vom Träger angeboten und ohne triftigen Grund abgelehnt, kann eine Einschränkung der Leistungen drohen; Gleiches gilt, wenn die Teilnahme an einer erforderlichen Vorbereitung abgelehnt wird.

Die Leistungseinschränkungen können dann den maßgebenden Regelsatz in einer ersten Stufe um bis zu 25 %, bei wiederholter Ablehnung in weiteren Stufen um jeweils bis zu 25 % vermindern (§ 39a SGB XII).

Wichtig: Die Leistungsberechtigten sind über diese Sanktionsmöglichkeit vorher entsprechend zu belehren und es muss vor Sanktionsverhängung eine Anhörung stattfinden.

Ebenso eingeschränkt werden können die Leistungen, wenn Leistungsberechtigte trotz Belehrung ihr unwirtschaftliches Verhalten fortsetzen (§ 26 Abs. 1 Satz 2 SGB XII).

Ebenso eingeschränkt werden können die Leistungen, wenn Leistungsberechtigte ihr Einkommen/Vermögen absichtlich vermindern, um Sozialhilfeleistungen zu erlangen oder sie trotz Belehrung ein unwirtschaftliches Verhalten fortsetzen. Die Leistung soll dann bis auf das zum Lebensunterhalt unerlässliche gemindert werden (§ 26 SGB XII).

Auch fehlende Mitwirkung am Verfahren (z. B. Nichterscheinen im Termin, Nichtmitteilung von Änderung in den Verhältnissen) kann zu erheblichen finanziellen Einschnitten führen. Dies ist im Ersten Buch Sozialgesetzbuch – SGB I (Allgemeiner Teil) geregelt; Vorgaben zu Mitwirkungspflichten und Folgen bei Nichterfüllung ergeben sich aus den §§ 60 bis 64 SGB I.

Folgen fehlender Mitwirkung regelt § 66 SGB I: Kommen Antragsteller oder Leistungsberechtigte ihren Mitwirkungspflichten nicht nach und wird hierdurch die Aufklärung des Sachverhalts erheblich erschwert, kann der Sozialhilfeträger ohne weitere Ermittlungen die Leistungen bis zur Nachholung der Mitwirkung bis auf das zum Lebensunterhalt Unerlässliche (§ 26 SGB XII) einschränken.

Wichtig: Sozialleistungen dürfen wegen fehlender Mitwirkung aber nur versagt bzw. eingeschränkt werden, nachdem der Leistungsberechtigte auf diese Folge schriftlich hingewiesen worden ist und seiner Mitwirkungspflicht nicht innerhalb einer ihm gesetzten angemessenen Frist nachgekommen ist.

Leistungsberechtigte

Hilfe zum Lebensunterhalt ist zu gewähren, wenn der Betroffene seinen Lebensunterhalt nicht oder nicht ausreichend aus eigenen Kräften und Mitteln beschaffen kann. Unter eigenen Kräften und Mitteln wird in § 19 Abs. 1 SGB XII das Einkommen und das Vermögen des Betroffenen verstanden. Berücksichtigt wird dabei das gemeinsame Einkommen und Vermögen der Bedarfsgemeinschaft, also auch das Einkommen und Vermögen des Ehegatten bzw. des (gleichgeschlechtlichen) Lebenspartners oder bei minderjährigen unverheirateten Kindern das Einkommen und Vermögen der Eltern.

Auf die Gewährung von Sozialhilfe besteht, sofern die Voraussetzungen zutreffen, ein Rechtsanspruch. Dieser Rechtsanspruch kann nicht übertragen, ver- oder gepfändet werden (§ 17 SGB XII).

Die Hilfe zum Lebensunterhalt setzt ein, sobald dem Träger bekannt wird, dass die Voraussetzungen für die Leistungen vorliegen. Hilfe zum Lebensunterhalt braucht also nicht beantragt zu werden (§ 18 SGB XII). Wer am Tag der Antragstellung kein Geld mehr hat, kann einen Vorschuss verlangen, der ihm hilft, die Zeit bis zum Erhalt des Sozialhilfebescheides zu überbrücken, und der dann verrechnet wird.

In § 27 Abs. 1 SGB XII wird als zentrale Anspruchsvoraussetzung die Hilfebedürftigkeit benannt, die sich daraus ergibt, dass der notwendige Lebensunterhalt nicht oder nicht ausreichend aus eigenen Mitteln bestritten werden kann.

§ 27 Abs. 2 SGB XII definiert die Hilfebedürftigkeit weitergehend. So zählen zu den eigenen Mitteln das Einkommen, Unterhaltsleistungen und Vermögen sowie vorrangige Sozialleistungen (z. B. Elterngeld, Kindergeld, Wohngeld, Renten, Leistungen aus der Unfallversicherung) .

Die Regelung, nach der Hilfe zum Lebensunterhalt auch geleistet werden kann, wenn zuvor keine Hilfebedürftigkeit besteht, aber einzelne erforderliche Tätigkeiten nicht verrichtet werden können und die deshalb erforderlichen Hilfen nicht aus eigenen Mitteln bestritten werden können, geht aus § 27 Abs. 3 SGB XII hervor.

Vermutung der Bedarfsdeckung aufgrund einer Haushaltsgemeinschaft

Lebt eine Person, die Hilfe zum Lebensunterhalt beantragt, mit anderen Personen zusammen in einem Haushalt, nimmt der Sozialhilfeträger zunächst an, dass diese anderen Personen zum Lebensunterhalt des Antragstellers beitragen (§ 39 SGB XII). Bei diesen Mitbewohnern kann es sich auch um Personen handeln, die nicht mit dem Antragsteller verwandt oder verschwägert sind, also etwa Mitglieder einer Wohngemeinschaft. In diesem Fall muss der Antragsteller glaubhaft und zweifelsfrei versichern, dass er nicht mit seinen Mitbewohnern gemeinsam wirtschaftet. Damit obliegt nunmehr dem Antragsteller die Beweislast, dass er bedürftig ist.

Die Vermutung der Bedarfsdeckung durch Mitbewohner gilt nicht für nachfragende Personen,

- die schwanger sind oder ihr leibliches Kind bis zur Vollendung seines 6. Lebensjahres betreuen und mit ihren Eltern oder einem Elternteil zusammenleben oder
- die behindert oder im Sinne des § 61 SGB XII pflegebedürftig sind und von den Mitbewohnern betreut werden. Dies gilt auch, wenn Pflegebedürftigkeit oder Behinderung droht und das gemeinsame Wohnen im Wesentlichen zu dem Zweck der Sicherstellung der Hilfe und Versorgung erfolgt. Es handelt sich hier also um behinderte oder pflegebedürftige Personen, die von ihren Eltern oder einem Elternteil betreut werden. Dazu gehören auch Personen, die einzelne, für ihren Lebensunterhalt erforderliche Tätigkeiten, z. B. kochen, sich waschen usw., nicht verrichten können. Dadurch soll eine persönliche Leistung, die innerhalb der Wohngemeinschaft erbracht wird, honoriert und gleichzeitig einem „Abschieben" in stationäre Unterbringung entgegengewirkt werden. Es sollen auch Wohngemeinschaften nicht in die Regelung einbezogen werden, die zur gegenseitigen Hilfe und Unterstützung gebildet werden, wie dies z. B. in Alterswohngemeinschaften der Fall sein kann.

Bedarf und Leistungen

Notwendiger Lebensunterhalt

Der notwendige Lebensunterhalt (§ 27a SGB XII) umfasst insbesondere Ernährung, Unterkunft, Kleidung, Körperpflege, Hausrat, Heizung, Erzeugung von Warmwasser und persönliche Bedürfnisse des täglichen Lebens. Dabei gehören zu den persönlichen Bedürfnissen des täglichen Lebens in vertretbarem Umfang auch Beziehungen zur Umwelt und eine Teilnahme am kulturellen Leben. Bei Kindern und Jugendlichen umfasst der notwendige Lebensunterhalt auch den besonderen, insbesondere den durch ihre Entwicklung und ihr Heranwachsen bedingten Bedarf. Hier ist insbesondere auch die Teilhabe an Bildung sowie am sozialen und kulturellen Leben (sog. Bildungspaket, § 34 SGB XII, siehe nachfolgende Ausführungen) zu nennen.

Der gesamte notwendige Lebensunterhalt mit Ausnahme der Bedarfe für Bildung und Teilhabe sowie der Kosten für Unterkunft und Heizung ergibt den Regelbedarf (§ 27a Abs. 2 SGB XII).

Regelbedarf

Die Ermittlung der Regelbedarfe ergibt sich aus dem Regeldbedarfsermittlungsgesetz (RBEG) in Verbindung mit § 28 SGB XII und der dazugehörigen Anlage.

Höhe der Regelbarfe ab 01.01.2022

Regelbedarfstufe 1: Alleinstehende oder alleinerziehende Leistungsberechtigte	449 Euro
Regelbedarfstufe 2: Ehegatte und Lebenspartner sowie andere erwachsene Leistungsberechtigte, die in einem gemeinsamen Haushalt leben und gemeinsam wirtschaften oder Erwachsene Leistungsberechtigte, die nicht in einer Wohnung leben, weil ihnen allein oder mit einer weiteren Person ein persönlicher Wohnraum und mit weiteren Personen zusätzliche Räumlichkeiten nach §42a Abs. 2 Satz 3 SGB XII zur gemeinschaftlichen Nutzung überlassen sind	404 Euro
Regelbedarfstufe 3: Erwachsene Leistungsberechtigte in einer stationären Einrichtung (§27b SGB XII) sowie nicht-erwerbstätige Erwachsene unter 25 Jahren im Haushalt der Eltern	360 Euro

Regelbedarfstufe 4: Jugendliche vom Beginn des 15. bis zur Vollendung des 18. Lebensjahres (= 14-17 Jahre)	376 Euro
Regelbedarfstufe 5: Kinder vom Beginn des 7. bis zur Vollendung des 14. Lebensjahres (= 6-13 Jahre)	311 Euro
Regelbedarfstufe 6: Kinder bis zur Vollendung des 6. Lebensjahres (= 0-5 Jahre)	285 Euro

Zusätzliche Bedarfe

Mehrbedarf

Für bestimmte Personengruppen nimmt der Gesetzgeber einen höheren Bedarf an (§ 30 SGB XII). Von diesen Mehrbedarfsleistungen profitieren in der Regel Menschen mit Behinderungen, Alleinerziehende, werdende Mütter und Kranke. Die Höhe des Mehrbedarfs richtet sich nach den Prozentsätzen des für ihn als Haushaltsangehörigen oder Haushaltsvorstand zustehenden Regelsatzes (Regelbedarfstufe 1). Insgesamt dürfen die Mehrbedarfsleistungen 100 % des maßgebenden Regelsatzes nicht überschreiten.

Höhe der Mehrbedarfe ab 01.01.2022		
Mehrbedarfe	**in Prozent**	**in Euro**
Ältere Mensche ab dem Erreichen der Altersgrenze mit einem Schwerbehindertenausweis, Merkzeichen „G“	17 %	als Haushaltsvorstand: 76 Euro als Haushaltsangehöriger: 61 Euro
Voll Erwerbsgeminderte, die die Altersgrenze noch nicht erreicht haben, mit einem Schwerbehindertenausweis, Merkzeichen „G“	17 %	als Haushaltsvorstand: 76 Euro als Haushaltsangehöriger: 61 Euro

Höhe der Mehrbedarfe ab 01.01.2022		
Mehrbedarfe	**in Prozent**	**in Euro**
Schwangere ab der 12. Woche bis zum Ende des Monats, in welchen die Entbindung fällt	17 %	als Haushaltsvorstand: 76 Euro als Haushaltsangehöriger: 61 Euro
Alleinerziehende mit 1 Kind unter 7 Jahren oder 2 oder 3 Kindern unter 16 Jahren	36 %	162 Euro
Alleinerziehende mit 4 oder mehr Kindern	12 % pro Kind, höchstens 60 %	54 Euro pro Kind, höchstens 269 Euro
Behinderte Menschen ab dem 15. Lebensjahr, denen Eingliederungshilfe nach § 112 Abs. 1 SGB IX gewährt wird (§ 42 Abs. 3SGB XII)	35 % des maßgebenden Regelsatzes	als Haushaltsvorstand: 157 Euro als Haushaltsangehöriger: 126 Euro
Kranke, Genesende, Menschen mit Behinderung oder von Krankheit oder Behinderung bedrohte Menschen, die einer kostenaufwändigen Ernährung bedürfen	Mehrbedarf in angemessener Höhe (Mehraufwendungen im Vergleich zu einer „normalen" Ernährung, wenn aus medizinischen Gründen eine „normale" Ernährung entweder unzureichend oder sogar gesundheitsschädlich ist. Die medizinischen Gründe sind auf der Grundlage aktueller medizinischer und ernährungswissenschaftlicher Erkenntnisse zu bestimmen.)	

Mehrbedarf für Warmwasserzubereitung bei dezentraler Warmwassererzeugung

Kosten für die Warmwasseraufbereitung können als Mehrbedarf neben der jeweils einschlägigen Regelbedarfstufe (RBS) übernommen werden, wenn diese Kosten nicht schon mit den Unterkunftskosten (§ 35 Abs. 4 SGB XII) abgedeckt werden (§ 30 Abs. 7 SGB XII):

RBS	Mehrbedarf in %	Mehrbedarf in Euro
1	2,3 %	10,33 Euro
2	2,3 %	9,29 Euro
3	nicht relevant: der Mehrbedarf für dezentrale Warmwassererzeugung	gilt nicht für Leistungsberechtigte in einer stationären Einrichtung
4	1,4 %	5,26 Euro
5	1,2 %	3,73 Euro
6	0,8 %	2,28 Euro

Höhere Aufwendungen sind nur zu berücksichtigen, soweit sie durch eine separate Messeinrichtung nachgewiesen werden.

Mehrbedarf für Schulbücher und Arbeitshefte

Mit dem eigenständigen Mehrbedarf (§30 Abs. 9 SGB XII) als Ausgleich für Aufwendungen für Kauf oder entgeltliche Ausleihe von Schulbüchern sind auch Arbeitshefte umfasst, soweit sie den Schulbüchern gleichstehen. Das ist der Fall, wenn sie über eine ISBN-Nummer verfügen. Voraussetzung für die Anerkennung als Mehrbedarf ist, dass es im Bundesland bzw. an der Schule keine Lernmittelfreiheit und damit keine Möglichkeit einer unentgeltlichen Anschaffung oder Ausleihe der Schulbücher bzw. Arbeitshefte gibt. Zudem muss die Benutzung des Buchs bzw. Arbeitshefts durch die Schule oder den jeweiligen Fachlehrer vorgegeben sein.

Einmalige Bedarfe

Mit den Leistungen aus dem Regelbedarf sollen alle laufenden und einmaligen Kosten eines Hilfebedürftigen abgedeckt werden. Nur für wenige besondere Lebensumstände werden gesondert Leistungen für einmalige Bedarfe erbracht (§ 31 SGB XII). Dazu zählen:

- Erstausstattung für die Wohnung einschließlich Haushaltsgeräten,
- Erstausstattung für Bekleidung und Erstausstattung bei Schwangerschaft und Geburt sowie
- Anschaffung und Reparatur von orthopädischen Schuhen, Reparatur von therapeutischen Geräten und Ausrüstungen sowie die Miete von therapeutischen Geräten.

Versicherungsbeträge, Vorsorgebedarfe

Bei Vorliegen der Voraussetzungen können auch Beiträge für die Kranken- und Pflegeversicherung übernommen werden (§ 32 SGB XII) sowie Beiträge für die Altersvorsorge (§ 33 SGB XII). Die Kostenübernahme für Beiträge für Vorsorgeleistungen steht dabei im Ermessen des Sozialhilfeträgers. Er muss zuvor prüfen, ob durch Übernahme der Beiträge die Versorgungssituation im Alter so weit verbessert wird, dass Hilfebedürftigkeit im Alter vermieden oder zumindest vermindert wird.

Außerdem können Beiträge für eine Sterbegeldversicherung übernommen werden (§ 33 Abs. 2 SGB XII). Kann der Betroffene bereits vor Beginn der Leistungsberechtigung entsprechende Aufwendungen nachweisen, müssen diese in angemessener Höhe als Bedarf anerkannt werden. Ein nach Eintritt von Hilfebedürftigkeit abgeschlossener Vertrag über eine Sterbegeldversicherung braucht dagegen nicht berücksichtigt werden.

Notwendiger Unterhalt in stationären Einrichtungen

§ 27b SGB XII regelt den „notwendigen Lebensunterhalt in Einrichtungen". Dieser Paragraf wurde durch das Bundesteilhabegesetz (BTHG) zum 01.01.2020 zeitgleich mit der Überführung der Eingliederungshilfe in das SGB IX neu geregelt, da er seitdem keine Anwendung mehr auf Menschen mit Behinderung findet, die Leistungen der „neuen" Eingliederungshilfe erhalten (mit Ausnahme der Personengruppe in § 27c SGB XII, siehe unten).

Dieser in § 27b SGB XII definierte notwendige Lebensunterhalt besteht aus zwei Komponenten: Er umfasst einerseits den in Einrichtungen erbrachten Lebensunterhalt (Unterkunft und Verpflegung) sowie einen weiteren notwendigen Lebensunterhalt (Barbetrag und Bekleidungspauschale).

Adressaten des § 27b SGB XII sind Leistungsempfänger der Hilfe zum Lebensunterhalt oder der Grundsicherung im Alter und bei dauerhafter Erwerbsminderung, die zugleich Leistungen aus der Hilfe zur Pflege oder aus der Hilfe zur Überwindung besonderer sozialer Schwierigkeiten oder aus Hilfe in anderen Lebenslagen erhalten. Hauptanwendungsfall sind hier sicher stationäre Leistungen der Hilfe zur Pflege, also der Aufenthalt in einer Pflegeeinrichtung.

Während des Aufenthalts in einer Einrichtung wird der größte Teil des laufenden Lebensunterhalts (Unterkunft und Verpflegung) durch die Einrichtung bereitgestellt. Neben diesen täglichen Aufwendungen zur Deckung des laufenden Unterhalts benötigt der Einrichtungsbewohner aber auch Geld, um sich persönliche Bedürfnisse und Wünsche zu erfüllen, die nicht von den Leistungen der Einrichtung gedeckt werden (z. B. Frisörbesuch, Freizeitaktivitäten, Busfahrkarten). Dazu dient der Barbetrag.

Hilfeempfänger, die das 18. Lebensjahr vollendet haben, erhalten gemäß § 27b Abs. 3 Nr. 1 SGB XII einen Barbetrag in Höhe von mindestens 27 % der Regelbedarfstufe 1 (2022: mindestens 121,20 Euro). Für Hilfeempfänger unter 18 Jahren wird die Höhe des Barbetrages von den zuständigen Landesbehörden festgesetzt.

Leistungsberechtigten in Einrichtungen ist zudem für die Beschaffung von Bekleidung und Schuhen eine Bekleidungspauschale zu gewähren (§ 27b Abs. 2 und 4 SGB XII). Die Höhe dieser Pauschale bestimmt der örtliche Sozialhilfeträger, in dessen Zuständigkeitsbereich die Einrichtung liegt.

Die Sonderregelung des § 27c SGB XII ergänzt § 27b SGB XII für zwei Personenkreise, die Eingliederungshilfe nach Teil 2 des SGB IX erhalten:

- Minderjährige mit Behinderung, die nicht in einer Wohnung leben und zugleich Eingliederungshilfe über Tag und Nacht erhalten, und
- Volljährige mit Behinderung, die Leistungen der Eingliederungshilfe zur schulischen Ausbildung für einen Beruf in besonderen Ausbildungsstätten für Menschen mit Behinderungen (Internat) über Tag und Nacht erhalten.

Die Sonderregelung ist notwendig, da die mit der Umsetzung des Bundesteilhabegesetzes einhergehende Trennung von existenzsichernden Leistungen und Fachleistungen der Eingliederungshilfe nur für Volljährige, nicht aber für Kinder und Jugendliche in Einrichtungen gilt und in Internaten eine Trennung von Lebensunterhalt und Fachleistungen ebenfalls nicht gelten soll.

Bildung und Teilhabe

§ 34 SGB XII regelt, für welche Bedarfe Leistungen für Bildung und Teilhabe erbracht werden, mit denen das menschenwürdige Existenzminimum von Kindern und Jugendlichen und jungen Erwachsenen sowie von Schülerinnen und Schülern im Bereich der gesellschaftlichen Teilhabe und Bildungsteilhabe sichergestellt wird.

§ 34a SGB XII regelt, in welcher Form die Leistungen für Bildung und Teilhabe erbracht werden.

Die Leistungen des „Bildungspakets" nachfolgend im Einzelnen:

Ausflüge, Klassenfahrten

Anspruchs-berechtigte	Schülerinnen und Schüler Kinder, die eine Kindertageseinrichtung besuchen
Leistungsinhalt	Eintägige (Schul-)Ausflüge und mehrtägige Klassenfahrten
Höhe der Leistung	Die Aufwendungen werden in tatsächlicher Höhe berücksichtigt.

Schulbedarf, Schulbasispaket

Anspruchs-berechtigte	Schülerinnen und Schüler
Leistungsinhalt	Zur persönlichen Schulausstattung gehören neben Schulranzen, Schulrucksack und Sportzeug insbesondere die für den persönlichen Ge- und Verbrauch bestimmten Schreib-, Rechen- und Zeichenmaterialien (Füller, Kugelschreiber, Blei- und Malstifte, Taschenrechner, Geodreieck, Hefte und Mappen, Tinte, Radiergummis, Bastelmaterial, Knetmasse).
Höhe der Leistung	Die Höhe des anerkannten persönlichen Schulbedarfs ist pauschaliert und wird seit 01.07.2020 regelmäßig an die allgemeine

	Lohn- und Preisentwicklung angepasst. Für 2022 gilt ein Bedarf in Höhe von 156,00 Euro im Jahr. Das „Schulbedarfspaket" wird regelmäßig in zwei Stufen ausbezahlt: 104,00 Euro zu Schuljahresbeginn, also im Monat des ersten Schultages und 52,00 Euro in dem Monat, in dem das zweite Schulhalbjahr beginnt. Auch Schüler, die erst später im Schuljahr aufgenommen werden, oder bei denen der Schulbesuch im Laufe des Schuljahrs länger unterbrochen war, haben Anspruch auf das volle Schulbedarfspaket in Höhe von 156,00 Euro.

Schülerbeförderung

Anspruchs-berechtigte	Schülerinnen und Schüler (überwiegend der Sekundarstufe II)
Leistungsinhalt	Die Schülerbeförderungskosten werden in einigen Bundesländern nur bis zum Abschluss der Sekundarstufe I übernommen. Werden dann die Beförderungskosten von keiner dritten Stelle mehr übernommen und ist es dem Leistungsberechtigten nicht zumutbar, die Kosten aus dem Regelbedarf heraus zu bestreiten, so werden die Kosten für die Schülerbeförderung (z. B. Monatskarte) übernommen. Die Aufwendungen für die Schülerbeförderung müssen dabei tatsächlich anfallen und in Zweifelsfällen nachgewiesen werden.
Höhe der Leistung	Berücksichtigt werden die notwendigen Aufwendungen für die Beförderung zur nächstgelegenen Schule des gewählten Bildungsgangs. Auf diesen Betrag ist die Leistung auch dann beschränkt, wenn die Schülerin oder der Schüler tatsächlich eine weiter entfernte Schule besucht.

2

Lernförderung

Anspruchs-berechtigte	Schülerinnen und Schüler
Leistungsinhalt	Nur wenn vor Ort keine ausreichenden regulären schulischen Angebote existieren, kann eine ergänzende Lernförderung auf Antrag bewilligt werden; unmittelbar schulische Angebote haben stets Vorrang. Die Lernförderung muss „geeignet" und „ergänzend erforderlich" sein, um das „Lernziel" zu erreichen: ■ Die Geeignetheit und Erforderlichkeit der Lernförderung bezieht sich auf das wesentliche Lernziel, das sich wiederum im Einzelfall je nach Schulform und Klassenstufe aus den schulrechtlichen Bestimmungen des jeweiligen Landes ergibt, ■ Das wesentliche Lernziel in der jeweiligen Klassenstufe ist regelmäßig die Versetzung in die nächste Klassenstufe bzw. ein ausreichendes Leistungsniveau. Verbesserungen zum Erreichen einer besseren Schulartempfehlung stellen regelmäßig keinen Grund für Lernförderung dar. Es ist eine auf das Schuljahresende bezogene prognostische Einschätzung unter Einbeziehung der schulischen Förderangebote zu treffen. Ist im Zeitpunkt der Bedarfsfeststellung diese Prognose negativ, besteht kein Anspruch auf Lernförderung. Auf eine bestehende Versetzungsgefährdung kommt es nicht an.
Höhe der Leistung	Es wird eine „angemessene" Lernförderung übernommen: Angemessen ist Lernförderung, wenn sie im Rahmen der örtlichen Angebotsstruktur auf kostengünstige Anbieterstrukturen zurückgreift. Die Angemessenheit der Höhe der Vergütung richtet sich nach der konkret benötigten Lernförderung und den ortsüblichen Sätzen.

Mittagsverpflegung

Anspruchs-berechtigte	Schülerinnen und Schüler Kinder, die eine Kindertageseinrichtung besuchen Kinder, für die Kindertagespflege geleistet wird Für Schülerinnen und Schüler gilt dies unter der Voraussetzung, dass die gemeinschaftliche Mittagsverpflegung in schulischer Verantwortung angeboten wird oder durch einen Kooperationsvertrag zwischen Schule und Tageseinrichtung vereinbart ist.
Leistungsinhalt	Kosten für ein gemeinschaftliches Mittagessen
Höhe der Leistung	Die Bedarfsbemessung der Höhe nach erfolgt anhand der durchschnittlichen Anzahl der Tage, an denen Schülerinnen und Schüler an einer Schule mit angebotener Gemeinschaftsschule die Leistung in Anspruch nehmen können. Abweichungen aufgrund von beweglichen Ferientagen, Unterrichtsausfall, schulinterner Fortbildungen, vorübergehender Erkrankung und Klassenfahrten sind nicht zu berücksichtigen.

Außerschulische Bildung und Teilhabe

Anspruchs-berechtigte	Kinder und Jugendliche bis zur Vollendung des 18. Lebensjahres
Leistungsinhalt	Für die Teilhabe am sozialen und kulturellen Leben in der Gemeinschaft werden pauschal 15 Euro monatlich berücksichtigt, sofern bei Leistungsberechtigten tatsächliche Aufwendungen entstehen, in Zusammenhang mit der Teilnahme an: ■ Aktivitäten in den Bereichen Sport, Spiel, Kultur und Geselligkeit ■ Unterricht in künstlerischen Fächern (z. B. Musikunterricht und vergleichbare abgeleitete Aktivitäten der kulturellen Bildung) ■ Freizeiten

2

	Neben der Berücksichtigung dieser Bedarfe können auch weitere tatsächliche Aufwendungen berücksichtigt werden, wenn sie im Zusammenhang mit der Teilnahme an den genannten Aktivitäten entstehen und es den Leistungsberechtigten im Einzelfall nicht zugemutet werden kann, diese aus den vorstehenden Leistungen und aus dem Regelbedarf zu bestreiten. Ansonsten zählen beispielsweise Kinoveranstaltungen nicht zu den Leistungen. Auch Fahrtkosten, um diese Veranstaltungen besuchen zu können, sind ausgenommen, wenn nicht die obige Ausnahmeregelung greift.
Höhe der Leistung	Das zu berücksichtigende Budget ist pauschaliert auf insgesamt 15 Euro monatlich.

Wichtig: Berechtigte Selbsthilfe: Die Leistungen können vom Berechtigten in bestimmten Fällen auch zunächst selbst gezahlt werden (z. B. Anbieter verlangt Barzahlung) und der Leistungsträger erstattet diese Aufwendungen dann nachträglich (§ 34b SGB XII).

Unterkunft und Heizung

Unterkunftskosten werden grundsätzlich in Höhe der tatsächlichen Mietkosten getragen (§ 35 SGB XII). Werden die Mietkosten als „unangemessen hoch" angesehen, sind sie so lange zu erbringen, wie ein Wechsel in eine günstigere Wohnung nicht möglich oder zumutbar ist, maximal aber nur für sechs Monate (siehe dazu vertiefter gleich).

Bei der Prüfung, welcher Betrag als Bedarf für Unterkunft und Heizung zu berücksichtigen ist, werden zunächst die Aufwendungen ermittelt und auf ihre Angemessenheit geprüft. Hierbei richtet sich die Angemessenheit des Wohnraums und der Miete nach den örtlichen Richtlinien bzw. Mietspiegeln. Sind die Wohngröße und die Kosten angemessen, werden sie in der Folge als Bedarf für Unterkunft und Heizung berücksichtigt.

Corona-Sonderregelung:
Die Angemessenheitsprüfung wird sechs Monate lang ausgesetzt (Bewilligungszeiträume beginnend in der Zeit vom 01.03.2020 längstens bis zum 31.12.2022). Eine befristete Anerkennung der tatsächlichen Aufwendungen für Unterkunft und Heizung gilt in dieser Zeit als angemessen (§ 141 Abs. 3 SGB XII). Danach werden die tatsächlichen Aufwendungen, auch soweit sie unangemessen sind, weiter als Bedarf anerkannt, solange es den Leistungsberechtigten nicht möglich oder nicht zumutbar ist, die Kosten zu senken, in der Regel höchstens für sechs (weitere) Kalendermonate.

Als angemessen gilt der Wohnraum für eine Person bei einer Größe von 45 bis 50 Quadratmetern. Für zwei Personen gelten 60 Quadratmeter als angemessen, während für jede weitere Person 15 Quadratmeter zusätzlich zu berechnen sind.

Wichtig: Da es keine bundeseinheitliche Regelung gibt, können diese Werte von Kommune zu Kommune leicht abweichen. Maßgeblich sind auch immer die örtlichen Gegebenheiten und Möglichkeiten. So ist beispielsweise nicht anzunehmen, dass in einer Großstadt mit fehlendem Wohnraum die Kostenerstattung verweigert wird, wenn eine Wohnung mit 58 Quadratmeter Wohnfläche für eine Person noch im Rahmen der angemessenen Kosten ist.

Bezüglich der Höhe der angemessenen Wohnkosten werden die örtlichen Richtlinien bzw. Mietspiegel der Gemeinden und Städte zugrundegelegt. Liegen solche nicht vor, wird auf die Werte des Wohngeldgesetzes zurückgegriffen.

Die Kosten für Unterkunft und Heizung werden grundsätzlich an den Leistungsempfänger erbracht. Nur wenn eine zweckentsprechende Verwendung durch den Leistungsempfänger nicht garantiert werden kann, zahlt der Grundsicherungsträger direkt an den Vermieter.

Bedarfe für Heizung und zentrale Warmwasserversorgung werden ebenfalls in tatsächlicher Höhe anerkannt, soweit sie angemessen sind. Diese Kosten können durch eine monatliche Pauschale festgesetzt werden; dabei sind zu berücksichtigen:

- der individuelle Bedarf, also die persönlichen und familiären Verhältnisse (z. B. Kleinkinder, behinderte, alte/kranke Menschen),

- die Größe und Beschaffenheit der Wohnung (Lage, Bauzustand, Wärmedämmung, Dichtigkeit der Fenster, Raumhöhen),
- die vorhandenen Heizmöglichkeiten (Art, Alter, Zustand und Betriebsart der Heizanlage),
- die örtlichen Gegebenheiten (Klima, Brennstoffpreise).

Kosten für Warmwasser werden als Bedarf für die Unterkunftskosten anerkannt, wenn es sich um zentral bereitgestelltes Warmwasser handelt.

Bei dezentraler Warmwassererzeugung werden die Kosten als Mehrbedarf (§ 30 Abs. 7 SGB XII) anerkannt und – je nach Regelbedarfstufe – prozentual berechnet (siehe oben).

Übernahme von Miet- und Energieschulden

§ 36 SGB XII enthält die Möglichkeit der Übernahme von Miet- und Energieschulden zur Vermeidung von Wohnungslosigkeit oder zur Behebung einer vergleichbaren Notlage, insbesondere der Sperrung von Wasser, Gas oder Strom.

Geht bei einem Gericht eine Räumungsklage aufgrund von Mietschulden ein, so teilt das Gericht dem zuständigen örtlichen Träger der Sozialhilfe oder der von diesem beauftragten Stelle unverzüglich die wichtigsten Eckdaten mit:

- den Tag des Eingangs der Klage,
- die Namen und die Anschriften der Parteien,
- die Höhe des monatlich zu entrichtenden Mietzinses,
- die Höhe des geltend gemachten Mietzinsrückstands und der geltend gemachten Entschädigung und
- den Termin zur mündlichen Verhandlung, sofern dieser bereits bestimmt ist.

Nur wenn für das Gericht aufgrund der Klageschrift offensichtlich ist, dass die Nichtzahlung der Miete nicht auf einer Zahlungsunfähigkeit beruht, unterbleibt eine Benachrichtigung bzw. Übermittlung (§ 36 Abs. 2 SGB XII).

Durch dieses Verfahren soll sichergestellt werden, dass die Hilfe zum Lebensunterhalt in Sonderfällen rechtzeitig greifen kann.

Übernahme von Umzugskosten, Kosten der Wohnungssuche

Ist die aktuelle Wohnung unangemessen groß und/oder sind die Mietkosten unangemessen hoch, muss ein Umzug ins Auge gefasst werden.

Wohnungsbeschaffungskosten, Mietkautionen und Umzugskosten können als Bedarf anerkannt werden, mit der Folge, dass die Übernahme nach vorheriger Zustimmung durch den Sozialhilfeträger erfolgt. Sie sollen übernommen werden, wenn der Umzug auf Aufforderung erfolgte (weil etwa die Wohnung unverhältnismäßig groß ist) oder aus anderen Gründen notwendig war. Mietkautionen sollen als Darlehen erbracht werden.

Der Anspruch auf Übernahme der Umzugskosten beschränkt sich auf die notwendigen angemessenen Kosten. Der Umzug ist grundsätzlich selbst durchzuführen. Ist dies aus gesundheitlichen Gründen, wegen Alters oder Behinderung nicht möglich oder nicht zumutbar, können Kosten, die durch eine Beauftragung einer Umzugsfirma entstehen, übernommen werden. Werden Umzugskosten gewährt, sind alle im Zusammenhang mit dem Umzug notwendigen Kosten zu erstatten. Dabei sind üblicherweise anfallende Kosten in angemessener Höhe zu übernehmen (insbesondere Kosten für Packen, Transport, Versicherung, Benzin).

Darlehen

Ergänzende Darlehen

Kann ein Leistungsempfänger eine notwendige Anschaffung nicht mit dem Geld, das er als notwendigen Unterhalt (Regelbedarf) erhält, stemmen, kann ihm ein ergänzendes Darlehen gewährt werden (§ 37 SGB XII). Dies könnte zum Beispiel der Fall sein, wenn mehrere größere Anschaffungen gleichzeitig erforderlich sind oder eine dringende Neubeschaffung wegen mangelnder Ansparung nicht möglich ist. Der Sozialhilfeträger wird in diesen Fällen sehr genau prüfen, ob

- es sich wirklich um einen unabweisbar gebotenen Bedarf handelt und
- eine Bedarfsdeckung nicht auf andere Weise möglich ist, etwa von dritter Seite (z. B. Kleiderkammern, Gebrauchtwarenhandel).

Ein Sozialhilfedarlehen muss mit Teilbeträgen von bis zu 5 % der Regelbedarfstufe 1 zurückgezahlt werden.

Darlehen bei am Monatsende fälligen Einkünften

2

Mit dieser Darlehensform (§ 37a SGB XII) soll verhindert werden, dass leistungsberechtigte Personen, bei denen am Monatsende zufließendes Einkommen leistungsmindernd zu berücksichtigen ist, bis zum tatsächlichen Zuflusszeitpunkt ihren Lebensunterhalt nicht decken können.

§ 37a Abs. 1 Satz 1 SGB XII regelt den Hauptanwendungsfall, dass im Leistungsmonat erstmals zum Monatsende eine Rente geleistet wird. Aufgrund der Fälligkeit zum Monatsende und der leistungsmindernden Einkommensanrechnung ergibt sich das Problem, dass der leistungsberechtigten Person am Monatsanfang die Grundsicherungsleistung zufließt, auf deren Höhe der Rentenzahlbetrag angerechnet wird. Deshalb steht die Rente während des Monats, für den sie erstmals gezahlt wird, nicht für die Bestreitung des Lebensunterhalts zur Verfügung. Verfügt eine leistungsberechtigte Person in dieser Situation über kein einzusetzendes Vermögen, kommt es zu einer Bedarfsunterdeckung.

Eine Darlehensgewährung kommt bis zur Höhe des Rentenzahlbetrags in Betracht. Damit ist der Höchstbetrag für ein solches Darlehen die Differenz zwischen tatsächlichem Leistungsanspruch und Leistungsanspruch ohne Einkommensanrechnung (Bruttobedarf). Dieser aufzustockende Bedarf ist ein Zahlungsanspruch (siehe auch § 43a SGB XII).

Voraussetzung für die Darlehensgewährung ist, dass aus dem vorhandenen Einkommen und Vermögen eine Überbrückung der erst am Monatsende zur Verfügung stehenden Rente nicht vollständig möglich ist.

Nach § 37a Abs. 1 Satz 2 SGB XII kommt eine Darlehensgewährung auch dann in Betracht, wenn andere Einkünfte oder Sozialleistungen zum Monatsende fällig sind. Sind entsprechende, nicht bedarfsdeckende, aber anzurechnende Einkünfte zu einem früheren Zeitpunkt fällig (z. B. Entgeltzahlung zum 15. des laufenden Monats), scheidet eine Darlehensgewährung nach § 37a SGB XII aus. Für vorübergehende Notlagen in diesen Fällen kommt jedoch ein Darlehen nach § 38 SGB XII in Betracht.

Um eine finanzielle Überforderung leistungsberechtigter Personen zu vermeiden, wird die monatliche Rückzahlungsrate auf 5 % der Regelbedarfstufe 1 festgelegt (§ 37a Abs. 2 Satz 1 SGB XII) und der

Rückzahlungshöchstbetrag auf 50 % der Regelbedarfstufe 1 beschränkt.

Während des Leistungsbezugs erfolgt die Rückzahlung durch Aufrechnung nach § 44b SGB XII, frühestens jedoch nach Ablauf des Kalendermonats, der auf die Auszahlung des Darlehens folgt (§ 37a Abs. 3 SGB XII)

Darlehen bei vorübergehender Notlage

§ 38 SGB XII bildet eine Ausnahme von dem Grundsatz, dass Sozialhilfe nicht zurückgezahlt werden muss.

Sind Leistungen nur vorübergehend, also nur von kurzer Dauer, zu gewähren, können Geldleistungen auch als Darlehen gewährt werden, wenn es sich um einen Bedarf an laufenden Leistungen nach dem Dritten Kapitel SGB XII handelt:

- Regelbedarf (§ 27a Abs. 3 und 4 SGB XII)
- Unterkunft und Heizung (§ 35 SGB XII)
- Mehrbedarfe (§ 30 SGB XII)
- laufende Beiträge zur Kranken- und Pflegeversicherung sowie zur Altersvorsorge (§§ 32, 33 SGB XII)
- Barbetrag zur persönlichen Verfügung in Einrichtungen (§ 27b Abs. 2 SGB XII)

Das Darlehen muss in voller Höhe zurückgezahlt werden. Sollte das Darlehen auch die Kaltmiete umfassen, müssen 56 % der Kaltmiete zurückgezahlt werden, sofern der Darlehensnehmer kein Wohngeld bezieht (§ 105 Abs. 2 SGB XII).

Beispiel

Frau M. kommt zum Sozialamt und beantragt Hilfe zum Lebensunterhalt. Sie ist alleinerziehende Mutter und hat ein Kind im Alter von drei Jahren. Das Kind hat laut ärztlichem Attest Entwicklungsrückstände und Verhaltensstörungen. Es bedarf daher einer intensiven Betreuung, sodass Frau M. eine Berufstätigkeit nicht zugemutet werden kann. (Wäre eine Berufstätigkeit von mindestens 3 Stunden pro Tag zumutbar, könnte Frau M. Arbeitslosengeld II nach dem SGB II beantragen. Dies ist hier aber nicht der Fall, da zwar grundsätzlich auch bei alleinerziehenden Müttern vom Vorliegen einer Erwerbsfähigkeit auszugehen ist, in diesem Fall aber die attestierten Entwicklungsstörungen des Kindes eine Berufstätigkeit von mindestens drei Stunden pro Tag unmöglich machen bzw. für Frau M. nicht zumutbar sind.) Unterhalt für sich oder das Kind erhält sie nicht. Die Miete der Wohnung beträgt 290 Euro plus 50 Euro Heizkosten.

Bedarfsberechnung:

	Regelsatz für Frau M.	449 Euro
+	36 % Mehrbedarf für Alleinerziehende mit einem Kind unter 7 Jahren (§ 30 Abs. 3 Nr. 1 SGB XII)	162 Euro
+	Regelsatz für das Kind	269 Euro
+	Miete der Wohnung	290 Euro
+	Heizkosten	50 Euro
=	**Bedarf**	**1.220 Euro**

Der monatliche Bedarf von Frau M. und ihrer Tochter beträgt 1.220 Euro. Frau M. bezieht für ihre Tochter monatlich 219 Euro Kindergeld.

Weiterhin wird Frau M. aufgefordert, für ihre Tochter Leistungen nach dem Unterhaltsvorschussgesetz beim zuständigen Jugendamt zu beantragen.

Ihr ist vorerst Hilfe zum Lebensunterhalt unter Anrechnung des Kindergeldes zu gewähren (also zunächst 1.001 Euro). Der später geltend zu machende Anspruch auf Unterhaltsvorschussleistungen geht, solange das Sozialamt vorleistet, zunächst auf das Sozialamt über (§ 104 SGB X). Sobald diese gegenüber der Sozialhilfe vorrangigen Leistungen bewilligt und gezahlt werden, wird der Unterhaltsvorschuss auf die Sozialhilfe angerechnet, d. h. die laufende Sozialhilfezahlung verringert sich um den Betrag dieser vorrangigen Leistungen.

3 Grundsicherung im Alter und bei Erwerbsminderung

3

Übersicht

Für alte und für dauerhaft erwerbsgeminderte Menschen (typischerweise Menschen mit Behinderungen) ist im SGB XII in Kapitel 4 (§§ 41-46b) eine eigenständige soziale Leistung geschaffen worden, die den grundlegenden Bedarf für den Lebensunterhalt sicherstellt. Bei alten Menschen soll damit die Rente aufgestockt werden und so versteckter oder verschämter Altersarmut vorgebeugt werden.[1])

3

Die Leistungen der Grundsicherung gehen der Hilfe zum Lebensunterhalt (siehe Kapitel 2) vor (§ 19 Abs. 2 Satz 2 SGB XII). Im Gegensatz zur Hilfe zum Lebensunterhalt müssen diese Leistungen aber beantragt werden (§ 41 Abs. 1 SGB XII). Die Bewilligung der Leistungen erfolgt in der Regel für den Zeitraum von einem Jahr und wird jeweils neu erteilt, wenn die Bedürftigkeitsvoraussetzungen auch weiterhin vorliegen (§ 44 SGB XII).

Der Antrag ist beim Sozialhilfeträger zu stellen. Er kann aber auch bei der Deutschen Rentenversicherung eingereicht werden, er wird dann weitergeleitet.

Leistungsberechtigte

Mit dieser Regelung werden Leistungen an Personen erbracht,

- die die Altersgrenze erreicht haben oder
- die volljährig sind und aus medizinischen Gründen dauerhaft voll erwerbsgemindert sind,

sofern sie ihren notwendigen Lebensunterhalt nicht oder nicht ausreichend aus eigenen Kräften bzw. mit eigenen Mitteln bestreiten können; auch müssen sie ihren gewöhnlichen Aufenthalt in der Bundesrepublik Deutschland haben (§ 41 SGB XII i. V. m. § 30 SGB I).

Leistungsberechtigt wegen Alters

Leistungsberechtigt wegen Alters ist, wer die Altersgrenze erreicht hat.

Personen, die vor dem 01.01.1947 geboren sind, erreichen die Altersgrenze mit Vollendung des 65. Lebensjahres. Für Personen, die nach

[1]) Richtig gelungen ist dies bisher leider nicht. Aus diesem Grund wurde zumindest für Rentenversicherte mit mindestens 35 Beitragsjahren, die über das Arbeitsleben hinweg im Jahresdurchschnitt weniger als 80 % des allgemeinen Durchschnittslohns verdient haben, ein Grundrentenzuschlag eingeführt. Wer über weniger als 1.250 Euro pro Monat verfügt (Paare: 1.950 Euro), dem steht dieser Zuschlag zu. Zu dem sich dann ergebenden Freibetrag bei der sozialhilferechtlichen Einkommensberechnung (§ 82a SGB XII) siehe Kapitel 8.

dem 31.12.1946 geboren sind, wird die Altersgrenze schrittweise auf die Vollendung des 67. Lebensjahres angehoben, wie aus der Tabelle in § 41 Abs. 2 SGB XII ersichtlich ist.

Leistungsberechtigt wegen voller Erwerbsminderung

Leistungsberechtigt wegen einer dauerhaften vollen Erwerbsminderung ist, wer das 18. Lebensjahr vollendet hat, unabhängig von der jeweiligen Arbeitsmarktlage voll erwerbsgemindert im Sinne des § 43 Abs. 2 SGB VI ist und bei dem unwahrscheinlich ist, dass die volle Erwerbsminderung behoben werden kann (§ 41 Abs. 3 SGB XII).

Voll erwerbsgemindert sind Menschen, die wegen einer Krankheit oder Behinderung außerstande sind, mindestens drei Stunden täglich auf dem allgemeinen Arbeitsmarkt erwerbstätig zu sein. Die volle Erwerbsminderung muss dauerhaft sein; es muss also unwahrscheinlich sein, dass sie behoben werden kann.

Die Überprüfung, ob eine dauerhafte volle Erwerbsminderung vorliegt, übernimmt grundsätzlich der zuständige Rentenversicherungsträger. Der Sozialhilfeträger veranlasst eine Prüfung, wenn es aufgrund der Angaben und Nachweise des Antragstellers wahrscheinlich ist, dass er dauerhaft nicht imstande ist, mindestens drei Stunden täglich zu arbeiten (§ 45 SGB XII i. V. m. § 109a SGB VI).

Bei bestimmten Personengruppen ist eine Überprüfung entbehrlich, weil das Vorliegen der dauerhaften vollen Erwerbsminderung bereits feststeht, etwa aufgrund des Bezugs einer Rente wegen voller Erwerbsminderung oder weil der Rentenversicherungsträger bereits eine gutachterliche Stellungnahme für einen anderen SGB XII-Träger oder auch SGB II-Träger abgegeben hat.

§ 41 Abs. 3a SGB XII formuliert Ausnahmeregelungen bei Menschen mit Behinderung in Ausbildung. Sie erhalten ohne weitere Prüfung Grundsicherung

- während der Zeit, in der sie das Eingangsverfahren oder den Berufsbildungsbereich in einer Werkstatt für behinderte Menschen (WfbM) sowie vergleichbare Maßnahmen bei einem anderen Anbieter nach §60 des Neunten Buches Sozialgesetzbuch (SGB IX) durchlaufen.
- während der Zeit, in der sie in einem betrieblichen Ausbildungsverhältnis stehen, für das ein Budget für Ausbildung nach dem §61a SGB IX gewährt wird.

Da die Dauerhaftigkeit einer vollen Erwerbsminderung erst nach Beendigung des Berufsbildungsbereichs festgestellt werden kann, erfolgt für Menschen mit Behinderung im Eingangs-, Berufsbildungs- und Arbeitsbereich einer WfbM kein Ersuchen an einen Rentenversicherungsträger auf gutachterliche Feststellung. Entbehrlich ist die Prüfung auch bei Menschen mit Behinderung, die eine Tagesförderstätte oder eine Fördergruppe einer WfbM besuchen, wenn der Fachausschuss der WfbM festgestellt hat, dass die Voraussetzungen für eine Beschäftigung in einer Werkstatt nicht erfüllt sind. Wird ein Teilhabeplanverfahren nach den §§ 19 bis 23 SGB IX oder ein Gesamtplanverfahren nach den §§ 117 bis 121 SGB IX durchgeführt, ersetzen die darin enthaltenen Stellungnahmen die Feststellungen des Fachausschusses.

Leistungsumfang

Grundsicherungsempfänger können – bei Vorliegen der sonstigen Voraussetzungen – folgende Leistungen in Anspruch nehmen (§ 42 SGB XII):

- den für den Antragsberechtigten maßgebenden Regelsatz nach den Regelbedarfsstufen der Anlage zu § 28 SGB XII
- zusätzliche Bedarfe
  - Mehrbedarfe (§ 30)
  - ergänzende Mehrbedarfe nach § 42b Abs. 2 SGB XII: hier handelt es sich um Mehraufwendungen bei gemeinschaftlicher Mittagsverpflegung in einer Werkstatt für behinderte Menschen, bei einem anderen Leistungsanbieter oder im Rahmen vergleichbarer anderer tagesstrukturierender Angebote
  - ergänzende Mehrbedarfe nach § 42b Abs. 3 SGB XII: hier handelt es sich um Mehraufwendungen bei Eingliederungshilfeleistungen zur Teilhabe an Bildung nach § 112 SGB IX – Hilfen zur Schulbildung und zur schulischen und hochschulischen Ausbildung für einen Beruf, inklusive einer dreimonatigen Einarbeitungszeit nach dem Ende der Ausbildung
  - einmalige Bedarfe (§ 31 SGB XII)
  - Beiträge für die Kranken- und Pflegeversicherung (§ 32 SGB XII)
  - Bedarfe für die Vorsorge (§ 33 SGB XII)
- Bedarfe für Bildung und Teilhabe (§ 34 SGB XII)

- Bedarfe für Unterkunft und Heizung (§42a SGB XII, siehe dazu im Folgenden)
- ergänzende Darlehen (§37 Abs. 1 SGB XII) und Darlehen bei am Monatsende fälligen Einkommen nach §37a SGB XII

Siehe zu diesen Leistungen ausführlicher Kapitel 2.

Unterkunft und Heizung

Grundsätzlich zahlt der Sozialhilfeträger die tatsächlichen Aufwendungen für die Unterkunft, soweit sie angemessen sind; es gelten hier die gleichen Vorgaben wie bei der Hilfe zum Lebensunterhalt (siehe Kapitel 2). Besonderheiten können sich aber für bestimmte Wohnsituationen ergeben; deshalb ist die Spezialnorm §42a SGB XII zu beachten:

Soweit in den Absätzen 2 bis 5 von §42a SGB XII nicht etwas anderes bestimmt ist, gelten die allgemeinen Regeln zu Wohnkosten nach den §§35 ff. SGB XII.

Anwendungsbereich und Definition Wohnung

§42a Abs. 2 SGB XII differenziert den Anwendungsbereich

- nach Leistungsberechtigten, die in einer Wohnung leben, und
- nach Leistungsberechtigten außerhalb von stationären Einrichtungen, die in sonstigen Unterkünften leben.

Je nach Lebenssachverhalt gelten unterschiedliche Regelungen des §42a SGB XII.

„Wohnung … ist die Zusammenfassung mehrerer Räume, die von anderen Wohnungen oder Wohnräumen baulich getrennt sind und die in ihrer Gesamtheit alle für die Führung eines Haushaltes notwendigen Einrichtungen, Ausstattungen und Räumlichkeiten umfassen.“ Diese Definition einer Wohnung übernimmt die in unterschiedlichen Rechtsbereichen übliche Abgrenzung, wonach eine Wohnung eine abgeschlossene räumliche Einheit darstellt, die zumindest die wesentlichen, für eine eigenständige Haushalts- und damit auch Lebensführung bestimmten und geeigneten Ausstattungen, Vorrichtungen und Einrichtungen beinhaltet. Eine Wohnung stellt auch eine selbstgenutzte Wohnimmobilie (Eigenheim) dar.

3

Mehrpersonenhaushalt; kein Mietvertrag

In §42a Abs. 3 SGB XII wird eine spezielle Regelung für die Unterkunftskosten von Leistungsberechtigten, die in der Wohnung mindestens eines Elternteils, mindestens eines volljährigen Kindes oder eines volljährigen Geschwisterkindes leben, geschaffen. Für diesen Personenkreis werden Bedarfe der Unterkunft und Heizung in pauschalierter Form berücksichtigt. Die Höhe der Pauschale ergibt sich für die Unterkunft, also in der Regel für die Wohnungsmiete, aus der Differenz der angemessenen Aufwendungen für einen Mehrpersonenhaushalt entsprechend der Anzahl der in der Wohnung lebenden Personen und der Miete für eine Wohnung mit einer um eins verringerten Personenzahl.

Beispiel:

Lebt die leistungsberechtigte Person mit ihren Eltern zusammen,

- wird im ersten Schritt ermittelt, welche Aufwendungen für Unterkunft eines Dreipersonenhaushalts angemessen sind;
- werden im zweiten Schritt von dem sich ergebenden Betrag die angemessenen Aufwendungen für einen Zweipersonenhaushalt abgezogen.

Den Differenzbetrag erhält die leistungsberechtigte Person als Bedarf anerkannt – und zwar ohne einen Nachweis erbringen zu müssen, dass sie diese Aufwendungen auch tatsächlich trägt.

Aufwendungen für die Heizung werden in diesem Fall entsprechend des prozentualen Anteils an den Unterkunftskosten anerkannt.

Wohngemeinschaften

§42a Abs. 4 SGB XII stellt eine spezielle Regelung zur Anerkennung von Bedarfen für Unterkunft und Heizung für diese Wohnform dar. Zweck dieser Regelung ist die Beseitigung von Auslegungsfragen, die sich bei der Ermittlung der angemessenen Aufwendungen für Unterkunft und Heizung bei Wohngemeinschaften sowohl für die Wohnung insgesamt als auch für die auf einzelne Bewohner entfallenden Anteile ergeben.

Die Regelung basiert auf dem Grundsatz, dass in Wohngemeinschaften jede darin wohnende leistungsberechtigte Person einen Anspruch auf einen kopfteiligen Anteil an den Aufwendungen für Unterkunft und Heizung eines entsprechenden Mehrpersonenhaushalts hat.

Damit ist ausgeschlossen, dass im Falle einer Wohngemeinschaft aus z. B. drei Personen für jede Person die angemessenen Aufwendungen für Unterkunft und Heizung eines Einpersonenhaushalts als Bedarf berücksichtigt werden, in der Summe also die Bedarfe für Unterkunft und Heizung von drei Einpersonenhaushalten.

Eine Ausnahme besteht, wenn die leistungsberechtigte Person mit dem Vermieter der Wohnung oder einem anderen Mieter einen gesonderten Mietvertrag über die ihr allein zur Nutzung überlassenen Räume und die gemeinschaftlich genutzte Mietfläche abgeschlossen hat. In diesen Fällen ist die mietvertragliche Vereinbarung für die Anerkennung der angemessenen Bedarfe für Unterkunft und Heizung maßgebend, in der Höhe jedoch begrenzt auf die angemessenen Aufwendungen für einen Einpersonenhaushalt. Dies gilt jedoch bei Mietverträgen mit einem anderen Mieter der Wohnung nur, wenn die vertraglich vereinbarte Miete zu der gesamten Wohnungsmiete in einem angemessenen Verhältnis steht. Übersteigen die tatsächlichen Aufwendungen die nach § 42a Abs. 4 Satz 1 und 2 SGB XII angemessenen Aufwendungen, sind die tatsächlichen Aufwendungen nur so lange als Bedarf anzuerkennen, wie es der leistungsberechtigten Person nicht möglich oder zuzumuten ist, die Aufwendungen zu senken, längstens jedoch für sechs Monate.

Vorübergehendes Wohnen in einer sonstigen Unterkunft

§ 42a Abs. 5 SGB XII regelt die Anerkennung von Bedarfen für Unterkunft und Heizung für Leistungsberechtigte, die nicht in einer Wohnung, sondern in einer sonstigen Unterkunft leben.

Sonstige Unterkünfte sind besondere Unterbringungsformen, die in der Regel nicht einer länger- oder dauerhaften Unterbringung dienen, sondern stattdessen der Überbrückung von Zeiträumen, für die Leistungsberechtigte über keine Wohnung verfügen, und damit oftmals der Vermeidung von Obdachlosigkeit (z. B. Zimmer in Pensionen, Ferienwohnungen, Wohnwagen auf Campingplätzen, Notquartiere, oftmals in Form von Gemeinschaftsunterkünften).

Für die Höhe der angemessenen Bedarfe für Unterkunft und Heizung wird danach unterschieden, ob eine Person allein oder mehrere Personen gemeinsam in einer sonstigen Unterkunft untergebracht sind.

3

Beispiele

Beispiel 1

Frau A. ist Rentnerin und bezieht monatlich eine Altersrente in Höhe von 850 Euro. Ihre Wohnung kostet 320 Euro Miete und es fallen 45 Euro an Heizkosten an.

	Regelsatz Haushaltsvorstand	449 Euro
+	Unterkunftskosten	320 Euro
+	Heizkosten	45 Euro
=	Bedarfssumme	814 Euro
–	Rente	850 Euro
=	**Grundsicherungsbedarf**	**-36 Euro**

Frau A. erhält keine Grundsicherung.

Beispiel 2

Herr B. ist 54 Jahre alt und voll erwerbsgemindert wegen einer schweren Krankheit. Er ist auf unabsehbare Zeit außerstande, unter den üblichen Bedingungen des allgemeinen Arbeitsmarktes mindestens drei Stunden täglich erwerbstätig zu sein. Herr B. zahlt 360 Euro Miete und 55 Euro Heizkosten. Seine Erwerbsminderungsrente beträgt 685 Euro im Monat.

	Regelsatz Haushaltsvorstand	449 Euro
+	Unterkunftskosten	360 Euro
+	Heizkosten	55 Euro
+	17 % Mehrbedarf wegen voller Erwerbsminderung	76 Euro
=	Bedarfssumme	940 Euro

–	Erwerbsminderungsrente	685 Euro
=	**Grundsicherungsbedarf**	**255 Euro**

Herr B. erhält 255 Euro Grundsicherung.

Beispiel 3

Frau C. ist 38 Jahre alt. Sie hat das Downsyndrom und arbeitet in einer Werkstatt für behinderte Menschen. Dort verdient sie 200 Euro Arbeitsentgelt. Frau C. lebt bei ihren Eltern. Deswegen werden die anteiligen Miet- und Heizkosten berücksichtigt.

	Regelsatz Haushaltsangehöriger	360 Euro
+	Unterkunftskosten anteilig	130 Euro
+	Heizkosten anteilig	20 Euro
+	17 % Mehrbedarf wegen voller Erwerbsminderung	61 Euro
=	Bedarf	571 Euro
–	Arbeitsentgelt Werkstatt für behinderte Menschen	200 Euro
=	**Grundsicherungsbedarf**	**371 Euro**

Frau C. erhält 371 Euro Grundsicherung.

In zwei Jahren ist Frau C. 20 Jahre in der Werkstatt für behinderte Menschen beschäftigt. Sie erhält dann eine Erwerbsminderungsrente wegen voller Erwerbsminderung in Höhe von 450 Euro. Ab diesem Zeitpunkt entfällt der Anspruch auf Grundsicherung.

4 Hilfen zur Gesundheit

Übersicht

Für Leistungsberechtigte, die weder gesetzlich noch privat krankenversichert sind, wird die medizinische Versorgung durch den Sozialhilfeträger sichergestellt, soweit den Leistungsberechtigten, ihren nicht getrennt lebenden Ehegatten oder Lebenspartnern und, wenn sie minderjährig und unverheiratet sind, auch ihren Eltern oder einem Elternteil die Aufbringung der Mittel aus eigenem Einkommen und Vermögen nicht zuzumuten ist (§ 19 Abs. 3 SGB XII).

Dabei ist zwischen Hilfebedürftigen zu unterscheiden, die laufende Leistungen der Sozialhilfe erhalten, und solchen, die voraussichtlich nicht mindestens einen Monat ununterbrochen Hilfe zum Lebensunterhalt beziehen.

Sozialhilfeempfänger sind gesetzlich Krankenversicherten gleichgestellt. Für sie gilt der Leistungskatalog der gesetzlichen Krankenversicherung. Die Kosten werden zunächst von einer selbstgewählten Krankenkasse übernommen. Der Sozialhilfeträger erstattet der Krankenkasse vierteljährlich die tatsächlich angefallenen Behandlungskosten. Besteht kein Hilfebedarf mehr, meldet der Sozialhilfeträger dies der Krankenkasse. Damit endet auch der Anspruch auf Leistungen der Krankenkasse. Nicht krankenversicherte Sozialleistungsempfänger werden damit also keine regulären Mitglieder der Krankenkasse.

Die Voraussetzung zur Übernahme der Krankenbehandlung für nicht Versicherungspflichtige gegen Kostenerstattung sind in § 264 des Fünften Buches Sozialgesetzbuch (SGB V) nachzulesen:

- langfristiger (länger als einen Monat) Bezug von
  - Hilfe zum Lebensunterhalt oder
  - Grundsicherung im Alter und bei Erwerbsminderung oder
  - Hilfen zur Überwindung besonderer sozialer Schwierigkeiten oder
  - Hilfe in anderen Lebenslagen oder
  - Hilfe zur Pflege
- und kein Krankenversicherungsschutz
- und kein Einkommen und Vermögen über der Einkommensgrenze nach §§ 85 ff. SGB XII oder unterhaltspflichtigen Angehörigen, die die Behandlungskosten bezahlen können

Die von § 264 Abs. 2 SGB V erfassten Leistungsempfänger haben unverzüglich die Krankenkasse zu wählen, die ihre Krankenbehandlung übernimmt. Leben mehrere Empfänger in häuslicher Gemeinschaft, wird das Wahlrecht vom Haushaltsvorstand für sich und für die Familienangehörigen ausgeübt, die bei Versicherungspflicht des Haushaltsvorstandes familienversichert wären. Wird das Wahlrecht nicht ausgeübt, gelten § 28i SGB IV und § 175 Abs. 3 Satz 2 SGB V entsprechend. Das bedeutet, dass der Sozialhilfeträger die zuständige Krankenkasse zu bestimmen hat.

Vom Umfang her entsprechen die Hilfen zur Gesundheit sowohl von der Leistungsform als auch den Leistungsinhalten den Leistungen der gesetzlichen Krankenversicherung (§ 52 Abs. 1 SGB XII):

- Vorbeugende Gesundheitshilfe
- Hilfe bei Krankheit (Krankenhilfe)
- Hilfen zur Familienplanung
- Hilfe bei Schwangerschaft und Mutterschaft
- Hilfe bei Sterilisation

Auch für Soziahilfeempfänger gilt wie für volljährige Versicherte, dass zu bestimmten Leistungen der gesetzlichen Krankenversicherung Zuzahlungen (z. B. zu Arzneimitteln, Heil- und Hilfsmitteln) bzw. ein Eigenanteil (z. B. Zahnersatz, kieferorthopädische Behandlung) geleistet werden muss.

Bei Hilfebedürftigen, die voraussichtlich nicht mindestens einen Monat Sozialhilfeleistungen beziehen (z. B. Obdachlose) oder die nur Beratungsleistungen (§ 11 Abs. 5 SGB XII) oder Vorsorgeleistungen (§ 33 SGB XII) beanspruchen, stellt der Sozialhilfeträger – falls wirklich notwendig – die notwendige medizinische Versorgung im Rahmen der Hilfen zur Gesundheit auf eigene Kosten sicher. Gleiches gilt für Deutsche im Ausland (§ 24 SGB XII).

Vorbeugende Gesundheitshilfe

Die Leistungen nach § 47 SGB XII entsprechen den Vorsorge- und Rehamaßnahmen der Krankenkasse und dienen der Verhütung und Früherkennung von Krankheiten. Als Maßnahmen dieser Hilfeart kommen insbesondere in Betracht:

- Vorsorgeuntersuchungen zur Früherkennung von Krankheiten
- Erholungskuren, vor allem für Kinder und Jugendliche, für alte Menschen sowie für Mütter und Väter in Müttergenesungsheimen (Mutter-/Vater-Kind-Kuren)
- Vorsorgeuntersuchungen als zwingend zu gewährende Leistung, falls gesetzlich Versicherte in einem solchen Fall Anspruch auf eine derartige Untersuchung haben
- empfohlene oder verpflichtende Schutzimpfungen
- Kosten der ärztlichen Untersuchung zur Feststellung einer drohenden Erkrankung oder eines Gesundheitsschadens
- Zuzahlung zum Klinikaufenthalt (Übernahme der Eigenbeteiligung), allerdings nur nach vorherigem Antrag

Hilfe bei Krankheit

Ziel der Krankenhilfe gemäß § 48 SGB XII ist Heilung, Besserung oder Linderung einer Krankheit. Bei Vorliegen der Voraussetzungen besteht ein Rechtsanspruch auf Behandlung.

Leistungen der Krankenhilfe sind insbesondere:

- ärztliche und zahnärztliche Behandlung
- Versorgung mit Arzneimitteln, Verbandmitteln und Zahnersatz
- Krankenhausbehandlung
- häusliche Krankenpflege
- medizinische Rehabilitationsmaßnahmen

Vom Umfang her sind diese Leistungen deckungsgleich mit den Grundsätzen und Regelleistungen der gesetzlichen Krankenversicherung. Der Hilfesuchende hat damit auch die in Deutschland übliche freie Arztwahl, sofern der Artz nach den kassenärztlichen Sätzen abrechnet (sog. Vertragsarzt).

Hilfe zur Familienplanung

§ 49 SGBXII enthält keine abschließende Aufzählung, sondern nennt lediglich die Übernahme der Kosten für folgende Maßnahmen:

- ärztliche Beratung zur Schwangerschaftsverhütung, aber auch zu bisher unerfüllten Kinderwünschen (daher ist bei Notwendigkeit auch eine humangenetische Beratung zu bezahlen)

- erforderliche Untersuchungen
- Verordnung empfängnisregelnder Mittel

Voraussetzung für die Gewährung ist die ärztliche Beurteilung über die Notwendigkeit der Maßnahmen, an die der Träger der Sozialhilfe gebunden ist.

Vom Umfang her sind diese Leistungen deckungsgleich mit den Leistungen der Krankenversicherung (vgl. § 24a SGB V). Eine darüber hinausgehende Leistung ist nicht zulässig – so das Bundessozialgericht in seinem Grundsatzurteil vom 15.11.2012 (Az. B 8 SO 6/11R). Diese Entscheidung hat zur Folge, dass Kosten für empfängnisverhütende Mittel (nicht Kondome, Schaumtabletten, Cremes) als Hilfe zur Familienplanung nach §49 SGB XII nur noch für Frauen übernommen werden dürfen, die nach dem Recht der gesetzlichen Krankenversicherung im entsprechenden Alter sind. Empfängnisverhütende Mittel übernehmen Krankenkassen nur bis zum 22. Geburtstag; diese Altersgrenze gilt demnach auch im Sozialhilferecht. Werden empfängnisverhütende Mittel im Rahmen der Behandlung von Erkrankungen verordnet, gilt diese Altersgrenze nicht.

Wichtig: Maßnahmen der künstlichen Befruchtung sind nicht von §49 SGB XII umfasst. Diese Maßnahmen sind im Recht der gesetzlichen Krankenversicherung als Sonderfall der Krankenbehandlung in §27a SGB V geregelt, gehören also nicht zu den „Hilfen zur Familienplanung".

Hilfe bei Schwangerschaft und Mutterschaft

§50 SGB XII enthält eine abschließende Aufzählung der in Betracht kommenden Leistungen, die denen der gesetzlichen Krankenversicherung (§§24c-24i SGB V) entsprechen:

- ärztliche Betreuung und Behandlung
- Hebammenhilfe
- Versorgung mit Arznei-, Verband- und Heilmitteln
- stationäre Entbindung oder auch Entbindung zu Hause (Hausgeburt)
- häusliche Krankenpflege

Die Leistungen des § 50 SGB XII beziehen sich nur auf Maßnahmen, die aufgrund der Schwangerschaft und Entbindung entstehen. Dementsprechend können sie nur in Anspruch genommen werden, wenn sie aufgrund der Schwangerschaft oder Entbindung erforderlich werden. Erkrankt die Frau während der Schwangerschaft oder verletzt sie sich, ist bei der Krankenbehandlung und/oder der Versorgung mit Arzneimitteln auf die Regelungen in § 47 und § 48 SGB XII zurückzugreifen.

Wichtig: Für werdende Mütter besteht nach der 12. Schwangerschaftswoche Anspruch auf Mehrbedarf von 20 % des maßgebenden Regelsatzes, soweit nicht im Einzelfall ein abweichender Bedarf besteht (vgl. Kapitel 2).

Hilfe bei Sterilisation

Eine Sterilisation dient der dauerhaften Empfängnisverhütung. Sie kann sowohl bei Männern (Vasektomie) als auch bei Frauen (Tubenligatur) durchgeführt werden.

Eine Sterilisation wird nach § 51 SGB XII bezahlt, wenn ein ärztliches Gutachten darüber vorliegt, dass die Maßnahme aus medizinischen Gründen erforderlich ist und keine andere Verhütungsmethode angewendet werden kann.

Die Hilfe umfasst die Leistungen, wie sie nach dem Krankenversicherungsrecht in solchen Fällen gewährt werden (§ 24b SGB V). Im Einzelnen ist zu nennen:

- ärztliche Beratung, ärztliche Untersuchung und Begutachtung zur Feststellung der Voraussetzung für eine durch Krankheit erforderliche Sterilisation
- ärztliche Durchführung der Maßnahme (Behandlung)
- Versorgung mit Arznei-, Verbands- und Heilmitteln
- Krankenhauspflege

5 Hilfe zur Pflege

Übersicht

Die soziale Pflegeversicherung, geregelt im Elften Buch Sozialgesetzbuch (SGB XI), sichert das Pflegerisiko nicht vollständig ab, sondern übernimmt Kosten nur im Rahmen gesetzlich bestimmter Höchstbeträge und Grenzen (sog. Teilleistungssystem) und nur unter bestimmten Voraussetzungen (Versicherteneigenschaft, Vorliegen von Pflegebedürftigkeit für mindestens sechs Monate). Bei den Pflegebedürftigen kann daher ein darüber hinausgehender Bedarf an Pflegeleistungen bestehen, der bei finanzieller Bedürftigkeit durch die Sozialhilfe im Rahmen der Hilfe zur Pflege gedeckt wird – sofern die Voraussetzungen der §§ 61-66a SGB XII vorliegen.

5

Die Leistungen der Hilfe zur Pflege werden nicht erbracht, soweit Pflegebedürftige gleichartige Leistungen nach anderen Rechtsvorschriften erhalten (siehe zu dieser Leistungskonkurrenz § 63b SGB XII).

Soweit für einen Pflegebedürftigen die Betreuung und Versorgung in seiner Wohnung ausreichen, soll der Sozialhilfeträger darauf hinwirken, dass die notwendigen Leistungen vorrangig in Form der Angehörigenhilfe bzw. Nachbarschaftshilfe erbracht werden (§ 64 SGB XII). Das heißt, dass die häusliche Pflege vorrangig durch Pflegegeld sichergestellt werden soll, mit dessen Hilfe dann wiederum die häusliche Pflege durch dem Pflegebedürftigen nahestehende Personen oder als Nachbarschaftshilfe erfolgen soll. Das präzisiert den allgemeinen Grundsatz des § 13 Satz 2 SGB XII, wonach in der Sozialhilfe ambulante Leistungen Vorrang vor teilstationären und stationären Leistungen und teilstationäre Leistungen Vorrang vor stationären Leistungen haben.

Grundsätzlich erhalten nur Pflegebedürftige der Pflegegrade 2 bis 5 Leistungen der Hilfe zur Pflege. Pflegebedürftige des Pflegegrades 1 haben nur einen Anspruch auf Pflegehilfsmittel sowie Maßnahmen zur Verbesserung des Wohnumfeldes. Darüber hinaus wird noch ein Entlastungsbetrag in Höhe von maximal 125 Euro monatlich gewährt.

Wichtig: Kosten für Unterkunft und Verpflegung werden von der gesetzlichen Pflegeversicherung nicht übernommen, das heißt im Falle der finanziellen Bedürftigkeit werden auch diesbezüglich die Kosten von den Trägern der Sozialhilfe im Rahmen der Hilfe zum Lebensunterhalt (vgl. Kapitel 2) oder der Grundsicherung im Alter und bei Erwerbsminderung (vgl. Kapitel 3) zu tragen sein.

Leistungsberechtigte

§ 61 SGB XII spricht Personen an, die pflegebedürftig im Sinne des § 61a SGB XII sind.

Ein Anspruch auf Hilfe zur Pflege besteht, wenn

- die Leistungen der Pflegeversicherung nicht ausreichen, um die Pflegekosten begleichen zu können, und
- eine finanzielle Bedürfigkeit vorliegt, also weder der Pflegebedürftige selbst noch der Ehe- oder Lebenspartner über ausreichend Einkommen und/oder Vermögen verfügt, um die Kosten bezahlen zu können.

Hilfe zur Pflege leistet das Sozialamt aber auch für die Menschen, die pflegebedürftig sind, aber keinen Anspruch auf Leistungen gegenüber der Pflegeversicherung haben. Das gilt für Personen,

- die nicht pflegeversichert sind oder
- einen Pflegebedarf haben, der für weniger als sechs Monate besteht.

Auch hier besteht der Vorbehalt, dass diese Hilfe nur geleistet wird, soweit den Leistungsberechtigten, ihren nicht getrennt lebenden Ehegatten oder Lebenspartnern und, wenn sie minderjährig und unverheiratet sind, auch ihren Eltern oder einem Elternteil die Aufbringung der Mittel aus eigenem Einkommen und Vermögen nicht zuzumuten ist (§ 19 Abs. 3 SGB XII und mit gleichem Inhalt § 61 SGB XII).

Pflegebedürftigkeit und Pflegegrad

Der Pflegebedürftigkeitsbegriff aus dem SGB XI gilt auch für die Hilfe zur Pflege. Danach sind Personen pflegebedürftig, die gesundheitlich bedingte Beeinträchtigungen der Selbstständigkeit oder der Fähigkeiten aufweisen und deshalb der Hilfe durch andere bedürfen. Pflegebedürftige Personen im vorstehenden Sinne können körperliche, kognitive oder psychische Beeinträchtigungen oder gesundheitlich bedingte Belastungen oder Anforderungen nicht selbstständig kompensieren oder bewältigen.

Anders als im SGB XI können auch Leistungen in den Fällen erbracht werden, in denen voraussichtlich für weniger als sechs Monate die Voraussetzungen einer Pflegebedürftigkeit vorliegen.

5

Maßgeblich für das Vorliegen von gesundheitlich bedingten Beeinträchtigungen der Selbstständigkeit oder der Fähigkeiten sind die in sechs Bereichen genannten pflegefachlich begründeten Kriterien, die in § 61a Abs. 2 SGB XII (wortgleich zu § 14 Abs. 2 SGB XI) aufgeführt werden:

- Mobilität
- kognitive und kommunikative Fähigkeiten
- Verhaltensweisen und psychische Problemlagen
- Selbstversorgung
- Bewältigung und selbstständiger Umgang mit krankheits- oder therapiebedingten Anforderungen
- Gestaltung des Alltagslebens und sozialer Kontakte

Die Hilfe zur Pflege übernimmt neben den Kriterien für die Pflegebedürftigkeit aus der Pflegeversicherung in § 61b SGB XII auch die geltende Einteilung der Pflegebedürftigkeit in fünf Pflegegrade in der Pflegeversicherung (§ 15 Abs. 3 Satz 3 SGB XI).

Ausschlaggebend für die Einstufung in den jeweiligen Pflegegrad (PG) ist die Beeinträchtigung der Selbstständigkeit oder Fähigkeiten:

Pflegegrad (PG)	Beeinträchtigung der Selbstständigkeit oder Fähigkeiten
PG **1**	Geringe
PG **2**	Erhebliche
PG **3**	Schwere
PG **4**	Schwerste
PG **5**	Schwerste mit besonderen Anforderungen an die pflegerische Versorgung

Wurde bereits eine Feststellung der Pflegebedürftigkeit durch einen Gutachter der Pflegeversicherung vorgenommen und ein Pflegegrad ermittelt, so ist die Entscheidung der Pflegekasse über den Pflegegrad für den Sozialhilfeträger bindend (§ 62a SGB XII).

Wichtig: Die Bindungswirkung betrifft nur die Einordnung in den Pflegegrad. Inhalt und Umfang der Leistungen der Träger der Sozialhilfe ergeben sich aus den Vorschriften der Hilfe zur Pflege.

Bei Fällen, in denen keine Entscheidung der Pflegekasse über das Ausmaß der Pflegebedürftigkeit vorliegt, ermitteln die Träger der Sozialhilfe in eigener Verantwortung den Grad der Pflegebedürftigkeit unter Einsatz des Begutachtungsinstruments nach § 62 SGB XII (sog. Neues Begutachtungsinstrument, NBI). Bei seiner Entscheidung kann sich der Sozialhilfeträger der Hilfe sachverständiger Dritter bedienen (z. B. Medizinischer Dienst).

Leistungsumfang

Die Leistungen der Hilfe zur Pflege entsprechen weitgehend den Leistungsarten der Pflegeversicherung (vgl. § 28 SGB XI).

§ 63 SGB XII enthält den Leistungskatalog, der für die Pflegegrade 2 bis 5 gilt:

- häusliche Pflege in Form von:
  - Pflegegeld (§ 64a SGB XII)
  - häuslicher Pflegehilfe (§ 64b SGB XII)
  - Verhinderungspflege (§ 64c SGB XII)
  - Pflegehilfsmitteln (§ 64d SGB XII)
  - Maßnahmen zur Verbesserung des Wohnumfelds (§ 64e SGB XII)
  - anderen Leistungen (§ 64f SGB XII)
- teilstationäre Pflege (§ 64g SGB XII)
- Kurzzeitpflege (§ 64h SGB XII)
- Entlastungsbetrag von bis zu 125 Euro monatlich (§ 64i SGB XII)
- stationäre Pflege (§ 65 SGB XII)

Die Hilfe zur Pflege schließt Sterbebegleitung mit ein.

Wichtig: Auf das Pflegegeld für Pflegebedürftige der Pflegegrade 2 bis 5 (vgl. § 64a SGB XII) sind Leistungen der Blindenhilfe (§ 72 SGB XII) oder vergleichbare Leistungen nach anderen Rechtsvorschriften mit 70 % anzurechnen (§ 63b Abs. 2 SGB XII).

Für Pflegebedürftige des Pflegegrads 1 umfasst die Hilfe zur Pflege Pflegehilfsmittel, Maßnahmen zur Verbesserung des Wohnumfelds und einen Entlastungsbetrag in Höhe von 125 Euro (§ 63 Abs. 2 SGB XII).

Abgrenzung zu anderen Hilfearten

Die Abgrenzung der Hilfe zur Pflege von Hilfe zur Gesundheit (§ 47 SGB XII) und Eingliederungshilfe für Menschen mit Behinderungen (§ 90 ff. SGB IX) lässt sich dadurch treffen, dass Hilfe zur Pflege auf die Erhaltung eines bestimmten Zustandes angelegt ist, während Krankenhilfe und Eingliederungshilfe grundsätzlich auf Veränderung und Verbesserung der Situation angelegt sind. Das heißt, in allen Fällen, in denen es um die Erhaltung eines bestimmten Zustandes geht, ist Hilfe zur Pflege zu gewähren. Geht es dagegen um Verbesserung der Situation, ist Krankenhilfe oder Eingliederungshilfe zu gewähren.

Soweit der Grundsatz, die Lebensrealität ist jedoch oft kompliziert. Von daher hat der Gesetzgeber zur Abgrenzung von Eingliederungshilfe und Hilfe zur Pflege das sog. Lebenslagenmodell eingeführt:

Bis zum Erreichen der Regelaltersgrenze umfassen die Leistungen der Eingliederungshilfe die Leistungen der Hilfe zur Pflege. Damit gelten für die Betroffenen die günstigeren Einkommens- und Vermögensgrenzen der Eingliederungshilfe. Bei Personen, die vor Erreichen der Regelaltersgrenze Anspruch auf Leistungen der Eingliederungshilfe haben, gilt diese Regelung auch über die Altersgrenze hinaus, soweit die Ziele der Eingliederungshilfe erreicht werden können.

Die Eingliederungshilfe umfasst in ambulanten Versorgungssettings auch die Leistungen der häuslichen Pflege nach dem SGB XII (Hilfe zur Pflege), wenn der Leistungsberechtigte vor Vollendung des maßgeblichen Rentenalters (Regelaltersgrenze) bereits Leistungen der Eingliederungshilfe erhalten hat.

Das bedeutet bei Behinderung von Geburt an oder bis zur Regelaltersgrenze:

- Die Leistungen der Eingliederungshilfe umfassen die häuslichen Leistungen der Hilfe zur Pflege.
- Dies gilt auch über die Regelaltersgrenze hinaus, soweit die Teilhabeziele der Eingliederungshilfe noch erreicht werden können.
- Es gelten dann die Einkommens- und Vermögensgrenzen der Eingliederungshilfe (siehe dazu Kapitel 8).

Das bedeutet bei Behinderung und Pflegebedürftigkeit nach Erreichen der Regelaltersgrenze:

- gleichrangiger Zugang zu Leistungen von Hilfe zur Pflege und Eingliederungshilfe mit der Konsequenz von zwei Kostenträgern (Sozialhilfeträger, Eingliederungshilfeträger)
- unterschiedliche Einkommens- und Vermögensgrenzen (siehe dazu Kapitel 8)

Einkommens-, Vermögenseinsatz, Verpflichtungen anderer

Es gelten die Einkommensgrenzen nach § 85 SGB XII und die Vorschriften zum Einsatz des Vermögens nach § 90 SGB XII wie in Kapitel 8 beschrieben – mit folgenden Abweichungen:

- **Erhöhung des Einkommensfreibetrags** (§ 82 Abs. 6 SGB XII):

  Personen, die Leistungen der Hilfe zur Pflege erhalten, können einen Betrag in Höhe von 40 % des Einkommens aus selbstständiger und nichtselbstständiger Tätigkeit des Leistungsberechtigten absetzen, höchstens jedoch 65 % der Regelbedarfstufe 1.

- **Sonderregelungen zum Einsatz von Vermögen** (§ 66a SGB XII):

  Für Personen, die Leistungen der Hilfe zur Pflege erhalten, gilt ein zusätzlicher Betrag von bis zu 25.000 Euro für die Lebensführung und die Alterssicherung im Sinne von § 90 Abs. 3 Satz 2 SGB XII als angemessen, sofern dieser Betrag ganz oder überwiegend als Einkommen aus selbstständiger und nichtselbstständiger Tätigkeit der Leistungsberechtigten während des Leistungsbezugs erworben wird; § 90 Abs. 3 Satz 1 SGB XII bleibt unberührt.

6 Hilfe zur Überwindung besonderer sozialer Schwierigkeiten

Übersicht

Die Hilfe zur Überwindung besonderer sozialer Schwierigkeiten verfolgt das Ziel, Menschen, die wegen besonderer Lebensverhältnisse den Anforderungen der Gesellschaft im Hinblick auf Teilhabe am Leben der Gemeinschaft nicht gewachsen sind, eine gesellschaftliche Eingliederung zu ermöglichen. Adressatenkreis sind insbesondere von Obdachlosigkeit betroffene Personen.

Die gesetzlichen Grundlagen zu dieser Hilfe finden sich in den §§ 67-69 SGB XII sowie in der Durchführungsverordnung zu § 68 SGB XII (Verordnung zur Durchführung der Hilfe zur Überwindung besonderer sozialer Schwierigkeiten).

Leistungsberechtigte

Die Voraussetzung für die Gewährung der Hilfe ist das Vorliegen von besonderen sozialen Schwierigkeiten. Personen leben in besonderen sozialen Schwierigkeiten, wenn besondere Lebensverhältnisse derart mit sozialen Schwierigkeiten verbunden sind, dass die Überwindung dieser besonderen Lebensverhältnisse auch die Überwindung der sozialen Schwierigkeiten erfordert.

Besondere Lebensverhältnisse bestehen insbesondere bei:

- fehlender oder nicht ausreichender Wohnung
- ungesicherter wirtschaftlicher Lebensgrundlage
- gewaltgeprägten Lebensumständen
- Entlassung aus einer geschlossenen Einrichtung

Zu solchen Lebensumständen zählt eine Vielzahl von Sachverhalten. Hier seien nur einige genannt:

- Entlassung aus Inhaftierung
- Ausweichen aus einer Situation mit häuslicher Gewalt (z. B. durch Aufnahme in ein Frauenhaus)
- Beendigung eines Lebens „auf der Straße" durch Aufnahme in ein Wohnheim

Besondere Lebensverhältnisse können ihre Ursachen in äußeren Umständen oder in der Person der Hilfesuchenden haben.

Soziale Schwierigkeiten liegen vor, wenn ein Leben in der Gemeinschaft durch ausgrenzendes Verhalten des Hilfesuchenden selbst, eines Dritten oder der Mehrheitsgesellschaft insgesamt wesentlich eingeschränkt ist, insbesondere

- mit der Erhaltung oder Beschaffung einer Wohnung,
- mit der Erlangung oder Sicherung eines Arbeitsplatzes,
- mit familiären oder anderen sozialen Beziehungen oder
- im Zusammenhang mit Straffälligkeit.

Leistungsumfang

Vorangiges Ziel der Hilfe zur Überwindung besonderer sozialer Schwierigkeiten ist, die Hilfesuchenden zur Selbsthilfe zu befähigen, die Teilnahme am Leben in der Gemeinschaft zu ermöglichen und die Führung eines menschenwürdigen Lebens zu sichern. Dabei sind die Hilfesuchenden verpflichtet, nach eigenen Kräften an der Überwindung der besonderen sozialen Schwierigkeiten mitzuwirken.

Maßnahmen sind die Dienst-, Geld- und Sachleistungen, die notwendig sind, um die besonderen sozialen Schwierigkeiten nachhaltig abzuwenden, zu beseitigen, zu mildern oder ihre Verschlimmerung zu verhüten. Angeboten werden:

- Beratung und persönliche Unterstützung für die Hilfesuchenden und für ihre Angehörigen,
- Hilfen bei der Erhaltung und Beschaffung einer Wohnung,
- Hilfen bei der Vermittlung in Ausbildung,
- Hilfen bei der Erlangung und Sicherung eines Arbeitsplatzes sowie
- Hilfen beim Aufbau und bei der Aufrechterhaltung sozialer Beziehungen und bei der Gestaltung des Alltags.

Bei der Hilfe sind geschlechts- und altersbedingte Besonderheiten sowie besondere Fähigkeiten und Neigungen zu berücksichtigen.

Bei der Ermittlung und Feststellung des Hilfebedarfs sowie bei der Erstellung und Fortschreibung eines Gesamtplanes sollen die Hilfesuchenden unter Berücksichtigung der vorhandenen Kräfte und Fähigkeiten beteiligt werden.

Es sind ambulante, teilstationäre und stationäre Hilfeformen möglich. In stationären Einrichtungen soll die Hilfe nur befristet und nur dann gewährt werden, wenn eine verfügbare ambulante oder teilstationäre Hilfe nicht geeignet und die stationäre Hilfe Teil eines Gesamtplanes ist, an dessen Erstellung der für die stationäre Hilfe zuständige Träger der Sozialhilfe beteiligt war.

Die Hilfe wird nicht auf Dauer gewährt. Die Frage, wie lange die Hilfe gewährt wird, ist wesentlich abhängig davon, ob die Schwierigkeiten in einer begrenzten Zeit behoben werden können. Dabei muss gewährleistet sein, dass der Hilfesuchende im persönlichen Bereich Fortschritte macht.

Beratung und persönliche Unterstützung

Zur Beratung und persönlichen Unterstützung gehört es,

- den Hilfebedarf zu ermitteln,
- die Ursachen der besonderen Lebensumstände sowie der sozialen Schwierigkeiten festzustellen,
- Hilfen bei der Vermittlung in Ausbildung aufzuzeigen,
- über in Betracht kommende Maßnahmen und geeignete Hilfeangebote zu unterrichten,
- in der Umgebung des Hilfesuchenden Verständnis für die sozialen Schwierigkeiten zu wecken und Einflüssen zu begegnen, welche die Bemühungen und Fähigkeiten zur Überwindung besonderer sozialer Schwierigkeiten beeinträchtigen.

Erhaltung und Beschaffung einer Wohnung

Hier geht es vor allem die erforderliche Beratung und persönliche Unterstützung. Soweit erforderlich, umfasst die Hilfe auch sonstige Leistungen zur Erhaltung und Beschaffung einer Wohnung im Rahmen der Hilfe zum Lebensunterhalt, insbesondere der Hilfe zum Lebensunterhalt in Sonderfällen nach § 34 SGB XII.

Ausbildung, Erlangung und Sicherung eines Arbeitsplatzes

Hier geht es darum, die Fähigkeiten und Fertigkeiten sowie die Bereitschaft zu erhalten und zu entwickeln, einer regelmäßigen Erwerbstätigkeit nachzugehen und den Lebensunterhalt für sich und Angehörige aus Erwerbseinkommen zu bestreiten.

Geeignete Maßnahmen sollen

- dem drohenden Verlust eines Ausbildungs- oder Arbeitsplatzes entgegenwirken,
- es ermöglichen, den Ausbildungsabschluss allgemeinbildender Schulen nachzuholen und die für die Ausübung einer Erwerbstätigkeit auf dem allgemeinen Arbeitsmarkt notwendigen Fähigkeiten und Fertigkeiten zu erwerben,
- eine Ausbildung für einen angemessenen Beruf ermöglichen,
- der Erlangung und Sicherung eines geeigneten Arbeitsplatzes oder einer sonstigen angemessenen Tätigkeit dienen,
- den Abschluss sozialversicherungspflichtiger Beschäftigungsverhältnisse ermöglichen oder den Aufbau einer Lebensgrundlage durch selbstständige Tätigkeit fördern.

Bei der Hilfe im Arbeitsbereich ist zu beachten, dass die Leistungen des SGB II ebenfalls weitreichende Hilfen zur Erlangung eines Ausbildungs- und Arbeitsplatzes vorsehen. Die Leistungen im Sinne der §§ 67 ff. SGB XII können erst greifen, wenn die Hilfen des SGB II (hier insbesondere § 16 SGB II) erschöpft sind. Dies ergibt sich aus dem allgemeinen Nachrang der Sozialhilfe (vgl. § 2 Abs. 2 SGB XII).

Soziale Beziehungen

Zu den Maßnahmen im Sinne des § 68 Abs. 1 SGB XII gehört auch Hilfe zum Aufbau und zur Aufrechterhaltung sozialer Beziehungen und zur Gestaltung des Alltags. Gefördert werden sollen die Begegnung und der Umgang mit anderen Personen. Ermöglicht werden soll eine aktive Gestaltung, Strukturierung und Bewältigung des Alltags, eine wirtschaftliche und gesundheitsbewusste Lebensweise, der Besuch von Einrichtungen oder Veranstaltungen, die der Geselligkeit, der Unterhaltung oder kulturellen Zwecken dienen, und eine gesellige, sportliche oder kulturelle Betätigung.

Einkommens-, Vermögenseinsatz

Hilfe zur Überwindung besonderer sozialer Schwierigkeiten umfasst in aller Regel, zumindest als Bestandteil, persönliche Hilfe. Dieser Hilfeanteil wird gemäß § 68 Abs. 2 SGB XII unabhängig von Einkommen gewährt. Außerdem soll vom Einkommenseinsatz der Einkommensgemeinschaft gemäß § 19 SGB XII abgesehen werden, wenn dies das Ziel der Hilfe gefährden würde.

Abgesehen von diesem Sonderregelungen greifen die allgemeinen Vorschriften: Es gelten die Einkommensgrenzen nach § 85 SGB XII und die Vorschriften zum Einsatz des Vermögens nach § 90 SGB XII (siehe dazu Kapitel 8).

7 Hilfe in anderen Lebenslagen

Übersicht

Neben den in dieser Arbeitshilfe in den Kapiteln 2 bis 6 bereits dargestellten Hilfearten leistet die Sozialhilfe auch Unterstützung in weiteren belastenden Lebenslagen, die nicht allein bewältigt werden können. Das Neunte Kapitel des SGB XII (§§ 70-74) umfasst dazu verschiedene Leistungen:

- Hilfe zur Weiterführung des Haushalts
- Altenhilfe
- Blindenhilfe
- Bestattungskosten
- Hilfe in sonstigen Lebenslagen

Hilfe zur Weiterführung des Haushalts

Das Ziel der Hilfe zur Weiterführung des Haushalts ist die Sicherstellung der Fortführung des Haushalts in den Fällen, in denen die Gefahr der Haushaltsauflösung und damit ein erheblich höherer Kostenaufwand für den Träger der Sozialhilfe droht. Wenn eine Haushaltsauflösung unumgänglich ist, soll die Hilfe nur vorübergehend gewährt werden (§ 70 Abs. 1 SGB XII).

Voraussetzungen der Gewährung sind:

- Der Hilfesuchende führt einen eigenen Haushalt.
- Keiner der sonstigen Haushaltsangehörigen kann den Haushalt führen.
- Die Weiterführung des Haushaltes ist geboten; das ist z. B. der Fall, wenn sich der Hilfesuchende nur vorübergehend in stationärer Behandlung befindet und abzusehen ist, dass er sich in Kürze wieder selbst um seinen Haushalt kümmern kann.
- Die Hilfe soll nur vorübergehend gewährt werden; unter „vorübergehend" wird ein Zeitraum von maximal sechs Wochen verstanden. Diese Voraussetzung ist nicht zwingend. In den Fällen, in denen keine andere Hilfe gewährt werden kann und die Voraussetzungen zur Gewährung von Hilfe zur Weiterführung des Haushaltes vorliegen, kann diese gewährt werden, auch wenn abzusehen ist, dass es sich nicht lediglich um eine vorübergehende Hilfe handelt.

Die Hilfe zur Weiterführung des Haushaltes umfasst die persönliche Betreuung von Haushaltsangehörigen (darunter wird unter anderem die Sorge für die Mahlzeiten und die Körperpflege verstanden) sowie die sonstigen zur Weiterführung des Haushaltes erforderlichen Tätigkeiten (z. B. Putzen, Einkaufen usw.).

Wie bei der Hilfe zur Pflege soll zunächst versucht werden, nahestehende Personen zur Weiterführung des Haushaltes zu bewegen (§ 70 Abs. 3 SGB XII i. V. m. § 63 Abs. 1 SGB XII). In den Fällen, in denen die Weiterführung des Haushaltes nicht durch eine nahestehende Person sichergestellt werden kann, sind die Kosten für eine solche Haushaltskraft zu übernehmen (§ 70 Abs. 3 SGB XII i. V. m. § 65 Abs. 1 SGB XII).

Eine weitere Ermessensleistung der Hilfe zur Weiterführung des Haushaltes besteht in der Übernahme der angemessenen Kosten für eine vorübergehende anderweitige Unterbringung von Haushaltsangehörigen. Dies gilt für Fälle, in denen die Unterbringung anstelle oder neben der Weiterführung des Haushaltes geboten ist, wenn zum Beispiel die Betreuung einer Person ganztägig erforderlich ist, die Pflegekraft jedoch nur stundenweise die Betreuung sicherstellen kann (§ 70 Abs. 4 SGB XII).

Wichtig: Soweit pflegebedürftige Personen eine Haushaltshilfe benötigen, wird das Sozialamt stets prüfen, ob über die Pflegeversicherung oder die Hilfe zur Pflege (siehe Kapitel 5) der hauswirtschaftliche Bedarf bereits abgegolten ist. Bei einer Einstufung ab Pflegegrad 2 wird dies regelmäßig angenommen, weshalb zusätzliche Leistungen der Sozialhilfe zur Unterstützung im Haushalt dann regelmäßig nicht beansprucht werden können.

Altenhilfe

Altenhilfe (§ 71 SGB XII) verfolgt das Ziel, Schwierigkeiten, die durch das Alter entstehen, zu verhüten, zu beseitigen oder zu mildern und alten Menschen eine Teilnahme am Leben in der Gemeinschaft zu ermöglichen bzw. zu erhalten.

Altenhilfe wird nur bei speziell altersbedingten Schwierigkeiten gewährt und ist zu den anderen Hilfen in anderen Lebenslagen nachrangig. Der Begriff des Alters ist im Gesetz nicht näher definiert. Es ist daher davon auszugehen, dass alle Menschen, bei denen durch das

Alter bedingt besondere Schwierigkeiten auftreten oder befürchtet werden müssen, zu dieser Vorschrift zählen.

Leistungen der Altenhilfe sind:

- Leistungen bei der Beschaffung und zur Erhaltung einer Wohnung, die den Bedürfnissen des alten Menschen entspricht,
- Leistungen zu einer Betätigung und zum gesellschaftlichen Engagement, wenn sie vom alten Menschen gewünscht wird,
- Beratung und Unterstützung in allen Fragen der Aufnahme in eine Einrichtung, die der Betreuung alter Menschen dient, insbesondere bei der Beschaffung eines geeigneten Heimplatzes,
- Beratung und Unterstützung in allen Fragen der Inanspruchnahme altersgerechter Dienste,
- Leistungen zum Besuch von Veranstaltungen oder Einrichtungen, die der Geselligkeit, der Unterhaltung, der Bildung oder den kulturellen Bedürfnissen alter Menschen dienen,
- Leistungen, die alten Menschen die Verbindung mit nahestehenden Personen ermöglicht.

Diese Aufzählung ist nicht abschließend. Über die aufgezählten Maßnahmen hinaus können andere Maßnahmen gewährt werden.

Die Altenhilfe ist in der Regel als Beratungsangebot der Kommune gestaltet. Die Abteilung für Altenhilfe unterstützt die Entwicklung eines vielfältigen Angebots für ältere Menschen in der Kommune. Wer aufgrund von Krankheit, Pflegebedürftigkeit oder Behinderung im Alter zur Bewältigung seines Alltags auf Hilfe angewiesen ist, kann sich bei der Informations-, Anlauf- und Vermittlungsstelle der Altenhilfe über die verschiedenen Angebote informieren. Die Altenhilfe berät mit dem Ziel, älteren Menschen und ihren Angehörigen möglichst lange ein Leben in ihrer gewohnten Umgebung zu ermöglichen. Ratsuchende erhalten Tipps, Anregungen und konkrete Informationen über ambulante Dienste und die Tagespflege, die die häusliche Versorgung erleichtern. Die Altenhilfe informiert über Kosten und hilft, Finanzierungsmöglichkeiten für Hilfeleistungen zu eröffnen.

Blindenhilfe

Berechtigt zum Bezug von Blindenhilfe sind alle blinden Menschen, die das erste Lebensjahr vollendet haben und die Einkommensvoraussetzungen erfüllen.

Im Sozialrecht gelten Personen als blind, denen entweder das Augenlicht vollständig fehlt oder deren Sehschärfe auf dem besseren Auge nicht mehr als 2 % beträgt. Wer eine Sehschärfe von mehr als 2 %, aber weniger als 5 % hat, gilt als hochgradig sehbehindert. Als wesentlich sehbehindert gilt jemand, der auf dem besseren Auge eine Sehschärfe von nicht mehr als 3 % besitzt.

Die Höhe der Leistung richtet sich danach, ob der Blinde volljährig ist oder nicht sowie nach dem aktuellen Rentenwert in der gesetzlichen Rentenversicherung (§ 72 Abs. 2 SGB XII); derzeit (Stand: 01.01.2022):

- bis 18 Jahre 383,37 Euro,
- ab 18 Jahre 765,43 Euro.

Wichtig:
Das Blindengeld wird jeweils zum 1. Juli eines jeden Jahres angepasst. Der Steigerungsbetrag orientiert sich an der Rentenentwicklung.

Falls sich der Blinde in einer Einrichtung befindet, kann die Blindenhilfe gekürzt werden. Eine Kürzung ist jedoch höchstens um 50 % möglich (§ 72 Abs. 3 SGB XII).

Auf die Blindenhilfe sind Leistungen der Pflegeversicherung – sowohl gesetzliche (SGB XI) als auch private Versicherung – bei häuslicher Pflege anzurechnen:

- bei Pflegebedürftigen des Pflegegrades 2 mit 50 % des Pflegegeldes des Pflegegrades 2
- bei Pflegebedürftigen der Pflegegrade 3, 4 oder 5 mit 40 % des Pflegegeldes des Pflegegrades 3, höchstens jedoch mit 50 % der Blindenhilfe.

Wichtig:
Werden Leistungen der Pflegeversicherung bezogen bzw. werden Leistungen der Pflegeversicherung bewilligt, nachdem man bereits Blindenhilfe erhält, so ist das mitteilungspflichtig. Verschweigt dies der Bezieher, so kann das Blindengeld mittels rückwirkender Aufhebung des Bewilligungsbescheids zurückgefordert werden.

Auch Leistungen nach den Blindengesetzen der einzelnen Bundesländer werden als gleichartige Leistung zu 100 % angerechnet. Ist das Landesblindengeld niedriger als die Blindenhilfe nach SGB XII, besteht Anspruch auf ergänzende Blindenhilfe bis zur Höhe von 765,43 Euro bzw. 383,37 Euro, soweit die Einkommensgrenze nicht überschritten wird.

Hilfe in sonstigen Lebenslagen

Die Vorschrift des § 73 SGB XII hat die Funktion einer Auffangnorm für atypische Notlagen. Dies bedeutet, dass im Falle einer Lebenssituation, die nicht von anderen Hilfearten des SGB XII erfasst ist, die Norm als anspruchsbegründend greifen kann.

Anwendungsfälle können beispielsweise sein:

- Fahrtkosten bei der Ausübung des Umgangsrechts: Bei der Ausübung des Umgangsrechts eines Elternteils, der nicht mit seinen Kindern in einem Haushalt lebt, können Fahrtkosten anfallen, die durch die Regelleistungen der Grundsicherung für Arbeitsuchende nicht abgedeckt sind. Dies kann sowohl die Fahrtkosten für die Kinder als auch für einen Elternteil betreffen (je nachdem, wer wen besucht). Das Bundessozialgericht hat mit Urteil vom 07.11.2006 (Az. B 7b AS 14/06 R) festgestellt, dass die Anerkennung einer derartigen Lebenslage verfassungsrechtlich geboten sei, um den Schutz von Ehe und Familie (Art. 6 GG) auch für Elternteile mit geringem Einkommen zu garantieren.
- Passbeschaffungskosten eines Ausländers: Für Ausländer stellen auch die zur Erfüllung der Mitwirkungspflichten im Sinne des Aufenthaltsgesetzes notwendigen Kosten zur Beschaffung von Passunterlagen seines Herkunftsstaates eine Bedarfslage im Sinne der Hilfe in sonstigen Lebenslagen dar. Diese Hilfeart ist auch für Bezieher von Leistungen nach dem Asylbewerberleistungsgesetz zugänglich, für die nach einer Bezugsdauer von 18 Monaten Analogleistungen im Sinne des SGB XII gewährt werden (vgl. § 2 Abs. 1 AsylbLG). Der Bedarf umfasst auch die mit der Beschaffung verbundenen Fahrtkosten (vgl. z. B. Urteil des Landessozialgerichts NRW vom 23.05.2011, Az. L 20 AY 19/08).

Bestattungskosten

„Die erforderlichen Kosten einer Bestattung werden übernommen, soweit den hierzu Verpflichteten nicht zugemutet werden kann, die Kosten zu tragen" – so der Wortlaut von § 74 SGB XII.

Anspruchsberechtigt sind nur die zur Kostentragung Verpflichteten.

Nach § 1968 BGB ist zunächst der Erbe verpflichtet, die Kosten einer Bestattung zu tragen. Eine Erbschaft kann ausgeschlagen werden. In diesem Fall entfällt auch die Verpflichtung, die Bestattungkosten zu tragen, es sei denn, der Erbe ist nächster Verwandter des Toten und damit bestattungspflichtig.

Nach den Erben haben die Unterhaltspflichtigen für die Bestattungskosten aufzukommen. Sie sind nachrangig verpflichtet (§ 1615 Abs. 2 BGB).

Wenn weder Erbe noch Unterhaltsverpflichteter zu den Kosten herangezogen werden können, ist derjenige kostenpflichtig, der in Erfüllung einer sich aus den Bestattungsgesetzen der Länder ergebenden öffentlich-rechtlichen Bestattungspflicht die Bestattung veranlasst hat. In der Regel sind dies die nahen Angehörigen des Verstorbenen.

Nur wenn alle Zahlungspflichtigen nachweisen, dass die Bestattungskosten ihre finanziellen Mittel übersteigen, übernimmt auf Antrag das örtliche Sozialamt die notwendigen Kosten der Bestattung (§ 74 SGB XII).

Wichtig:
Personen, die sich moralisch verpflichtet fühlen, die Bestattung in Auftrag zu geben, aber keine gesetzliche Verpflichtung haben (z. B. Nachbarn), können Kosten nicht erstattet bekommen.

Berücksichtigungsfähig sind stets nur die erforderlichen Kosten einer Bestattung. Welche Kosten erforderlich sind, wird in jedem Einzelfall geprüft. Die berücksichtigungsfähigen Kosten sind eng auf die Kosten begrenzt, die zur Durchführung der Bestattung nach den öffentlich-rechtlichen Vorschriften zwingend notwendig sowie aus religiösen Gründen unerlässlicher Bestandteil der Bestattung sind. Sicher zählen daher die Kosten für die Durchführung der Bestattung oder Einäscherung nach einem Mindeststandard sowie die Friedhofsgebühren dazu. Nicht als erforderliche Kosten werden dagegen Traueranzeigen, Trauerkleidung, Kosten für den Leichenschmaus oder auch

Reisekosten für Trauergäste angesehen. Diese Kosten können auch nicht im Rahmen der Hilfe in sonstigen Lebenslagen gemäß § 73 SGB XII übernommen werden (vgl. Urteil des Landessozialgerichts Nordrhein-Westfalen vom 16.07.2012, Az. L 20 SO 40/12).

8 Einkommens-, Vermögenseinsatz, Verpflichtungen anderer

Einkommenseinsatz

Einkommensbegriff

Zum Einkommen zählen in der Sozialhilfe alle Einkünfte in Geld oder Geldeswert (§ 82 Abs. 1 SGB XII), insbesondere:

- Erwerbseinkommen aus abhängiger oder selbstständiger Arbeit
- Lohnersatzleistungen (z. B. Arbeitslosengeld I, Krankengeld)
- Renten (z. B. Altersrente, Erwerbsminderungsrente)
- Hinterbliebenenleistungen (z. B. Witwenrente, Waisenrente)
- Sozialleistungen (z. B. Wohngeld, Kindergeld, Kinderzuschlag)
- Unterhaltszahlungen
- Miet- oder Pachteinkünfte
- Zinsen und sonstige Vermögenseinkünfte

Nicht zum Einkommen zählen:

- Leistungen nach dem SGB XII
- Grundrente nach dem Bundesversorgungsgesetz (BVG) und nach den Gesetzen, die eine entsprechende Anwendung des BVG vorsehen (z. B. Opferentschädigungsgesetz, Infektionsschutzgesetz)
- Renten oder Beihilfen nach dem Bundesentschädigungsgesetz für Schaden an Leben sowie an Körper oder Gesundheit bis zur Höhe der vergleichbaren Grundrente nach dem BVG
- Rückerstattungen, die auf Vorauszahlungen basieren, die aus dem Regelsatz erbracht wurden (z. B. Heizkostenvorauszahlung)

Erhält eine leistungsberechtigte Person Bezüge oder Einnahmen, die nach §3 Nr. 12, 26, 26a oder 26b des Einkommensteuergesetzes steuerfrei sind (z. B. für kommunale Vertretungen oder eine Übungsleitertätigkeit), ist hiervon ein Betrag von bis zu 250 Euro monatlich nicht als Einkommen zu berücksichtigen.

Auch von dem Taschengeld des Bundesfreiwilligendienstes oder des Jugendfreiwilligendienstes ist ein Betrag von insgesamt 250 Euro monatlich nicht zu berücksichtigen.

Absetz-, Freibeträge

Vom Einkommen sind abzusetzen (§ 82 Abs. 2 SGB XII):

- Steuern
- Beiträge zur Sozialversicherung
- Beiträge in angemessener Höhe zu öffentlichen oder privaten Versicherungen
- geförderte Beiträge zu einer Riester-Altersvorsorge in Höhe des Mindesteigenbeitrages
- die mit der Erzielung des Einkommens verbundenen notwendigen Ausgaben
- Absetzbeträge für Leistungsberechtigte bei Einkommen aus einer Erwerbstätigkeit in Höhe von 30 % des Erwerbseinkommens, höchstens jedoch 50 % der Regelbedarfstufe 1, oder 1/8 der Regelbedarfstufe 1 plus 50 % des diesen Betrag übersteigenden Einkommensbetrages bei einer Beschäftigung in Behindertenwerkstätten (§ 82 Abs. 3 SGB XII)
- bei der Hilfe zum Lebensunterhalt (siehe Kapitel 2) und Grundsicherung im Alter und bei Erwerbsminderung (siehe Kapitel 3) ein Betrag von 100 Euro monatlich aus einer zusätzlichen Altersvorsorge der Leistungsberechtigten zuzüglich 30 % des diesen Betrag übersteigenden Einkommens aus einer zusätzlichen Altersvorsorge der Leistungsberechtigten, höchstens jedoch 50 % der Regelbedarfstufe 1
- Absetzbeträge für Leistungsberechtigte der Hilfe zur Pflege (siehe Kapitel 5) bei Einkommen aus einer Erwerbstätigkeit in Höhe von 40 % des Erwerbseinkommens, höchstens jedoch 65 % der Regelbedarfstufe 1 (§ 82 Abs. 6 SGB XII)

Freibetrag bei Vorliegen von Grundrentenzeiten

Zum 01.01.2021 wurde in § 82a SGB XII ein neuer Freibetrag eingeführt für Menschen, die lange Jahre mit kleinem Einkommen erwerbstätig waren. Voraussetzung sind u. a. mindestens 33 Jahre Grundrentenzeiten bzw. vergleichbaren Zeiten in anderen verpflichtenden Altersvorsorgesystemen. Die Auszahlung eines Grundrentenzuschlags ist hingegen keine Voraussetzung. Der Freibetrag sieht einen Sockelbetrag von 100 Euro vor, zuzüglich 30 % der diesen Betrag übersteigenden Zusatzrente (brutto) bis zu dem Höchstbetrag von 50 % der Regelbedarfstufe 1 (2022: 225 Euro nach den gesetzlichen

Rundungsregeln). Er findet kumulativ zum Freibetrag für zusätzliche Altersvorsorge Anwendung.

Einkommensgrenze (Hilfen des 5.-9. Kapitels SGB XII)

Bei folgenden Hilfen ist der nachfragenden Person und ihrem nicht getrennt lebenden Ehegatten oder Lebenspartner die Aufbringung der Mittel nicht zuzumuten, wenn während der Dauer des Bedarfs ihr monatliches Einkommen zusammen eine Einkommensgrenze nicht übersteigt:

- Hilfe zur Gesundheit
- Hilfe zur Pflege
- Hilfe zur Überwindung besonderer sozialer Schwierigkeiten
- Hilfe in anderen Lebenslagen

Die Einkommensgrenze (vgl. § 85 SGB XII) ergibt sich aus

Grundbetrag	in Höhe des Zweifachen der Regelbedarfstufe 1 nach der Anlage zu § 28 SGB XII (2022: 898 Euro)
+ Unterkunft	Kosten der Unterkunft in angemessenem Umfang, soweit die Aufwendungen hierfür den der Besonderheit des Einzelfalles angemessenen Umfang nicht übersteigen
+ Familienzuschlag	a) 70 % der Regelbedarfstufe 1, aufgerundet auf volle Euro für den nicht getrennt lebenden Ehegatten und jeden weiteren Haushaltsangehörigen; dieser Familienzuschlag wird auch für jede Person gewährt, die vom Hilfesuchenden oder seinem nicht getrennt lebenden Ehegatten bisher überwiegend unterhalten wurde (§ 85 Abs. 1 SGB XII); oder b) bei minderjährigen und unverheirateten Hilfesuchenden Familienzuschlag ebenfalls in Höhe von 70 % der Regelbedarfstufe 1, aufgerundet auf volle Euro für einen Elternteil, wenn die Eltern zusammenleben, sowie für den Hilfesuchenden und für jede Person, die von den Eltern

	oder dem Hilfesuchenden bisher überwiegend unterhalten wurde (§ 85 Abs. 2 SGB XII). Leben die Eltern nicht zusammen, richtet sich die Einkommensgrenze nach dem Elternteil, bei dem die nachfragende Person lebt. Lebt sie bei keinem Elternteil, bestimmt sich die Einkommensgrenze nach § 85 Abs. 1 SGB XII.

Liegt das Einkommen des Hilfesuchenden bzw. das Einkommen der Einkommensgemeinschaft (§ 19 SGB XII) über der Einkommensgrenze, so ist dieses einzusetzen (§ 87 SGB XII). Unter bestimmten Voraussetzungen, insbesondere wenn die Hilfe in einer Einrichtung gewährt wird und mit der Gewährung der Hilfe besondere Ersparnisse verbunden sind, kann auch das Einkommen unterhalb der Einkommensgrenze eingesetzt werden (§ 88 SGB XII).

Vermögenseinsatz

Bei der Bedürftigkeitsprüfung sind alle verwertbaren Vermögensgegenstände zu berücksichtigen, die nicht zum Kreis des geschützten Vermögens (sog. Schonvermögen) gehören (§ 90 Abs. 1 SGB XII). Der Aufzählung in Abs. 2 von § 90 SGB XII kann entnommen werden, was dabei nicht als Vermögen zählt.

Schonvermögen

Als geschütztes Vermögen gelten auch kleinere Barbeträge oder sonstige Geldwerte, dabei ist eine besondere Notlage der nach Sozialhilfe fragenden Person zu beachten.

Kleinere Barbeträge oder sonstige Geldwerte im Sinne des § 90 Abs. 2 Nummer 9 SGB XII und der dazugehörigen Durchführungsverordnung sind:

- für jede nach SGB XII leistungsberechtigte volljährige Person sowie für jede alleinstehende minderjährige Person 5.000 Euro,
- für jede Person, die von einer nach SGB XII leistungsberechtigten Person überwiegend unterhalten wird, 500 Euro.

Für Personen, die Leistungen der Hilfe zur Pflege (siehe Kapitel 5) erhalten, gilt gemäß § 66a SGB XII ein zusätzlicher Betrag von bis zu 25.000 Euro für die Lebensführung und die Alterssicherung im Sinne von §90 Abs. 3 Satz 2 SGB XII als angemessen, sofern dieser Betrag ganz oder überwiegend als Einkommen aus selbstständiger und nichtselbstständiger Tätigkeit der Leistungsberechtigten während des Leistungsbezugs erworben wird.

Unterhaltsrückgriff gegenüber Angehörigen

Bevor Leistungen nach dem SGB XII bewilligt werden, wird geprüft, ob Hilfsbedürftige gegenüber Angehörigen Ansprüche auf Unterhaltszahlungen haben und damit die Möglichkeit eines Unterhaltsrückgriffs (§§93, 94 SGB XII) besteht.

In besonderem Maße sind Eltern für ihre volljährigen Kinder und volljährige Kinder gegenüber ihren Eltern unterhaltspflichtig – dies waren die Fallkonstellationen, bei denen es in den letzten Jahren oft gerichtliche Auseinandersetzungen gab. Mit dem Angehörigen-Entlastungsgesetz wurde die Einkommensgrenze, unter der unterhaltspflichtige Angehörige nicht zu den Kosten für Sozialhilfe-Leistungen herangezogen werden können, deshalb auf 100.000 Euro angehoben.

Seit 01.01.2020 müssen Eltern von volljährigen Kindern nur Unterhalt zahlen, wenn sie ein Jahresbruttoeinkommen von mehr als 100.000 Euro haben. Bei Hilfe zur Pflege (vgl. Kapitel 4) müssen die Eltern einen pauschalen Unterhaltsbeitrag in Höhe von 36,97 Euro monatlich, bei Hilfe zum Lebensunterhalt (vgl. Kapitel 2) und bei Grundsicherung im Alter und bei Erwerbsminderung (vgl. Kapitel 3) in Höhe von 28,44 Euro monatlich zahlen.

Wenn die Kosten eines Alten- oder Pflegeheims weder durch das eigene Vermögen noch durch die Pflegekasse abgedeckt werden können, leistet der Sozialhilfeträger im Rahmen der Hilfe zur Pflege (vgl. Kapitel 5). Auch hier ist hier nur eine Unterhaltspflicht des erwachsenen Kindes gegeben, wenn ein Bruttoeinkommen von mehr als 100.000 Euro im Jahr vorliegt. Das Einkommen wird vom Sozialamt nur überprüft, wenn ein entsprechender Verdacht oder Hinweis vorliegt. Dann müssen die Einkünfte offengelegt werden. Vorhandenes Vermögen wird nicht berücksichtigt.

Wichtig: Gibt es mehrere Kinder, aber nur ein Kind hat ein Bruttoeinkommen über 100.000 Euro im Jahr, so muss dieses Kind nicht den gesamten Unterhalt übernehmen. Vielmehr wird die Unterhaltspflicht prozentual anteilig nach den Erwerbs- und Vermögensverhältnissen aufgeteilt.

Nicht unterhaltspflichtig sind: Geschwister, Verschwägerte, Schwiegertöchter/-söhne, Schwiegereltern, Enkel, Großeltern.

Keine Unterhaltspflicht besteht zudem, wenn eine unbillige Härte entstehen würde, z. B. für Eltern eines volljährigen Kindes mit Behinderungen oder eines von Behinderung bedrohten Kindes, das Hilfe zur Pflege in einer vollstationären Einrichtung erhält. In diesem Fall sind die Eltern lediglich verpflichtet, einen pauschalen Unterhaltsbeitrag zu zahlen.

9 Gesetzliche Grundlagen

Sozialgesetzbuch (SGB) Zwölftes Buch (XII) – Sozialhilfe – (SGB XII)

Vom 27. Dezember 2003 (BGBl. I S. 3022, 2004 S. 3305)

Zuletzt geändert durch
Gesetz zur Stärkung der Impfprävention gegen COVID-19 und zur Änderung weiterer Vorschriften im Zusammenhang mit der COVID-19-Pandemie
vom 10. Dezember 2021 (BGBl. I S. 5162)

Inhaltsübersicht

9

Erstes Kapitel
Allgemeine Vorschriften

§ 1 Aufgabe der Sozialhilfe

$_{1}$Aufgabe der Sozialhilfe ist es, den Leistungsberechtigten die Führung eines Lebens zu ermöglichen, das der Würde des Menschen entspricht. $_{2}$Die Leistung soll sie so weit wie möglich befähigen, unabhängig von ihr zu leben; darauf haben auch die Leistungsberechtigten nach ihren Kräften hinzuarbeiten. $_{3}$Zur Erreichung dieser Ziele haben die Leistungsberechtigten und die Träger der Sozialhilfe im Rahmen ihrer Rechte und Pflichten zusammenzuwirken.

§ 2 Nachrang der Sozialhilfe

(1) Sozialhilfe erhält nicht, wer sich vor allem durch Einsatz seiner Arbeitskraft, seines Einkommens und seines Vermögens selbst helfen kann oder wer die erforderliche Leistung von anderen, insbesondere von Angehörigen oder von Trägern anderer Sozialleistungen, erhält.

(2) $_{1}$Verpflichtungen anderer, insbesondere Unterhaltspflichtiger oder der Träger anderer Sozialleistungen, bleiben unberührt. $_{2}$Auf Rechtsvorschriften beruhende Leistungen anderer dürfen nicht deshalb versagt werden, weil nach dem Recht der Sozialhilfe entsprechende Leistungen vorgesehen sind.

§ 3 Träger der Sozialhilfe

(1) Die Sozialhilfe wird von örtlichen und überörtlichen Trägern geleistet.

(2) $_{1}$Örtliche Träger der Sozialhilfe sind die kreisfreien Städte und die Kreise, soweit nicht nach Landesrecht etwas anderes bestimmt wird. $_{2}$Bei der Bestimmung durch Landesrecht ist zu gewährleisten, dass die zukünftigen örtlichen Träger mit der Übertragung dieser Aufgaben einverstanden sind, nach ihrer Leistungsfähigkeit zur Erfüllung der Aufgaben nach diesem Buch geeignet sind und dass die Erfüllung dieser Aufgaben in dem gesamten Kreisgebiet sichergestellt ist.

(3) Die Länder bestimmen die überörtlichen Träger der Sozialhilfe.

§ 4 Zusammenarbeit

(1) $_{1}$Die Träger der Sozialhilfe arbeiten mit anderen Stellen, deren gesetzliche Aufgaben dem gleichen Ziel dienen oder die an Leistungen beteiligt sind oder beteiligt werden sollen, zusammen, insbesondere mit den Trägern von Leistungen nach dem Zweiten, dem Achten, dem Neunten und dem Elften Buch, sowie mit anderen Trägern von Sozialleistungen und mit Verbänden. $_{2}$Darüber hinaus sollen die Träger der Sozialhilfe gemeinsam mit den Beteiligten der Pflegestützpunkte nach § 7c des Elften Buches alle für die wohnortnahe Versorgung und Betreuung in Betracht kommenden Hilfe- und Unterstützungsangebote koordinieren. $_{3}$Die Rahmenverträge nach § 7a Absatz 7 des Elften Buches sind zu berücksichtigen und die Empfehlungen nach § 8a des Elften Buches sollen berücksichtigt werden.

(2) Ist die Beratung und Sicherung der gleichmäßigen, gemeinsamen oder ergänzenden Erbringung von Leistungen geboten, sollen zu diesem Zweck Arbeitsgemeinschaften gebildet werden.

(3) Soweit eine Verarbeitung personenbezogener Daten erfolgt, ist das Nähere in einer Vereinbarung zu regeln.

§ 5 Verhältnis zur freien Wohlfahrtspflege

(1) Die Stellung der Kirchen und Religionsgesellschaften des öffentlichen Rechts sowie der Verbände der freien Wohlfahrtspflege als Träger eigener sozialer Aufgaben und ihre Tätigkeit zur Erfüllung dieser Aufgaben werden durch dieses Buch nicht berührt.

(2) $_{1}$Die Träger der Sozialhilfe sollen bei der Durchführung dieses Buches mit den Kirchen und Religionsgesellschaften des öffentlichen Rechts sowie den Verbänden der freien Wohlfahrtspflege zusammenarbeiten. $_{2}$Sie achten dabei deren Selbständigkeit in Zielsetzung und Durchführung ihrer Aufgaben.

(3) $_{1}$Die Zusammenarbeit soll darauf gerichtet sein, dass sich die Sozialhilfe und die Tätigkeit der freien Wohlfahrtspflege zum Wohle der Leistungsberechtigten wirksam ergänzen. $_{2}$Die Träger der Sozialhilfe sollen die Verbände der freien Wohlfahrtspflege in ihrer Tätigkeit auf dem Gebiet der Sozialhilfe angemessen unterstützen.

(4) $_{1}$Wird die Leistung im Einzelfall durch die freie Wohlfahrtspflege erbracht, sollen die Träger der Sozialhilfe von der Durchführung eigener Maßnahmen absehen. $_{2}$Dies gilt nicht für die Erbringung von Geldleistungen.

(5) $_{1}$Die Träger der Sozialhilfe können allgemein an der Durchführung ihrer Aufgaben nach diesem Buch die Verbände der freien Wohlfahrtspflege beteiligen oder ihnen die Durchführung solcher Aufgaben übertragen, wenn die Verbände mit der Beteiligung oder Übertragung einverstanden sind. $_{2}$Die Träger der Sozialhilfe bleiben den Leistungsberechtigten gegenüber verantwortlich.

(6) § 4 Abs. 3 findet entsprechende Anwendung.

§ 6 Fachkräfte

(1) Bei der Durchführung der Aufgaben dieses Buches werden Personen beschäftigt, die sich hierfür nach ihrer Persönlichkeit eignen und in der Regel

entweder eine ihren Aufgaben entsprechende Ausbildung erhalten haben oder über vergleichbare Erfahrungen verfügen.

(2) 1Die Träger der Sozialhilfe gewährleisten für die Erfüllung ihrer Aufgaben eine angemessene fachliche Fortbildung ihrer Fachkräfte. 2Diese umfasst auch die Durchführung von Dienstleistungen, insbesondere von Beratung und Unterstützung.

§ 7 Aufgabe der Länder

1Die obersten Landesbehörden unterstützten die Träger der Sozialhilfe bei der Durchführung ihrer Aufgaben nach diesem Buch. 2Dabei sollen sie insbesondere den Erfahrungsaustausch zwischen den Trägern der Sozialhilfe sowie die Entwicklung und Durchführung von Instrumenten der Dienstleistungen, der zielgerichteten Erbringung und Überprüfung von Leistungen und der Qualitätssicherung fördern.

Zweites Kapitel Leistungen der Sozialhilfe

Erster Abschnitt Grundsätze der Leistungen

§ 8 Leistungen

Die Sozialhilfe umfasst:

1. Hilfe zum Lebensunterhalt (§§ 27 bis 40),
2. Grundsicherung im Alter und bei Erwerbsminderung (§§ 41 bis 46b),
3. Hilfen zur Gesundheit (§§ 47 bis 52),
4. Hilfe zur Pflege (§§ 61 bis 66a),
5. Hilfe zur Überwindung besonderer sozialer Schwierigkeiten (§§ 67 bis 69),
6. Hilfe in anderen Lebenslagen (§§ 70 bis 74)

sowie die jeweils gebotene Beratung und Unterstützung.

§ 9 Sozialhilfe nach der Besonderheit des Einzelfalles

(1) Die Leistungen richten sich nach der Besonderheit des Einzelfalles, insbesondere nach der Art des Bedarfs, den örtlichen Verhältnissen, den eigenen Kräften und Mitteln der Person oder des Haushalts bei der Hilfe zum Lebensunterhalt.

(2) 1Wünschen der Leistungsberechtigten, die sich auf die Gestaltung der Leistung richten, soll entsprochen werden, soweit sie angemessen sind. 2Wünschen der Leistungsberechtigten, den Bedarf stationär oder teilstationär zu decken, soll nur entsprochen werden, wenn dies nach der Besonderheit des Einzelfalles erforderlich ist, weil anders der Bedarf nicht oder nicht ausreichend gedeckt werden kann und wenn mit der Einrichtung Vereinbarungen nach den Vorschriften des Zehnten Kapitels dieses Buches bestehen. 3Der Träger der Sozialhilfe soll in der Regel Wünschen nicht entsprechen, deren Erfüllung mit unverhältnismäßigen Mehrkosten verbunden wäre.

(3) Auf Wunsch der Leistungsberechtigten sollen sie in einer Einrichtung untergebracht werden, in der sie durch Geistliche ihres Bekenntnisses betreut werden können.

§ 10 Leistungsformen

(1) Die Leistungen werden erbracht in Form von

1. Dienstleistungen,
2. Geldleistungen und
3. Sachleistungen.

(2) Zur Dienstleistung gehören insbesondere die Beratung in Fragen der Sozialhilfe und die Beratung und Unterstützung in sonstigen sozialen Angelegenheiten.

(3) Geldleistungen haben Vorrang vor Gutscheinen oder Sachleistungen, soweit dieses Buch nicht etwas anderes bestimmt oder mit Gutscheinen oder Sachleistungen das Ziel der Sozialhilfe erheblich besser oder wirtschaftlicher erreicht werden kann oder die Leistungsberechtigten es wünschen.

§ 11 Beratung und Unterstützung, Aktivierung

(1) Zur Erfüllung der Aufgaben dieses Buches werden die Leistungsberechtigten beraten und, soweit erforderlich, unterstützt.

(2) 1Die Beratung betrifft die persönliche Situation, den Bedarf sowie die eigenen Kräfte und Mittel sowie die mögliche Stärkung der Selbsthilfe zur aktiven Teilnahme am Leben in der Gemeinschaft und zur Überwindung der Notlage. 2Die aktive Teilnahme am Leben in der Gemeinschaft umfasst auch ein gesellschaftliches Engagement. 3Zur Überwindung der Notlage gehört auch, die Leistungsberechtigten für den Erhalt von Sozialleistungen zu befähigen. 4Die Beratung umfasst auch eine gebotene Budgetberatung.

(3) 1Die Unterstützung umfasst Hinweise und, soweit erforderlich, die Vorbereitung von Kontakten und die Begleitung zu sozialen Diensten sowie zu Möglichkeiten der aktiven Teilnahme am Leben in der Gemeinschaft unter Einschluss des gesellschaftlichen Engagements. 2Soweit Leistungsberechtigte zumutbar einer Tätigkeit nachgehen können, umfasst die Unterstützung auch das Angebot einer Tätigkeit sowie die Vorbereitung und Begleitung der Leistungsberechtigten. 3Auf die Wahrnehmung von Unterstützungsangeboten ist hinzuwirken. 4Können Leistungsberechtigte durch Aufnah-

me einer zumutbaren Tätigkeit Einkommen erzielen, sind sie hierzu sowie zur Teilnahme an einer erforderlichen Vorbereitung verpflichtet. 5Leistungsberechtigte nach dem Dritten und Vierten Kapitel erhalten die gebotene Beratung für den Umgang mit dem durch den Regelsatz zur Verfügung gestellten monatlichen Pauschalbetrag (§ 27a Absatz 3 Satz 2).

(4) 1Den Leistungsberechtigten darf eine Tätigkeit nicht zugemutet werden, wenn

1. sie wegen Erwerbsminderung, Krankheit, Behinderung oder Pflegebedürftigkeit hierzu nicht in der Lage sind oder
2. sie ein der Regelaltersgrenze der gesetzlichen Rentenversicherung (§ 35 des Sechsten Buches) entsprechendes Lebensalter erreicht oder überschritten haben oder
3. der Tätigkeit ein sonstiger wichtiger Grund entgegensteht.

2Ihnen darf eine Tätigkeit insbesondere nicht zugemutet werden, soweit dadurch die geordnete Erziehung eines Kindes gefährdet würde. 3Die geordnete Erziehung eines Kindes, das das dritte Lebensjahr vollendet hat, ist in der Regel nicht gefährdet, soweit unter Berücksichtigung der besonderen Verhältnisse in der Familie der Leistungsberechtigten die Betreuung des Kindes in einer Tageseinrichtung oder in Tagespflege im Sinne der Vorschriften des Achten Buches sichergestellt ist; die Träger der Sozialhilfe sollen darauf hinwirken, dass Alleinerziehenden vorrangig ein Platz zur Tagesbetreuung des Kindes angeboten wird. 4Auch sonst sind die Pflichten zu berücksichtigen, die den Leistungsberechtigten durch die Führung eines Haushalts oder die Pflege eines Angehörigen entstehen.

(5) 1Auf die Beratung und Unterstützung von Verbänden der freien Wohlfahrtspflege, von Angehörigen der rechtsberatenden Berufe und von sonstigen Stellen ist zunächst hinzuweisen. 2Ist die weitere Beratung durch eine Schuldnerberatungsstelle oder andere Fachberatungsstellen geboten, ist auf ihre Inanspruchnahme hinzuwirken. 3Angemessene Kosten einer Beratung nach Satz 2 sollen übernommen werden, wenn eine Lebenslage, die Leistungen der Hilfe zum Lebensunterhalt erforderlich macht oder erwarten lässt, sonst nicht überwunden werden kann; in anderen Fällen können Kosten übernommen werden. 4Die Kostenübernahme kann auch in Form einer pauschalierten Abgeltung der Leistung der Schuldnerberatungsstelle oder anderer Fachberatungsstellen erfolgen.

§ 12 Leistungsabsprache

1Vor oder spätestens bis zu vier Wochen nach Beginn fortlaufender Leistungen sollen in einer schriftlichen Leistungsabsprache die Situation der leistungsberechtigten Personen sowie gegebenenfalls Wege zur Überwindung der Notlage und zu gebotenen Möglichkeiten der aktiven Teilnahme in der Gemeinschaft gemeinsam festgelegt und die Leistungsabsprache unterzeichnet werden. 2Soweit es auf Grund bestimmbarer Bedarfe erforderlich ist, ist ein Förderplan zu erstellen und in die Leistungsabsprache einzubeziehen. 3Sind Leistungen im Hinblick auf die sie tragenden Ziele zu überprüfen, kann dies in der Leistungsabsprache näher festgelegt werden. 4Die Leistungsabsprache soll regelmäßig gemeinsam überprüft und fortgeschrieben werden. 5Abweichende Regelungen in diesem Buch gehen vor.

§ 13 Leistungen für Einrichtungen, Vorrang anderer Leistungen

(1) 1Die Leistungen nach dem Fünften bis Neunten Kapitel können entsprechend den Erfordernissen des Einzelfalles für die Deckung des Bedarfs außerhalb von Einrichtungen (ambulante Leistungen), für teilstationäre oder stationäre Einrichtungen (teilstationäre oder stationäre Leistungen) erbracht werden. 2Vorrang haben ambulante Leistungen vor teilstationären und stationären Leistungen sowie teilstationäre vor stationären Leistungen. 3Der Vorrang der ambulanten Leistung gilt nicht, wenn eine Leistung für eine geeignete stationäre Einrichtung zumutbar und eine ambulante Leistung mit unverhältnismäßigen Mehrkosten verbunden ist. 4Bei der Entscheidung ist zunächst die Zumutbarkeit zu prüfen. 5Dabei sind die persönlichen, familiären und örtlichen Umstände angemessen zu berücksichtigen. 6Bei Unzumutbarkeit ist ein Kostenvergleich nicht vorzunehmen.

(2) Einrichtungen im Sinne des Absatzes 1 sind alle Einrichtungen, die der Pflege, der Behandlung oder sonstigen nach diesem Buch zu deckenden Bedarfe oder der Erziehung dienen.

§ 14 (weggefallen)

§ 15 Vorbeugende und nachgehende Leistungen

(1) 1Die Sozialhilfe soll vorbeugend geleistet werden, wenn dadurch eine drohende Notlage ganz oder teilweise abgewendet werden kann. 2§ 47 ist vorrangig anzuwenden.

(2) Die Sozialhilfe soll auch nach Beseitigung einer Notlage geleistet werden, wenn dies geboten ist, um die Wirksamkeit der zuvor erbrachten Leistung zu sichern.

§ 16 Familiengerechte Leistungen

1Bei Leistungen der Sozialhilfe sollen die besonderen Verhältnisse in der Familie der Leistungsberechtigten berücksichtigt werden. 2Die Sozialhilfe soll die Kräfte der Familie zur Selbsthilfe anregen und den Zusammenhalt der Familie festigen.

Zweiter Abschnitt Anspruch auf Leistungen

§ 17 Anspruch

(1) 1Auf Sozialhilfe besteht ein Anspruch, soweit bestimmt wird, dass die Leistung zu erbringen ist. 2Der Anspruch kann nicht übertragen, verpfändet oder gepfändet werden.

(2) 1Über Art und Maß der Leistungserbringung ist nach pflichtgemäßem Ermessen zu entscheiden, soweit das Ermessen nicht ausgeschlossen wird. 2Werden Leistungen auf Grund von Ermessensentscheidungen erbracht, sind die Entscheidungen im Hinblick auf die sie tragenden Gründe und Ziele zu überprüfen und im Einzelfall gegebenenfalls abzuändern.

§ 18 Einsetzen der Sozialhilfe

(1) Die Sozialhilfe, mit Ausnahme der Leistungen der Grundsicherung im Alter und bei Erwerbsminderung, setzt ein, sobald dem Träger der Sozialhilfe oder den von ihm beauftragten Stellen bekannt wird, dass die Voraussetzungen für die Leistung vorliegen.

(2) 1Wird einem nicht zuständigen Träger der Sozialhilfe oder einer nicht zuständigen Gemeinde im Einzelfall bekannt, dass Sozialhilfe beansprucht wird, so sind die darüber bekannten Umstände dem zuständigen Träger der Sozialhilfe oder der von ihm beauftragten Stelle unverzüglich mitzuteilen und vorhandene Unterlagen zu übersenden. 2Ergeben sich daraus die Voraussetzungen für die Leistung, setzt die Sozialhilfe zu dem nach Satz 1 maßgebenden Zeitpunkt ein.

§ 19 Leistungsberechtigte

(1) Hilfe zum Lebensunterhalt nach dem Dritten Kapitel ist Personen zu leisten, die ihren notwendigen Lebensunterhalt nicht oder nicht ausreichend aus eigenen Kräften und Mitteln, insbesondere aus ihrem Einkommen und Vermögen, bestreiten können.

(2) 1Grundsicherung im Alter und bei Erwerbsminderung nach dem Vierten Kapitel dieses Buches ist Personen zu leisten, die die Altersgrenze nach § 41 Absatz 2 erreicht haben oder das 18. Lebensjahr vollendet haben und dauerhaft voll erwerbsgemindert sind, sofern sie ihren notwendigen Lebensunterhalt nicht oder nicht ausreichend aus eigenen Kräften und Mitteln, insbesondere aus ihrem Einkommen und Vermögen, bestreiten können. 2Die Leistungen der Grundsicherung im Alter und bei Erwerbsminderung gehen der Hilfe zum Lebensunterhalt nach dem Dritten Kapitel vor.

(3) Hilfen zur Gesundheit, Hilfe zur Pflege, Hilfe zur Überwindung besonderer sozialer Schwierigkeiten und Hilfen in anderen Lebenslagen werden nach dem Fünften bis Neunten Kapitel dieses Buches geleistet, soweit den Leistungsberechtigten, ihren nicht getrennt lebenden Ehegatten oder Lebenspartnern und, wenn sie minderjährig und unverheiratet sind, auch ihren Eltern oder einem Elternteil die Aufbringung der Mittel aus dem Einkommen und Vermögen nach den Vorschriften des Elften Kapitels dieses Buches nicht zuzumuten ist.

(4) Lebt eine Person bei ihren Eltern oder einem Elternteil und ist sie schwanger oder betreut ihr leibliches Kind bis zur Vollendung des sechsten Lebensjahres, werden Einkommen und Vermögen der Eltern oder des Elternteils nicht berücksichtigt.

(5) 1Ist den in den Absätzen 1 bis 3 genannten Personen die Aufbringung der Mittel aus dem Einkommen und Vermögen im Sinne der Absätze 1 und 2 möglich oder im Sinne des Absatzes 3 zuzumuten und sind Leistungen erbracht worden, haben sie dem Träger der Sozialhilfe die Aufwendungen in diesem Umfang zu ersetzen. 2Mehrere Verpflichtete haften als Gesamtschuldner.

(6) Der Anspruch der Berechtigten auf Leistungen für Einrichtungen oder auf Pflegegeld steht, soweit die Leistung den Berechtigten erbracht worden wäre, nach ihrem Tode demjenigen zu, der die Leistung erbracht oder die Pflege geleistet hat.

§ 20 Eheähnliche Gemeinschaft

1Personen, die in eheähnlicher oder lebenspartnerschaftsähnlicher Gemeinschaft leben, dürfen hinsichtlich der Voraussetzungen sowie des Umfangs der Sozialhilfe nicht besser gestellt werden als Ehegatten. 2§ 39 gilt entsprechend.

§ 21 Sonderregelung für Leistungsberechtigte nach dem Zweiten Buch

1Personen, die nach dem Zweiten Buch als Erwerbsfähige oder als Angehörige dem Grunde nach leistungsberechtigt sind, erhalten keine Leistungen für den Lebensunterhalt. 2Abweichend von Satz 1 können Personen, die nicht hilfebedürftig nach § 9 des Zweiten Buches sind, Leistungen nach § 36 erhalten. 3Bestehen über die Zuständigkeit zwischen den beteiligten Leistungsträgern unterschiedliche Auffassungen, so ist der zuständige Träger der Sozialhilfe für die Leistungsberechtigung nach dem Dritten oder Vierten Kapitel an die Feststellung einer vollen Erwerbsminderung im Sinne des § 43 Absatz 2 Satz 2 des Sechsten Buches und nach Abschluss des Widerspruchsverfahrens an die Entscheidung der Agentur für Arbeit zur Erwerbsfähigkeit nach § 44a Absatz 1 des Zweiten Buches gebunden.

§ 22 Sonderregelungen für Auszubildende

(1) 1Auszubildende, deren Ausbildung im Rahmen des Bundesausbildungsförderungsgesetzes oder der §§ 51, 57 und 58 des Dritten Buches dem Grunde nach förderungsfähig ist, haben keinen Anspruch auf Leistungen nach dem Dritten und Vierten Kapitel. 2In besonderen Härtefällen können Leistungen nach dem Dritten oder Vierten Kapitel als Beihilfe oder Darlehen gewährt werden.

(2) Absatz 1 findet keine Anwendung auf Auszubildende,

1. die auf Grund von § 2 Abs. 1a des Bundesausbildungsförderungsgesetzes keinen Anspruch auf Ausbildungsförderung oder auf Grund von § 60 Absatz 1 und 2 des Dritten Buches keinen Anspruch auf Berufsausbildungsbeihilfe haben,
2. deren Bedarf sich nach § 12 Abs. 1 Nr. 1 des Bundesausbildungsförderungsgesetzes oder nach § 62 Absatz 1 des Dritten Buches bemisst oder
3. die eine Abendhauptschule, eine Abendrealschule oder ein Abendgymnasium besuchen, sofern sie aufgrund von § 10 Abs. 3 des Bundesausbildungsförderungsgesetzes keinen Anspruch auf Ausbildungsförderung haben.

§ 23 Sozialhilfe für Ausländerinnen und Ausländer

(1) 1Ausländern, die sich im Inland tatsächlich aufhalten, ist Hilfe zum Lebensunterhalt, Hilfe bei Krankheit, Hilfe bei Schwangerschaft und Mutterschaft sowie Hilfe zur Pflege nach diesem Buch zu leisten. 2Die Vorschriften des Vierten Kapitels bleiben unberührt. 3Im Übrigen kann Sozialhilfe geleistet werden, soweit dies im Einzelfall gerechtfertigt ist. 4Die Einschränkungen nach Satz 1 gelten nicht für Ausländer, die im Besitz einer Niederlassungserlaubnis oder eines befristeten Aufenthaltstitels sind und sich voraussichtlich dauerhaft im Bundesgebiet aufhalten. 5Rechtsvorschriften, nach denen außer den in Satz 1 genannten Leistungen auch sonstige Sozialhilfe zu leisten ist oder geleistet werden soll, bleiben unberührt.

(2) Leistungsberechtigte nach § 1 des Asylbewerberleistungsgesetzes erhalten keine Leistungen der Sozialhilfe.

(3) 1Ausländer und ihre Familienangehörigen erhalten keine Leistungen nach Absatz 1 oder nach dem Vierten Kapitel, wenn

1. sie weder in der Bundesrepublik Deutschland Arbeitnehmer oder Selbständige noch auf Grund des § 2 Absatz 3 des Freizügigkeitsgesetzes/EU freizügigkeitsberechtigt sind, für die ersten drei Monate ihres Aufenthalts,
2. sie kein Aufenthaltsrecht haben oder sich ihr Aufenthaltsrecht allein aus dem Zweck der Arbeitsuche ergibt oder
3. sie eingereist sind, um Sozialhilfe zu erlangen.

2Satz 1 Nummer 1 und 3 gilt nicht für Ausländerinnen und Ausländer, die sich mit einem Aufenthaltstitel nach Kapitel 2 Abschnitt 5 des Aufenthaltsgesetzes in der Bundesrepublik Deutschland aufhalten. 3Hilfebedürftigen Ausländern, die Satz 1 unterfallen, werden bis zur Ausreise, längstens jedoch für einen Zeitraum von einem Monat, einmalig innerhalb von zwei Jahren nur eingeschränkte Hilfen gewährt, um den Zeitraum bis zur Ausreise zu überbrücken (Überbrückungsleistungen); die Zweijahresfrist beginnt mit dem Erhalt der Überbrückungsleistungen nach Satz 3. 4Hierüber und über die Möglichkeit der Leistungen nach Absatz 3a sind die Leistungsberechtigten zu unterrichten. 5Die Überbrückungsleistungen umfassen:

1. Leistungen zur Deckung der Bedarfe für Ernährung sowie Körper- und Gesundheitspflege,
2. Leistungen zur Deckung der Bedarfe für Unterkunft und Heizung in angemessener Höhe, einschließlich der Bedarfe nach § 35 Absatz 4 und § 30 Absatz 7,
3. die zur Behandlung akuter Erkrankungen und Schmerzzustände erforderliche ärztliche und zahnärztliche Behandlung einschließlich der Versorgung mit Arznei- und Verbandmitteln sowie sonstiger zur Genesung, zur Besserung oder zur Linderung von Krankheiten oder Krankheitsfolgen erforderlichen Leistungen und
4. Leistungen nach § 50 Nummer 1 bis 3.

6Soweit dies im Einzelfall besondere Umstände erfordern, werden Leistungsberechtigten nach Satz 3 zur Überwindung einer besonderen Härte andere Leistungen im Sinne von Absatz 1 gewährt; ebenso sind Leistungen über einen Zeitraum von einem Monat hinaus zu erbringen, soweit dies im Einzelfall auf Grund besonderer Umstände zur Überwindung einer besonderen Härte und zur Deckung einer zeitlich befristeten Bedarfslage geboten ist. 7Abweichend von Satz 1 Nummer 2 erhalten Ausländer und ihre Familienangehörigen Leistungen nach Absatz 1 Satz 1 und 2, wenn sie sich seit mindestens fünf Jahren ohne wesentliche Unterbrechung im Bundesgebiet aufhalten; dies gilt nicht, wenn der Verlust des Rechts nach § 2 Absatz 1 des Freizügigkeitsgesetzes/EU festgestellt wurde. 8Die Frist nach Satz 7 beginnt mit der Anmeldung bei der zuständigen Meldebehörde. 9Zeiten des nicht rechtmäßigen Aufenthalts, in denen eine Ausreisepflicht besteht, werden auf Zeiten des tatsächlichen Aufenthalts nicht angerechnet. $_{10}$Ausländerrechtliche Bestimmungen bleiben unberührt.

(3a) $_{1}$Neben den Überbrückungsleistungen werden auf Antrag auch die angemessenen Kosten der Rückreise übernommen. $_{2}$Satz 1 gilt entsprechend, soweit die Personen allein durch die angemessenen Kosten der Rückreise die in Absatz 3 Satz 5 Nummer 1 und 2 genannten Bedarfe nicht aus eigenen Mitteln oder mit Hilfe Dritter decken können. $_{3}$Die Leistung ist als Darlehen zu erbringen.

(4) Ausländer, denen Sozialhilfe geleistet wird, sind auf für sie zutreffende Rückführungs- und Weiterwanderungsprogramme hinzuweisen; in geeigneten Fällen ist auf eine Inanspruchnahme solcher Programme hinzuwirken.

(5) $_{1}$Hält sich ein Ausländer entgegen einer räumlichen Beschränkung im Bundesgebiet auf oder wählt er seinen Wohnsitz entgegen einer Wohnsitzauflage oder einer Wohnsitzregelung nach § 12a des Aufenthaltsgesetzes im Bundesgebiet, darf der für den Aufenthaltsort örtlich zuständige Träger nur die nach den Umständen des Einzelfalls gebotene Leistung erbringen. $_{2}$Unabweisbar geboten ist regelmäßig nur eine Reisebeihilfe zur Deckung des Bedarfs für die Reise zu dem Wohnort, an dem ein Ausländer seinen Wohnsitz zu nehmen hat. $_{3}$In den Fällen des § 12a Absatz 1 und 4 des Aufenthaltsgesetzes ist regelmäßig eine Reisebeihilfe zu dem Ort im Bundesgebiet zu gewähren, an dem der Ausländer die Wohnsitznahme begehrt und an dem seine Wohnsitznahme zulässig ist. $_{4}$Der örtlich zuständige Träger am Aufenthaltsort informiert den bislang örtlich zuständigen Träger darüber, ob Leistungen nach Satz 1 bewilligt worden sind. $_{5}$Die Sätze 1 und 2 gelten auch für Ausländer, die eine räumlich nicht beschränkte Aufenthaltserlaubnis nach den §§ 23a, 24 Absatz 1 oder § 25 Absatz 4 oder 5 des Aufenthaltsgesetzes besitzen, wenn sie sich außerhalb des Landes aufhalten, in dem der Aufenthaltstitel erstmals erteilt worden ist. $_{6}$Satz 5 findet keine Anwendung, wenn der Wechsel in ein anderes Land zur Wahrnehmung der Rechte zum Schutz der Ehe und Familie nach Artikel 6 des Grundgesetzes oder aus vergleichbar wichtigen Gründen gerechtfertigt ist.

§ 24 Sozialhilfe für Deutsche im Ausland

(1) $_{1}$Deutsche, die ihren gewöhnlichen Aufenthalt im Ausland haben, erhalten keine Leistungen. $_{2}$Hiervon kann im Einzelfall nur abgewichen werden, soweit dies wegen einer außergewöhnlichen Notlage unabweisbar ist und zugleich nachgewiesen wird, dass eine Rückkehr in das Inland aus folgenden Gründen nicht möglich ist:

1. Pflege und Erziehung eines Kindes, das aus rechtlichen Gründen im Ausland bleiben muss,
2. längerfristige stationäre Betreuung in einer Einrichtung oder Schwere der Pflegebedürftigkeit oder
3. hoheitliche Gewalt.

(2) Leistungen werden nicht erbracht, soweit sie von dem hierzu verpflichteten Aufenthaltsland oder von anderen erbracht werden oder zu erwarten sind.

(3) Art und Maß der Leistungserbringung sowie der Einsatz des Einkommens und des Vermögens richten sich nach den besonderen Verhältnissen im Aufenthaltsland.

(4) $_{1}$Die Leistungen sind abweichend von § 18 zu beantragen. $_{2}$Für die Leistungen zuständig ist der überörtliche Träger der Sozialhilfe, in dessen Bereich die antragstellende Person geboren ist. $_{3}$Liegt der Geburtsort im Ausland oder ist er nicht zu ermitteln, wird der örtlich zuständige Träger von einer Schiedsstelle bestimmt. $_{4}$§ 108 Abs. 1 Satz 2 gilt entsprechend.

(5) $_{1}$Leben Ehegatten oder Lebenspartner, Verwandte und Verschwägerte bei Einsetzen der Sozialhilfe zusammen, richtet sich die örtliche Zuständigkeit nach der ältesten Person von ihnen, die im Inland geboren ist. $_{2}$Ist keine dieser Personen im Inland geboren, ist ein gemeinsamer örtlich zuständiger Träger nach Absatz 4 zu bestimmen. $_{3}$Die Zuständigkeit bleibt bestehen, solange eine der Personen nach Satz 1 der Sozialhilfe bedarf.

(6) Die Träger der Sozialhilfe arbeiten mit den deutschen Dienststellen im Ausland zusammen.

§ 25 Erstattung von Aufwendungen anderer

$_{1}$Hat jemand in einem Eilfall einem anderen Leistungen erbracht, die bei rechtzeitigem Einsetzen von Sozialhilfe nicht zu erbringen gewesen wären, sind ihm die Aufwendungen in gebotenem Umfang zu erstatten, wenn er sie nicht auf Grund rechtlicher oder sittlicher Pflicht selbst zu tragen hat. $_{2}$Dies gilt nur, wenn die Erstattung innerhalb angemessener Frist beim zuständigen Träger der Sozialhilfe beantragt wird.

§ 26 Einschränkung, Aufrechnung

(1) $_{1}$Die Leistung soll bis auf das zum Lebensunterhalt Unerlässliche eingeschränkt werden

1. bei Leistungsberechtigten, die nach Vollendung des 18. Lebensjahres ihr Einkommen oder Vermögen vermindert haben in der Absicht, die Voraussetzungen für die Gewährung oder Erhöhung der Leistung herbeizuführen,
2. bei Leistungsberechtigten, die trotz Belehrung ihr unwirtschaftliches Verhalten fortsetzen.

2So weit wie möglich ist zu verhüten, dass die unterhaltsberechtigten Angehörigen oder andere mit ihnen in Haushaltsgemeinschaft lebende Leistungsberechtigte durch die Einschränkung der Leistung mitbetroffen werden.

(2) 1Die Leistung kann bis auf das jeweils Unerlässliche mit Ansprüchen des Trägers der Sozialhilfe gegen eine leistungsberechtigte Person aufgerechnet werden, wenn es sich um Ansprüche auf Erstattung zu Unrecht erbrachter Leistungen der Sozialhilfe handelt, die die leistungsberechtigte Person oder ihr Vertreter durch vorsätzlich oder grob fahrlässig unrichtige oder unvollständige Angaben oder durch pflichtwidriges Unterlassen veranlasst hat, oder wenn es sich um Ansprüche auf Kostenersatz nach den §§ 103 und 104 handelt. 2Die Aufrechnungsmöglichkeit wegen eines Anspruchs ist auf drei Jahre beschränkt; ein neuer Anspruch des Trägers der Sozialhilfe auf Erstattung oder auf Kostenersatz kann erneut aufgerechnet werden.

(3) Eine Aufrechnung nach Absatz 2 kann auch erfolgen, wenn Leistungen für einen Bedarf übernommen werden, der durch vorangegangene Leistungen der Sozialhilfe an die leistungsberechtigte Person bereits gedeckt worden war.

(4) Eine Aufrechnung erfolgt nicht, soweit dadurch der Gesundheit dienende Leistungen gefährdet werden.

Drittes Kapitel
Hilfe zum Lebensunterhalt

Erster Abschnitt
Leistungsberechtigte, notwendiger Lebensunterhalt, Regelbedarfe und Regelsätze

9

§ 27 Leistungsberechtigte

(1) Hilfe zum Lebensunterhalt ist Personen zu leisten, die ihren notwendigen Lebensunterhalt nicht oder nicht ausreichend aus eigenen Kräften und Mitteln bestreiten können.

(2) 1Eigene Mittel sind insbesondere das eigene Einkommen und Vermögen. 2Bei nicht getrennt lebenden Ehegatten oder Lebenspartnern sind das Einkommen und Vermögen beider Ehegatten oder Lebenspartner gemeinsam zu berücksichtigen. 3Gehören minderjährige unverheiratete Kinder dem Haushalt ihrer Eltern oder eines Elternteils an und können sie den notwendigen Lebensunterhalt aus ihrem Einkommen und Vermögen nicht bestreiten, sind vorbehaltlich des § 39 Satz 3 Nummer 1 auch das Einkommen und das Vermögen der Eltern oder des Elternteils gemeinsam zu berücksichtigen.

(3) 1Personen, die ihren Lebensunterhalt aus eigenen Mitteln und Kräften bestreiten können, jedoch einzelne im Haushalt erforderliche Tätigkeiten nicht verrichten können, erhalten auf Antrag einen angemessenen Zuschuss, wenn ihnen die Aufbringung der für die geleistete Hilfe und Unterstützung notwendigen Kosten nicht in voller Höhe zumutbar ist. 2Als angemessen gelten Aufwendungen, die üblicherweise als Anerkennung für unentgeltlich geleistete Hilfen und Unterstützungen oder zur Abgeltung des entsprechenden Aufwandes geleistet werden. 3Den Zuschuss erhält nicht, wer einen entsprechenden Anspruch auf Assistenzleistungen nach § 78 des Neunten Buches hat.

§ 27a Notwendiger Lebensunterhalt, Regelbedarfe und Regelsätze

(1) 1Der für die Gewährleistung des Existenzminimums notwendige Lebensunterhalt umfasst insbesondere Ernährung, Kleidung, Körperpflege, Hausrat, Haushaltsenergie ohne die auf Heizung und Erzeugung von Warmwasser entfallenden Anteile, persönliche Bedürfnisse des täglichen Lebens sowie Unterkunft und Heizung. 2Zu den persönlichen Bedürfnissen des täglichen Lebens gehört in vertretbarem Umfang eine Teilhabe am sozialen und kulturellen Leben in der Gemeinschaft; dies gilt in besonderem Maß für Kinder und Jugendliche. 3Für Schülerinnen und Schüler umfasst der notwendige Lebensunterhalt auch die erforderlichen Hilfen für den Schulbesuch.

(2) 1Der gesamte notwendige Lebensunterhalt nach Absatz 1 mit Ausnahme der Bedarfe nach dem Zweiten bis Vierten Abschnitt ergibt den monatlichen Regelbedarf. 2Dieser ist in Regelbedarfsstufen unterteilt; für Abgrenzung und Höhe der Regelbedarfsstufen sind zu berücksichtigen:

1. bei Kindern und Jugendlichen altersbedingte Unterschiede,
2. bei Erwachsenen die Art der Unterkunft, in der sie leben, und zusätzlich bei in Wohnungen oder sonstigen Unterkünften nach § 42a Absatz 2 Satz 1 Nummer 1 und 3 lebenden Erwachsenen, ob sie in einer Paarbeziehung oder ohne Paarbeziehung zusammenleben.

(3) 1Für Leistungsberechtigte nach diesem Kapitel sind zur Deckung der Regelbedarfe, die sich nach den Regelbedarfsstufen der Anlage zu § 28 ergeben, monatliche Regelsätze als Bedarf anzuerkennen; dies gilt nicht für Leistungsberechtigte, deren notwendiger Lebensunterhalt sich nach § 27b bestimmt. 2Der Regelsatz stellt einen monatlichen Pauschalbetrag zur Bestreitung des Regelbedarfs dar, über dessen Verwendung die Leistungsberechtigten eigenverantwortlich entscheiden; dabei haben sie das Eintreten unregelmäßig anfallender Bedarfe zu berücksichtigen. 3Besteht die Leistungsberechtigung für weniger als einen Monat, ist

der Regelsatz anteilig als Bedarf anzuerkennen. $_{4}$Zur Deckung der Regelbedarfe von Personen, die in einer sonstigen Unterkunft oder vorübergehend nicht in einer Unterkunft untergebracht sind, sind als Bedarfe monatliche Regelsätze anzuerkennen, die sich in entsprechender Anwendung der Regelbedarfsstufen nach der Anlage zu § 28 ergeben.

(4) $_{1}$Im Einzelfall wird der Regelsatz abweichend von der maßgebenden Regelbedarfsstufe festgesetzt (abweichende Regelsatzfestsetzung), wenn ein durch die Regelbedarfe abgedeckter Bedarf nicht nur einmalig, sondern für eine Dauer von voraussichtlich mehr als einem Monat

1. nachweisbar vollständig oder teilweise anderweitig gedeckt ist oder
2. unausweichlich in mehr als geringem Umfang oberhalb durchschnittlicher Bedarfe liegt, wie sie sich nach den bei der Ermittlung der Regelbedarfe zugrundeliegenden durchschnittlichen Verbrauchsausgaben ergeben, und die dadurch bedingten Mehraufwendungen begründbar nicht anderweitig ausgeglichen werden können.

$_{2}$Bei einer abweichenden Regelsatzfestsetzung nach Satz 1 Nummer 1 sind für die monatlich ersparten Verbrauchsausgaben die sich nach § 5 Absatz 1 oder nach § 6 Absatz 1 des Regelbedarfs-Ermittlungsgesetzes für die jeweilige Abteilung ergebenden Beträge zugrunde zu legen. $_{3}$Beschränkt sich die anderweitige Bedarfsdeckung auf einzelne in die regelbedarfsrelevanten Verbrauchsausgaben je Abteilung eingegangenen Verbrauchspositionen, sind die regelbedarfsrelevanten Beträge zugrunde zu legen, auf denen die in § 5 Absatz 1 und § 6 Absatz 1 des Regelbedarfs-Ermittlungsgesetzes genannten Beträge für die einzelnen Abteilungen beruhen. $_{4}$Für Leistungsberechtigte, die nicht in einer Wohnung leben und deren Regelbedarf sich aus der Regelbedarfsstufe 2 der Anlage zu § 28 ergibt, ist Satz 1 Nummer 1 nicht anwendbar für Bedarfe, die durch einen Vertrag über die Überlassung von Wohnraum nach § 42a Absatz 5 Satz 4 Nummer 3 gedeckt werden. $_{5}$Für Leistungsberechtigte, die in einer Unterkunft nach § 42a Absatz 2 Satz 1 Nummer 2 und Satz 3 leben und denen Aufwendungen für Unterkunft und Heizung nach § 42a Absatz 5 und 6 anzuerkennen sind, ist Satz 1 Nummer 1 nicht anwendbar für Bedarfe, die durch einen Vertrag über die Überlassung von Wohnraum nach § 42a Absatz 5 Satz 6 Nummer 1, 3 und 4 gedeckt werden. $_{6}$Für Leistungsberechtigte, denen ein Mehrbedarf nach § 42b Absatz 2 anzuerkennen ist, ist Satz 1 für die dadurch abgedeckten Aufwendungen nicht anwendbar.

(5) Sind minderjährige Leistungsberechtigte in einer anderen Familie, insbesondere in einer Pflegefamilie, oder bei anderen Personen als bei ihren Eltern oder einem Elternteil untergebracht, so wird in der Regel der individuelle Bedarf abweichend von den Regelsätzen in Höhe der tatsächlichen Kosten der Unterbringung festgesetzt, sofern die Kosten einen angemessenen Umfang nicht übersteigen.

§ 27b Notwendiger Lebensunterhalt in Einrichtungen

(1) $_{1}$Der notwendige Lebensunterhalt umfasst

1. in Einrichtungen den darin erbrachten Lebensunterhalt,
2. in stationären Einrichtungen zusätzlich den weiteren notwendigen Lebensunterhalt.

$_{2}$Der notwendige Lebensunterhalt in stationären Einrichtungen entspricht dem Umfang

1. der Regelbedarfsstufe 3 nach der Anlage zu § 28 bei Leistungsberechtigten, die das 18. Lebensjahr vollendet haben, und den Regelbedarfsstufen 4 bis 6 nach der Anlage zu § 28 bei Leistungsberechtigten, die das 18. Lebensjahr noch nicht vollendet haben,
2. der zusätzlichen Bedarfe nach dem Zweiten Abschnitt des Dritten Kapitels,
3. der Bedarfe für Unterkunft und Heizung nach § 42 Nummer 4 Buchstabe b.

(2) Der weitere notwendige Lebensunterhalt nach Absatz 1 Nummer 2 umfasst insbesondere einen Barbetrag nach Absatz 3 sowie Bekleidung und Schuhe (Bekleidungspauschale) nach Absatz 4; § 31 Absatz 2 Satz 2 ist nicht anzuwenden.

(3) $_{1}$Der Barbetrag nach Absatz 2 steht für die Abdeckung von Bedarfen des notwendigen Lebensunterhalts nach § 27a Absatz 1 zur Verfügung, soweit diese nicht nach Absatz 1 von der stationären Einrichtung gedeckt werden. $_{2}$Die Höhe des Barbetrages beträgt für Leistungsberechtigte nach diesem Kapitel,

1. die das 18. Lebensjahr vollendet haben, mindestens 27 Prozent der Regelbedarfsstufe 1 nach der Anlage zu § 28,
2. haben diese das 18. Lebensjahr noch nicht vollendet, setzen die zuständigen Landesbehörden oder die von ihnen bestimmten Stellen für die in ihrem Bereich bestehenden Einrichtungen die Höhe des Barbetrages fest.

$_{3}$Der Barbetrag ist in der sich nach Satz 2 ergebenden Höhe an die Leistungsberechtigten zu zahlen; er ist zu vermindern, wenn und soweit dessen bestimmungsgemäße Verwendung durch oder für die Leistungsberechtigten nicht möglich ist.

(4) $_{1}$Die Höhe der Bekleidungspauschale nach Absatz 2 setzen die zuständigen Landesbehörden oder

die von ihnen bestimmten Stellen für die in ihrem Bereich bestehenden Einrichtungen fest. $_{2}$Sie ist als Geld- oder Sachleistung zu gewähren; im Falle einer Geldleistung hat die Zahlung monatlich, quartalsweise oder halbjährlich zu erfolgen.

§ 27c Sonderregelung für den Lebensunterhalt

(1) Für Leistungsberechtigte, die nicht in einer Wohnung nach § 42a Absatz 2 Satz 1 Nummer 1 und Satz 2 leben, bestimmen sich der notwendige Lebensunterhalt nach Absatz 2 und der weitere notwendige Lebensunterhalt nach Absatz 3, wenn sie

1. minderjährig sind und ihnen Leistungen nach Teil 2 des Neunten Buches über Tag und Nacht erbracht werden oder
2. volljährig sind und ihnen Leistungen über Tag und Nacht erbracht werden, denen Vereinbarungen nach § 134 Absatz 4 des Neunten Buches zugrunde liegen.

(2) Der notwendige Lebensunterhalt nach Absatz 1 umfasst die Bedarfe nach § 27b Absatz 1 Satz 2, darüber hinaus sind Bedarfe für Bildung und Teilhabe nach dem Dritten Abschnitt mit umfasst, soweit nicht entsprechende Leistungen nach § 75 des Neunten Buches erbracht werden.

(3) Für den weiteren notwendigen Lebensunterhalt gilt § 27b Absatz 2 bis 4.

(4) Der sich nach Absatz 2 ergebende monatliche Betrag für den notwendigen Lebensunterhalt ist bei Leistungsberechtigten nach Absatz 1 Nummer 1 abzüglich der aufzubringenden Mittel nach § 142 Absatz 1 und 2 des Neunten Buches sowie bei Leistungsberechtigten nach Absatz 1 Nummer 2 abzüglich der aufzubringenden Mittel nach § 142 Absatz 3 des Neunten Buches quartalsweise dem für die Leistungen nach Teil 2 des Neunten Buches zuständigen Träger der Eingliederungshilfe zu erstatten.

§ 28 Ermittlung der Regelbedarfe

(1) Liegen die Ergebnisse einer bundesweiten neuen Einkommens- und Verbrauchsstichprobe vor, wird die Höhe der Regelbedarfe in einem Bundesgesetz neu ermittelt.

(2) $_{1}$Bei der Ermittlung der bundesdurchschnittlichen Regelbedarfsstufen nach § 27a Absatz 2 sind Stand und Entwicklung von Nettoeinkommen, Verbraucherverhalten und Lebenshaltungskosten zu berücksichtigen. $_{2}$Grundlage hierfür sind die durch die Einkommens- und Verbrauchsstichprobe nachgewiesenen tatsächlichen Verbrauchsausgaben unterer Einkommensgruppen.

(3) $_{1}$Für die Ermittlung der Regelbedarfsstufen beauftragt das Bundesministerium für Arbeit und Soziales das Statistische Bundesamt mit Sonderauswertungen, die auf der Grundlage einer neuen Einkommens- und Verbrauchsstichprobe vorzunehmen sind. $_{2}$Sonderauswertungen zu den Verbrauchsausgaben von Haushalten unterer Einkommensgruppen sind zumindest für Haushalte (Referenzhaushalte) vorzunehmen, in denen nur eine erwachsene Person lebt (Einpersonenhaushalte), sowie für Haushalte, in denen Paare mit einem Kind leben (Familienhaushalte). $_{3}$Dabei ist festzulegen, welche Haushalte, die Leistungen nach diesem Buch und dem Zweiten Buch beziehen, nicht als Referenzhaushalte zu berücksichtigen sind. $_{4}$Für die Bestimmung des Anteils der Referenzhaushalte an den jeweiligen Haushalten der Sonderauswertungen ist ein für statistische Zwecke hinreichend großer Stichprobenumfang zu gewährleisten.

(4) $_{1}$Die in Sonderauswertungen nach Absatz 3 ausgewiesenen Verbrauchsausgaben der Referenzhaushalte sind für die Ermittlung der Regelbedarfsstufen als regelbedarfsrelevant zu berücksichtigen, soweit sie zur Sicherung des Existenzminimums notwendig sind und eine einfache Lebensweise ermöglichen, wie sie einkommensschwache Haushalte aufweisen, die ihren Lebensunterhalt nicht ausschließlich aus Leistungen nach diesem oder dem Zweiten Buch bestreiten. $_{2}$Nicht als regelbedarfsrelevant zu berücksichtigen sind Verbrauchsausgaben der Referenzhaushalte, wenn sie bei Leistungsberechtigten nach diesem Buch oder dem Zweiten Buch

1. durch bundes- oder landesgesetzliche Leistungsansprüche, die der Finanzierung einzelner Verbrauchspositionen der Sonderauswertungen dienen, abgedeckt sind und diese Leistungsansprüche kein anrechenbares Einkommen nach § 82 oder § 11 des Zweiten Buches darstellen oder
2. nicht anfallen, weil bundesweit in einheitlicher Höhe Vergünstigungen gelten.

(5) $_{1}$Die Summen der sich nach Absatz 4 ergebenden regelbedarfsrelevanten Verbrauchsausgaben der Referenzhaushalte sind Grundlage für die Prüfung der Regelbedarfsstufen, insbesondere für die Altersabgrenzungen bei Kindern und Jugendlichen. $_{2}$Die nach Satz 1 für die Ermittlung der Regelbedarfsstufen zugrunde zu legenden Summen der regelbedarfsrelevanten Verbrauchsausgaben aus den Sonderauswertungen sind jeweils mit der sich nach § 28a Absatz 2 ergebenden Veränderungsrate entsprechend fortzuschreiben. $_{3}$Die sich durch die Fortschreibung nach Satz 2 ergebenden Summenbeträge sind jeweils bis unter 0,50 Euro abzurunden sowie von 0,50 Euro an aufzurunden und ergeben die Regelbedarfsstufen (Anlage).

§ 28a Fortschreibung der Regelbedarfsstufen

(1) 1In Jahren, in denen keine Neuermittlung nach § 28 erfolgt, werden die Regelbedarfsstufen jeweils zum 1. Januar mit der sich nach Absatz 2 ergebenden Veränderungsrate fortgeschrieben. 2§ 28 Absatz 5 Satz 3 gilt entsprechend.

(2) 1Die Fortschreibung der Regelbedarfsstufen erfolgt aufgrund der bundesdurchschnittlichen Entwicklung der Preise für regelbedarfsrelevante Güter und Dienstleistungen sowie der bundesdurchschnittlichen Entwicklung der Nettolöhne und -gehälter je beschäftigten Arbeitnehmer nach der Volkswirtschaftlichen Gesamtrechnung (Mischindex). 2Maßgeblich ist jeweils die Veränderungsrate, die sich aus der Veränderung in dem Zwölfmonatszeitraum, der mit dem 1. Juli des Vorvorjahres beginnt und mit dem 30. Juni des Vorjahres endet, gegenüber dem davorliegenden Zwölfmonatszeitraum ergibt. 3Für die Ermittlung der jährlichen Veränderungsrate des Mischindexes wird die sich aus der Entwicklung der Preise aller regelbedarfsrelevanten Güter und Dienstleistungen ergebende Veränderungsrate mit einem Anteil von 70 vom Hundert und die sich aus der Entwicklung der Nettolöhne und -gehälter je beschäftigten Arbeitnehmer ergebende Veränderungsrate mit einem Anteil von 30 vom Hundert berücksichtigt.

(3) Das Bundesministerium für Arbeit und Soziales beauftragt das Statistische Bundesamt mit der Ermittlung der jährlichen Veränderungsrate für den Zeitraum nach Absatz 2 Satz 2 für

1. die Preise aller regelbedarfsrelevanten Güter und Dienstleistungen und
2. die durchschnittliche Nettolohn- und -gehaltssumme je durchschnittlich beschäftigten Arbeitnehmer.

Entscheidung des Bundesverfassungsgerichts
vom 23. Juli 2014 (BGBl. I S. 1581)

§ 28a ist nach Maßgabe der Gründe mit Artikel 1 Absatz 1 des Grundgesetzes in Verbindung mit dem Sozialstaatsprinzip des Artikels 20 Absatz 1 des Grundgesetzes vereinbar.

§ 29 Festsetzung und Fortschreibung der Regelsätze

(1) 1Werden die Regelbedarfsstufen nach § 28 neu ermittelt, gelten diese als neu festgesetzte Regelsätze (Neufestsetzung), solange die Länder keine abweichende Neufestsetzung vornehmen. 2Satz 1 gilt entsprechend, wenn die Regelbedarfe nach § 28a fortgeschrieben werden.

(2) 1Nehmen die Länder eine abweichende Neufestsetzung vor, haben sie die Höhe der monatlichen Regelsätze entsprechend der Abstufung der Regelbedarfe nach der Anlage zu § 28 durch Rechtsverordnung neu festzusetzen. 2Sie können die Ermächtigung für die Neufestsetzung nach Satz 1 auf die zuständigen Landesministerien übertragen. 3Für die abweichende Neufestsetzung sind anstelle der bundesdurchschnittlichen Regelbedarfsstufen, die sich nach § 28 aus der bundesweiten Auswertung der Einkommens- und Verbrauchsstichprobe ergeben, entsprechend aus regionalen Auswertungen der Einkommens- und Verbrauchsstichprobe ermittelte Regelbedarfsstufen zugrunde zu legen. 4Die Länder können bei der Neufestsetzung der Regelsätze auch auf ihr Land bezogene besondere Umstände, die die Deckung des Regelbedarfs betreffen, berücksichtigen. Regelsätze, die nach Absatz 1 oder nach den Sätzen 1 bis 4 festgesetzt worden sind, können von den Ländern als Mindestregelsätze festgesetzt werden. 5§ 28 Absatz 4 Satz 4 und 5 gilt für die Festsetzung der Regelsätze nach den Sätzen 1 bis 4 entsprechend.

(3) 1Die Länder können die Träger der Sozialhilfe ermächtigen, auf der Grundlage von nach Absatz 2 Satz 5 bestimmten Mindestregelsätzen regionale Regelsätze festzusetzen; bei der Festsetzung können die Träger der Sozialhilfe regionale Besonderheiten sowie statistisch nachweisbare Abweichungen in den Verbrauchsausgaben berücksichtigen. 2§ 28 Absatz 4 Satz 4 und 5 gilt für die Festsetzung der Regelsätze nach Satz 1 entsprechend.

(4) Werden die Regelsätze nach den Absätzen 2 und 3 abweichend von den Regelbedarfsstufen nach § 28 festgesetzt, sind diese in den Jahren, in denen keine Neuermittlung der Regelbedarfe nach § 28 erfolgt, jeweils zum 1. Januar durch Rechtsverordnung der Länder mit der Veränderungsrate der Regelbedarfe fortzuschreiben, die sich nach der Rechtsverordnung nach § 40 ergibt.

(5) Die nach den Absätzen 2 und 3 festgesetzten und nach Absatz 4 fortgeschriebenen Regelsätze gelten als Regelbedarfsstufen nach der Anlage zu § 28.

Zweiter Abschnitt
Zusätzliche Bedarfe

§ 30 Mehrbedarf

(1) Für Personen, die

1. die Altersgrenze nach § 41 Abs. 2 erreicht haben oder
2. die Altersgrenze nach § 41 Abs. 2 noch nicht erreicht haben und voll erwerbsgemindert nach dem Sechsten Buch sind

und durch einen Bescheid der nach § 152 Absatz 4 des Neunten Buches zuständigen Behörde oder einen Ausweis nach § 152 Absatz 5 des Neunten

9

Buches die Feststellung des Merkzeichens G nachweisen, wird ein Mehrbedarf von 17 vom Hundert der maßgebenden Regelbedarfsstufe anerkannt, soweit nicht im Einzelfall ein abweichender Bedarf besteht.

(2) Für werdende Mütter nach der zwölften Schwangerschaftswoche bis zum Ende des Monats, in welchen die Entbindung fällt, wird ein Mehrbedarf von 17 vom Hundert der maßgebenden Regelbedarfsstufe anerkannt, soweit nicht im Einzelfall ein abweichender Bedarf besteht.

(3) Für Personen, die mit einem oder mehreren minderjährigen Kindern zusammenleben und allein für deren Pflege und Erziehung sorgen, ist, soweit kein abweichender Bedarf besteht, ein Mehrbedarf anzuerkennen

1. in Höhe von 36 vom Hundert der Regelbedarfsstufe 1 nach der Anlage zu § 28 für ein Kind unter sieben Jahren oder für zwei oder drei Kinder unter sechzehn Jahren, oder
2. in Höhe von 12 vom Hundert der Regelbedarfsstufe 1 nach der Anlage zu § 28 für jedes Kind, wenn die Voraussetzungen nach Nummer 1 nicht vorliegen, höchstens jedoch in Höhe von 60 vom Hundert der Regelbedarfsstufe 1 nach der Anlage zu § 28.

(4) § 42b Absatz 3 ist entsprechend anzuwenden auf Leistungsberechtigte, die das 15. Lebensjahr vollendet haben.

9

(5) $_1$Für Leistungsberechtigte wird ein Mehrbedarf anerkannt, wenn deren Ernährungsbedarf aus medizinischen Gründen von allgemeinen Ernährungsempfehlungen abweicht und die Aufwendungen für die Ernährung deshalb unausweichlich und in mehr als geringem Umfang oberhalb eines durchschnittlichen Bedarfs für Ernährung liegen (ernährungsbedingter Mehrbedarf). $_2$Dies gilt entsprechend für aus medizinischen Gründen erforderliche Aufwendungen für Produkte zur erhöhten Versorgung des Stoffwechsels mit bestimmten Nähr- oder Wirkstoffen, soweit hierfür keine vorrangigen Ansprüche bestehen. $_3$Die medizinischen Gründe nach den Sätzen 1 und 2 sind auf der Grundlage aktueller medizinischer und ernährungswissenschaftlicher Erkenntnisse zu bestimmen. $_4$Dabei sind auch die durchschnittlichen Mehraufwendungen zu ermitteln, die für die Höhe des anzuerkennenden ernährungsbedingten Mehrbedarfs zugrunde zu legen sind, soweit im Einzelfall kein abweichender Bedarf besteht.

(6) Die Summe des nach den Absätzen 1 bis 5 insgesamt anzuerkennenden Mehrbedarfs darf die Höhe der maßgebenden Regelbedarfsstufe nicht übersteigen.

(7) $_1$Für Leistungsberechtigte wird ein Mehrbedarf anerkannt, soweit Warmwasser durch in der Wohnung, in der besonderen Wohnform oder der sonstigen Unterkunft nach § 42a Absatz 2 installierte Vorrichtungen erzeugt wird (dezentrale Warmwassererzeugung) und denen deshalb kein Bedarf für Warmwasser nach § 35 Absatz 4 anerkannt wird. $_2$Der Mehrbedarf beträgt für jede leistungsberechtigte Person entsprechend der für sie geltenden Regelbedarfsstufe nach der Anlage zu § 28 jeweils

1. 2,3 Prozent der Regelbedarfsstufen 1 und 2,
2. 1,4 Prozent der Regelbedarfsstufe 4,
3. 1,2 Prozent der Regelbedarfsstufe 5 oder
4. 0,8 Prozent der Regelbedarfsstufe 6.

$_3$Höhere Aufwendungen sind abweichend von Satz 2 nur zu berücksichtigen, soweit sie durch eine separate Messeinrichtung nachgewiesen werden.

(8) § 42b Absatz 2 ist entsprechend anzuwenden.

(9) Soweit eine Schülerin oder ein Schüler aufgrund der jeweiligen schulrechtlichen Bestimmungen oder schulischen Vorgaben Aufwendungen zur Anschaffung oder Ausleihe von Schulbüchern oder gleichstehenden Arbeitsheften hat, sind sie als Mehrbedarf anzuerkennen.

§ 31 Einmalige Bedarfe

(1) Leistungen zur Deckung von Bedarfen für

1. Erstausstattungen für die Wohnung einschließlich Haushaltsgeräten,
2. Erstausstattungen für Bekleidung und Erstausstattungen bei Schwangerschaft und Geburt sowie
3. Anschaffung und Reparaturen von orthopädischen Schuhen, Reparaturen von therapeutischen Geräten und Ausrüstungen sowie die Miete von therapeutischen Geräten

werden gesondert erbracht.

(2) $_1$Einer Person, die Sozialhilfe beansprucht (nachfragende Person), werden, auch wenn keine Regelsätze zu gewähren sind, für einmalige Bedarfe nach Absatz 1 Leistungen erbracht, wenn sie diese nicht aus eigenen Kräften und Mitteln vollständig decken kann. $_2$In diesem Falle kann das Einkommen berücksichtigt werden, das sie innerhalb eines Zeitraums von bis zu sechs Monaten nach Ablauf des Monats erwerben, in dem über die Leistung entschieden worden ist.

(3) $_1$Die Leistungen nach Absatz 1 Nr. 1 und 2 können als Pauschalbeträge erbracht werden. $_2$Bei der Bemessung der Pauschalbeträge sind geeignete Angaben über die erforderlichen Aufwendungen und nachvollziehbare Erfahrungswerte zu berücksichtigen.

§ 32 Bedarfe für eine Kranken- und Pflegeversicherung

(1) Angemessene Beiträge für eine Kranken- und Pflegeversicherung sind als Bedarf anzuerkennen, soweit Leistungsberechtigte diese nicht aus eigenem Einkommen tragen können. Leistungsberechtigte können die Beiträge so weit aus eigenem Einkommen tragen, wie diese im Wege der Einkommensbereinigung nach § 82 Absatz 2 Satz 1 Nummer 2 und 3 abzusetzen sind. Der Bedarf nach Satz 1 erhöht sich entsprechend, wenn bei der Einkommensbereinigung für das Einkommen geltende Absetzbeträge nach § 82 Absatz 2 Satz 2 und Absatz 3 bis 6 zu berücksichtigen sind.

(2) Bei Personen, die in der gesetzlichen Krankenversicherung

1. nach § 5 Absatz 1 Nummer 13 des Fünften Buches oder nach § 2 Absatz 1 Nummer 7 des Zweiten Gesetzes über die Krankenversicherung der Landwirte pflichtversichert sind,
2. nach § 9 Absatz 1 Nummer 1 des Fünften Buches oder nach § 6 Absatz 1 Nummer 1 des Zweiten Gesetzes über die Krankenversicherung der Landwirte weiterversichert sind,
3. als Rentenantragsteller nach § 189 des Fünften Buches als Mitglied einer Krankenkasse gelten,
4. nach § 9 Absatz 1 Nummer 2 bis 8 des Fünften Buches oder nach § 6 Absatz 1 Nummer 2 des Zweiten Gesetzes über die Krankenversicherung der Landwirte freiwillig versichert sind oder
5. nach § 188 Absatz 4 des Fünften Buches oder nach § 22 Absatz 3 des Zweiten Gesetzes über die Krankenversicherung der Landwirte weiterversichert sind,

gilt der monatliche Beitrag als angemessen.

(3) Bei Personen, denen Beiträge nach Absatz 2 als Bedarf anerkannt werden, gilt auch der Zusatzbeitragssatz nach § 242 Absatz 1 des Fünften Buches als angemessen.

(4) $_1$Bei Personen, die gegen das Risiko Krankheit bei einem privaten Krankenversicherungsunternehmen versichert sind, sind angemessene Beiträge nach den Sätzen 2 und 3 anzuerkennen. Angemessen sind Beiträge

1. bis zu der Höhe des sich nach § 152 Absatz 4 des Versicherungsaufsichtsgesetzes ergebenden halbierten monatlichen Beitrags für den Basistarif, sofern die Versicherungsverträge der Versicherungspflicht nach § 193 Absatz 3 des Versicherungsvertragsgesetzes genügen, oder
2. für eine Absicherung im brancheneinheitlichen Standardtarif nach § 257 Absatz 2a des Fünften Buches in der bis zum 31. Dezember 2008 geltenden Fassung.

$_2$Ein höherer Beitrag kann als angemessen anerkannt werden, wenn die Leistungsberechtigung nach diesem Kapitel voraussichtlich nur für einen Zeitraum von bis zu drei Monaten besteht. $_3$Im begründeten Ausnahmefall kann auf Antrag ein höherer Beitrag auch im Fall einer Leistungsberechtigung für einen Zeitraum von bis zu sechs Monaten als angemessen anerkannt werden, wenn vor Ablauf der drei Monate oder bereits bei Antragstellung davon auszugehen ist, dass die Leistungsberechtigung nach diesem Kapitel für einen begrenzten, aber mehr als drei Monate andauernden Zeitraum bestehen wird.

(5) Bei Personen, die in der sozialen Pflegeversicherung nach

1. den §§ 20 und 21 des Elften Buches pflichtversichert sind oder
2. § 26 des Elften Buches weiterversichert sind oder
3. § 26a des Elften Buches der sozialen Pflegeversicherung beigetreten sind,

gilt der monatliche Beitrag als angemessen.

(6) $_1$Bei Personen, die gegen das Risiko Pflegebedürftigkeit bei einem privaten Krankenversicherungsunternehmen in Erfüllung ihrer Versicherungspflicht nach § 23 des Elften Buches versichert sind oder nach § 26a des Elften Buches der privaten Pflegeversicherung beigetreten sind, gilt bei Versicherung im brancheneinheitlichen Standardtarif nach § 257 Absatz 2a des Fünften Buches in der bis zum 31. Dezember 2008 geltenden Fassung der geschuldete Beitrag als angemessen, im Übrigen höchstens jedoch bis zu einer Höhe des nach § 110 Absatz 2 Satz 3 des Elften Buches halbierten Höchstbeitrags in der sozialen Pflegeversicherung. $_2$Für die Höhe des im Einzelfall angemessenen monatlichen Beitrags gilt Absatz 4 Satz 3 und 4 entsprechend.

§ 32a Zeitliche Zuordnung und Zahlung von Beiträgen für eine Kranken- und Pflegeversicherung

(1) Die Bedarfe nach § 32 sind unabhängig von der Fälligkeit des Beitrags jeweils in dem Monat als Bedarf anzuerkennen, für den die Versicherung besteht.

(2) $_1$Die Beiträge für eine Kranken- und Pflegeversicherung, die nach § 82 Absatz 2 Nummer 2 und 3 vom Einkommen abgesetzt und nach § 32 als Bedarf anerkannt werden, sind als Direktzahlung zu leisten, wenn der Zahlungsanspruch nach § 43a Absatz 2 größer oder gleich der Summe dieser Beiträge ist. $_2$Die Zahlung nach Satz 1 erfolgt an diejenige Krankenkasse oder dasjenige Versicherungsunternehmen, bei der beziehungsweise dem

die leistungsberechtigte Person versichert ist. $_{3}$Die Leistungsberechtigten sowie die zuständigen Krankenkassen oder die zuständigen Versicherungsunternehmen sind über Beginn, Höhe des Beitrags und den Zeitraum sowie über die Beendigung einer Direktzahlung nach den Sätzen 1 und 2 schriftlich zu unterrichten. $_{4}$Die Leistungsberechtigten sind zusätzlich über die jeweilige Krankenkasse oder das Versicherungsunternehmen zu informieren, die zuständigen Krankenkassen und Versicherungsunternehmen zusätzlich über Namen und Anschrift der Leistungsberechtigten.

(3) Die Zahlung nach Absatz 2 hat in Fällen des § 32 Absatz 2, 3 und 5 bis zum Ende, in Fällen des § 32 Absatz 4 und 6 zum Ersten des sich nach Absatz 1 ergebenden Monats zu erfolgen.

§ 33 Bedarfe für die Vorsorge

(1) $_{1}$Um die Voraussetzungen eines Anspruchs auf eine angemessene Alterssicherung zu erfüllen, können die erforderlichen Aufwendungen als Bedarf berücksichtigt werden, soweit sie nicht nach § 82 Absatz 2 Satz 1 Nummer 2 und 3 vom Einkommen abgesetzt werden. $_{2}$Aufwendungen nach Satz 1 sind insbesondere

1. Beiträge zur gesetzlichen Rentenversicherung,
2. Beiträge zur landwirtschaftlichen Alterskasse,
3. Beiträge zu berufsständischen Versorgungseinrichtungen, die den gesetzlichen Rentenversicherungen vergleichbare Leistungen erbringen,
4. Beiträge für eine eigene kapitalgedeckte Altersvorsorge in Form einer lebenslangen Leibrente, wenn der Vertrag nur die Zahlung einer monatlichen auf das Leben des Steuerpflichtigen bezogenen lebenslangen Leibrente nicht vor Vollendung des 60. Lebensjahres vorsieht, sowie
5. geförderte Altersvorsorgebeiträge nach § 82 des Einkommensteuergesetzes, soweit sie den Mindesteigenbeitrag nach § 86 des Einkommensteuergesetzes nicht überschreiten.

(2) Weisen Leistungsberechtigte Aufwendungen zur Erlangung eines Anspruchs auf ein angemessenes Sterbegeld vor Beginn der Leistungsberechtigung nach, so werden diese in angemessener Höhe als Bedarf anerkannt, soweit sie nicht nach § 82 Absatz 2 Nummer 3 vom Einkommen abgesetzt werden.

Dritter Abschnitt
Bildung und Teilhabe

§ 34 Bedarfe für Bildung und Teilhabe

(1) $_{1}$Bedarfe für Bildung nach den Absätzen 2 bis 6 von Schülerinnen und Schülern, die eine allgemein- oder berufsbildende Schule besuchen, sowie Bedarfe von Kindern und Jugendlichen für Teilhabe am sozialen und kulturellen Leben in der Gemeinschaft nach Absatz 7 werden neben den maßgebenden Regelbedarfsstufen gesondert berücksichtigt. $_{2}$Leistungen hierfür werden nach den Maßgaben des § 34a gesondert erbracht.

(2) $_{1}$Bedarfe werden bei Schülerinnen und Schülern in Höhe der tatsächlichen Aufwendungen anerkannt für

1. Schulausflüge und
2. mehrtägige Klassenfahrten im Rahmen der schulrechtlichen Bestimmungen.

$_{2}$Für Kinder, die eine Tageseinrichtung besuchen oder für die Kindertagespflege geleistet wird, gilt Satz 1 entsprechend.

(3) $_{1}$Bedarfe für die Ausstattung mit persönlichem Schulbedarf werden bei Schülerinnen und Schülern für den Monat, in dem der erste Schultag eines Schuljahres liegt, in Höhe von 100 Euro und für den Monat, in dem das zweite Schulhalbjahr eines Schuljahres beginnt, in Höhe von 50 Euro anerkannt. $_{2}$Abweichend von Satz 1 ist Schülerinnen und Schülern für die Ausstattung mit persönlichem Schulbedarf ein Bedarf anzuerkennen

1. in Höhe von 100 Euro für das erste Schulhalbjahr, wenn die erstmalige Aufnahme innerhalb des Schuljahres nach dem Monat erfolgt, in dem das erste Schulhalbjahr beginnt, aber vor Beginn des Monats, in dem das zweite Schulhalbjahr beginnt,
2. in Höhe des Betrags für das erste und das zweite Schulhalbjahr, wenn die erstmalige Aufnahme innerhalb des Schuljahres in oder nach dem Monat erfolgt, in dem das zweite Schulhalbjahr beginnt,
3. in Höhe von 50 Euro, wenn der Schulbesuch nach dem Monat, in dem das Schuljahr begonnen hat, unterbrochen wird und die Wiederaufnahme nach dem Monat erfolgt, in dem das zweite Schulhalbjahr beginnt.

(3a) $_{1}$Der nach Absatz 3 anzuerkennende Teilbetrag für ein erstes Schulhalbjahr eines Schuljahres wird kalenderjährlich mit dem in der maßgeblichen Regelbedarfsstufen-Fortschreibungsverordnung nach den §§ 28a und 40 Nummer 1 bestimmten Prozentsatz fortgeschrieben; der fortgeschriebene Wert ist bis unter 0,50 Euro auf den nächsten vollen Euro abzurunden und ab 0,50 Euro auf den nächsten vollen Euro aufzurunden (Anlage). $_{2}$Der Teilbetrag für das zweite Schulhalbjahr eines Schuljahres nach Absatz 3 beträgt 50 Prozent des sich nach Satz 1 für das jeweilige Kalenderjahr ergebenden Teilbetrags (Anlage). $_{3}$Liegen die Ergebnisse einer bundesweiten neuen Einkommens- und Verbrauchsstichprobe vor, ist der Teilbetrag nach Satz 1 durch Bundesgesetz um den Betrag zu erhöhen, der sich aus der prozentualen Erhöhung der Regelbedarfsstufe 1 nach § 28 für das jeweilige Kalenderjahr durch Bundesgesetz ergibt, das Ergebnis ist entsprechend Satz 1 zweiter Teilsatz zu runden und die Anlage zu ergänzen. ₄Aus dem sich nach Satz 3 ergebenden Teilbetrag für das erste Schulhalbjahr ist der Teilbetrag für das zweite Schulhalbjahr des jeweiligen Kalenderjahres entsprechend Satz 2 durch Bundesgesetz zu bestimmen und die Anlage um den sich ergebenden Betrag zu ergänzen.

(4) ₁Bei Schülerinnen und Schülern, die für den Besuch der nächstgelegenen Schule des gewählten Bildungsgangs auf Schülerbeförderung angewiesen sind, werden die dafür erforderlichen tatsächlichen Aufwendungen berücksichtigt, soweit sie nicht von Dritten übernommen werden. ₂Als nächstgelegene Schule des gewählten Bildungsgangs gilt auch eine Schule, die aufgrund ihres Profils gewählt wurde, soweit aus diesem Profil eine besondere inhaltliche oder organisatorische Ausgestaltung des Unterrichts folgt; dies sind insbesondere Schulen mit naturwissenschaftlichem, musischem, sportlichem oder sprachlichem Profil sowie bilinguale Schulen, und Schulen mit ganztägiger Ausrichtung.

(5) ₁Für Schülerinnen und Schüler wird eine schulische Angebote ergänzende angemessene Lernförderung berücksichtigt, soweit diese geeignet und zusätzlich erforderlich ist, um die nach den schulrechtlichen Bestimmungen festgelegten wesentlichen Lernziele zu erreichen. ₂Auf eine bestehende Versetzungsgefährdung kommt es dabei nicht an.

(6) ₁Bei Teilnahme an einer gemeinschaftlichen Mittagsverpflegung werden die entstehenden Aufwendungen berücksichtigt für

1. Schülerinnen und Schüler und
2. Kinder, die eine Tageseinrichtung besuchen oder für die Kindertagespflege geleistet wird.

₂Für Schülerinnen und Schüler gilt dies unter der Voraussetzung, dass die Mittagsverpflegung in schulischer Verantwortung angeboten wird oder durch einen Kooperationsvertrag zwischen Schule und Tageseinrichtung vereinbart ist.

(7) ₁Für die Teilhabe am sozialen und kulturellen Leben in der Gemeinschaft werden pauschal 15 Euro monatlich berücksichtigt, sofern bei Leistungsberechtigten, die das 18. Lebensjahr noch nicht vollendet haben, tatsächliche Aufwendungen entstehen im Zusammenhang mit der Teilnahme an

1. Aktivitäten in den Bereichen Sport, Spiel, Kultur und Geselligkeit,
2. Unterricht in künstlerischen Fächern (zum Beispiel Musikunterricht) und vergleichbare angeleitete Aktivitäten der kulturellen Bildung und
3. Freizeiten.

₂Neben der Berücksichtigung von Bedarfen nach Satz 1 können auch weitere tatsächliche Aufwendungen berücksichtigt werden, wenn sie im Zusammenhang mit der Teilnahme an Aktivitäten nach Satz 1 Nummer 1 bis 3 entstehen und es den Leistungsberechtigten im Einzelfall nicht zugemutet werden kann, diese aus den Leistungen nach Satz 1 und aus dem Regelbedarf zu bestreiten.

Entscheidung des Bundesverfassungsgerichts
vom 7. Juli 2020 (BGBl. I S. 1992)

Aus dem Beschluss des Bundesverfassungsgerichts vom 7. Juli 2020 – 2 BvR 696/12 – wird folgende Entscheidungsformel veröffentlicht:

1. § 34 Absatz 1, Absatz 2 Satz 1 Nummer 1 und Satz 2, Absatz 4 bis Absatz 7 und § 34a Sozialgesetzbuch Zwölftes Buch in der Fassung von Artikel 3 Nummer 12 des Gesetzes zur Ermittlung von Regelbedarfen und zur Änderung des Zweiten und Zwölften Buches Sozialgesetzbuch vom 24. März 2011 (Bundesgesetzblatt I Seite 453) sind in Verbindung mit § 3 Absatz 2 Satz 1 Sozialgesetzbuch Zwölftes Buch in der Fassung vom 27. Dezember 2003 (Bundesgesetzblatt I Seite 3022) mit Artikel 28 Absatz 2 Satz 1 und Satz 3 in Verbindung mit Artikel 84 Absatz 1 Satz 7 des Grundgesetzes unvereinbar.
2. Die Vorschriften sind bis zu einer Neuregelung, spätestens bis zum 31. Dezember 2021, weiter anwendbar.

Die vorstehende Entscheidungsformel hat gemäß § 31 Absatz 2 des Bundesverfassungsgerichtsgesetzes Gesetzeskraft.

§ 34a Erbringung der Leistungen für Bildung und Teilhabe

(1) ₁Leistungen zur Deckung der Bedarfe nach § 34 Absatz 2 und 4 bis 7 werden auf Antrag erbracht; gesonderte Anträge sind nur für Leistungen nach § 34 Absatz 5 erforderlich. ₂Einer nachfragenden Person werden, auch wenn keine Regelsätze zu gewähren sind, für Bedarfe nach § 34 Leistungen erbracht, wenn sie diese nicht aus eigenen Kräften und Mitteln vollständig decken kann. ₃Die Leistungen zur Deckung der Bedarfe nach § 34 Absatz 7 bleiben bei der Erbringung von Leistungen nach Teil 2 des Neunten Buches unberücksichtigt.

(2) ₁Leistungen zur Deckung der Bedarfe nach § 34 Absatz 2 und 5 bis 7 werden erbracht durch

1. Sach- und Dienstleistungen, insbesondere in Form von personalisierten Gutscheinen,
2. Direktzahlungen an Anbieter von Leistungen zur Deckung dieser Bedarfe (Anbieter) oder
3. Geldleistungen.

₂Die nach § 34c Absatz 1 zuständigen Träger der Sozialhilfe bestimmen, in welcher Form sie die Leistungen erbringen. ₃Die Leistungen zur Deckung der Bedarfe nach § 34 Absatz 3 und 4 werden jeweils durch Geldleistungen erbracht. $_{4}$Die nach § 34c Absatz 1 zuständigen Träger der Sozialhilfe können mit Anbietern pauschal abrechnen.

(3) $_{1}$Werden die Bedarfe durch Gutscheine gedeckt, gelten die Leistungen mit Ausgabe des jeweiligen Gutscheins als erbracht. $_{2}$Die nach § 34c Absatz 1 zuständigen Träger der Sozialhilfe gewährleisten, dass Gutscheine bei geeigneten vorhandenen Anbietern oder zur Wahrnehmung ihrer eigenen Angebote eingelöst werden können. $_{3}$Gutscheine können für den gesamten Bewilligungszeitraum im Voraus ausgegeben werden. $_{4}$Die Gültigkeit von Gutscheinen ist angemessen zu befristen. $_{5}$Im Fall des Verlustes soll ein Gutschein erneut in dem Umfang ausgestellt werden, in dem er noch nicht in Anspruch genommen wurde.

(4) $_{1}$Werden die Bedarfe durch Direktzahlungen an Anbieter gedeckt, gelten die Leistungen mit der Zahlung als erbracht. $_{2}$Eine Direktzahlung ist für den gesamten Bewilligungszeitraum im Voraus möglich.

(5) Werden die Leistungen für Bedarfe nach § 34 Absatz 2 und 5 bis 7 durch Geldleistungen erbracht, erfolgt dies

1. monatlich in Höhe der im Bewilligungszeitraum bestehenden Bedarfe oder
2. nachträglich durch Erstattung verauslagter Beträge.

(6) $_{1}$Im Einzelfall kann der nach § 34c Absatz 1 zuständige Träger der Sozialhilfe einen Nachweis über eine zweckentsprechende Verwendung der Leistung verlangen. $_{2}$Soweit der Nachweis nicht geführt wird, soll die Bewilligungsentscheidung widerrufen werden.

(7) $_{1}$Abweichend von den Absätzen 2 bis 5 können Leistungen nach § 34 Absatz 2 Satz 1 Nummer 1 gesammelt für Schülerinnen und Schüler an eine Schule ausgezahlt werden, wenn die Schule

1. dies bei dem nach § 34c Absatz 1 zuständigen Träger der Sozialhilfe beantragt,
2. die Leistungen für die leistungsberechtigten Schülerinnen und Schüler verauslagt und
3. sich die Leistungsberechtigung von den Leistungsberechtigten nachweisen lässt.

$_{2}$Der nach § 34c Absatz 1 zuständige Träger der Sozialhilfe kann mit der Schule vereinbaren, dass monatliche oder schulhalbjährliche Abschlagszahlungen geleistet werden.

Entscheidung des Bundesverfassungsgerichts
vom 7. Juli 2020 (BGBl. I S. 1992)

Aus dem Beschluss des Bundesverfassungsgerichts vom 7. Juli 2020 – 2 BvR 696/12 – wird folgende Entscheidungsformel veröffentlicht:

1. § 34 Absatz 1, Absatz 2 Satz 1 Nummer 1 und Satz 2, Absatz 4 bis Absatz 7 und § 34a Sozialgesetzbuch Zwölftes Buch in der Fassung von Artikel 3 Nummer 12 des Gesetzes zur Ermittlung von Regelbedarfen und zur Änderung des Zweiten und Zwölften Buches Sozialgesetzbuch vom 24. März 2011 (Bundesgesetzblatt I Seite 453) sind in Verbindung mit § 3 Absatz 2 Satz 1 Sozialgesetzbuch Zwölftes Buch in der Fassung vom 27. Dezember 2003 (Bundesgesetzblatt I Seite 3022) mit Artikel 28 Absatz 2 Satz 1 und Satz 3 in Verbindung mit Artikel 84 Absatz 1 Satz 7 des Grundgesetzes unvereinbar.
2. Die Vorschriften sind bis zu einer Neuregelung, spätestens bis zum 31. Dezember 2021, weiter anwendbar.

Die vorstehende Entscheidungsformel hat gemäß § 31 Absatz 2 des Bundesverfassungsgerichtsgesetzes Gesetzeskraft.

§ 34b Berechtigte Selbsthilfe

$_{1}$Geht die leistungsberechtigte Person durch Zahlung an Anbieter in Vorleistung, ist der nach § 34c Absatz 1 zuständige Träger der Sozialhilfe zur Übernahme der berücksichtigungsfähigen Aufwendungen verpflichtet, soweit

1. unbeschadet des Satzes 2 die Voraussetzungen einer Leistungsgewährung zur Deckung der Bedarfe im Zeitpunkt der Selbsthilfe nach § 34 Absatz 2 und 5 bis 7 vorlagen und
2. zum Zeitpunkt der Selbsthilfe der Zweck der Leistung durch Erbringung als Sach- oder Dienstleistung ohne eigenes Verschulden nicht oder nicht rechtzeitig zu erreichen war.

$_{2}$War es dem Leistungsberechtigten nicht möglich, rechtzeitig einen Antrag zu stellen, gilt dieser als zum Zeitpunkt der Selbstvornahme gestellt.

§ 34c Zuständigkeit

(1) Die für die Ausführung des Gesetzes nach diesem Abschnitt zuständigen Träger werden nach Landesrecht bestimmt.

(2) Die §§ 3, 6 und 7 sind nicht anzuwenden.

Vierter Abschnitt
Bedarfe für Unterkunft und Heizung

§ 35 Bedarfe für Unterkunft und Heizung

(1) $_{1}$Bedarfe für die Unterkunft werden in Höhe der tatsächlichen Aufwendungen anerkannt. $_{2}$Bedarfe für die Unterkunft sind auf Antrag der leistungsberechtigten Person durch Direktzahlung an den Vermieter oder andere Empfangsberechtigte zu decken. $_{3}$Direktzahlungen an den Vermieter oder andere Empfangsberechtigte sollen erfolgen, wenn die zweckentsprechende Verwendung durch die leistungsberechtigte Person nicht sichergestellt ist. $_{4}$Das ist insbesondere der Fall, wenn

1. Mietrückstände bestehen, die zu einer außerordentlichen Kündigung des Mietverhältnisses berechtigen,
2. Energiekostenrückstände bestehen, die zu einer Unterbrechung der Energieversorgung berechtigen,
3. konkrete Anhaltspunkte für ein krankheits- oder suchtbedingtes Unvermögen der leistungsberechtigten Person bestehen, die Mittel zweckentsprechend zu verwenden, oder
4. konkrete Anhaltspunkte dafür bestehen, dass die im Schuldnerverzeichnis eingetragene leistungsberechtigte Person die Mittel nicht zweckentsprechend verwendet.

5Werden die Bedarfe für die Unterkunft und Heizung durch Direktzahlung an den Vermieter oder andere Empfangsberechtigte gedeckt, hat der Träger der Sozialhilfe die leistungsberechtigte Person darüber schriftlich zu unterrichten.

(2) 1Übersteigen die Aufwendungen für die Unterkunft den der Besonderheit des Einzelfalles angemessenen Umfang, sind sie insoweit als Bedarf der Personen, deren Einkommen und Vermögen nach § 27 Absatz 2 zu berücksichtigen sind, anzuerkennen. 2Satz 1 gilt so lange, als es diesen Personen nicht möglich oder nicht zuzumuten ist, durch einen Wohnungswechsel, durch Vermieten oder auf andere Weise die Aufwendungen zu senken, in der Regel jedoch längstens für sechs Monate. 3Vor Abschluss eines Vertrages über eine neue Unterkunft haben Leistungsberechtigte den dort zuständigen Träger der Sozialhilfe über die nach den Sätzen 1 und 2 maßgeblichen Umstände in Kenntnis zu setzen. 4Sind die Aufwendungen für die neue Unterkunft unangemessen hoch, ist der Träger der Sozialhilfe nur zur Übernahme angemessener Aufwendungen verpflichtet, es sei denn, er hat den darüber hinausgehenden Aufwendungen vorher zugestimmt. 5Wohnungsbeschaffungskosten, Mietkautionen und Umzugskosten können bei vorheriger Zustimmung übernommen werden; Mietkautionen sollen als Darlehen erbracht werden. 6Eine Zustimmung soll erteilt werden, wenn der Umzug durch den Träger der Sozialhilfe veranlasst wird oder aus anderen Gründen notwendig ist und wenn ohne die Zustimmung eine Unterkunft in einem angemessenen Zeitraum nicht gefunden werden kann.

(3) 1Der Träger der Sozialhilfe kann für seinen Bereich die Bedarfe für die Unterkunft durch eine monatliche Pauschale festsetzen, wenn auf dem örtlichen Wohnungsmarkt hinreichend angemessener freier Wohnraum verfügbar und in Einzelfällen die Pauschalierung nicht unzumutbar ist. 2Bei der Bemessung der Pauschale sind die tatsächlichen Gegebenheiten des örtlichen Wohnungsmarkts, der örtliche Mietspiegel sowie die familiären Verhältnisse der Leistungsberechtigten zu berücksichtigen. 3Absatz 2 Satz 1 gilt entsprechend.

(4) 1Bedarfe für Heizung und zentrale Warmwasserversorgung werden in tatsächlicher Höhe anerkannt, soweit sie angemessen sind. 2Die Bedarfe können durch eine monatliche Pauschale festgesetzt werden. 3Bei der Bemessung der Pauschale sind die persönlichen und familiären Verhältnisse, die Größe und Beschaffenheit der Wohnung, die vorhandenen Heizmöglichkeiten und die örtlichen Gegebenheiten zu berücksichtigen.

(5) 1Leben Leistungsberechtigte in einer Unterkunft nach § 42a Absatz 2 Satz 1 Nummer 2 und Satz 3, sind Aufwendungen für Unterkunft und Heizung nach § 42a Absatz 5 und 6 anzuerkennen. 2Leben Leistungsberechtigte in einer sonstigen Unterkunft nach § 42a Absatz 2 Satz 1 Nummer 3 sind Aufwendungen für Unterkunft und Heizung nach § 42a Absatz 7 anzuerkennen.

§ 35a Satzung

1Hat ein Kreis oder eine kreisfreie Stadt eine Satzung nach den §§ 22a bis 22c des Zweiten Buches erlassen, so gilt sie für die Höhe der anzuerkennenden Bedarfe für die Unterkunft nach § 35 Absatz 1 und 2 des zuständigen Trägers der Sozialhilfe entsprechend, sofern darin nach § 22b Absatz 3 des Zweiten Buches Sonderregelungen für Personen mit einem besonderen Bedarf für Unterkunft und Heizung getroffen werden und dabei zusätzlich auch die Bedarfe älterer Menschen berücksichtigt werden. 2Dies gilt auch für die Höhe der anzuerkennenden Bedarfe für Heizung nach § 35 Absatz 4, soweit die Satzung Bestimmungen nach § 22b Absatz 1 Satz 2 und 3 des Zweiten Buches enthält. 3In Fällen der Sätze 1 und 2 ist § 35 Absatz 3 und 4 Satz 2 und 3 nicht anzuwenden.

§ 36 Sonstige Hilfen zur Sicherung der Unterkunft

(1) 1Schulden können nur übernommen werden, wenn dies zur Sicherung der Unterkunft oder zur Behebung einer vergleichbaren Notlage gerechtfertigt ist. 2Sie sollen übernommen werden, wenn dies gerechtfertigt und notwendig ist und sonst Wohnungslosigkeit einzutreten droht. 3Geldleistungen können als Beihilfe oder als Darlehen erbracht werden.

(2) 1Geht bei einem Gericht eine Klage auf Räumung von Wohnraum im Falle der Kündigung des Mietverhältnisses nach § 543 Absatz 1, 2 Satz 1 Nummer 3 in Verbindung mit § 569 Absatz 3 des Bürgerlichen Gesetzbuchs ein, teilt das Gericht dem zuständigen örtlichen Träger der Sozialhilfe oder der Stelle, die von ihm zur Wahrnehmung der in

9

Absatz 1 bestimmten Aufgaben beauftragt wurde, unverzüglich Folgendes mit:

1. den Tag des Eingangs der Klage,
2. die Namen und die Anschriften der Parteien,
3. die Höhe der monatlich zu entrichtenden Miete,
4. die Höhe des geltend gemachten Mietrückstandes und der geltend gemachten Entschädigung sowie
5. den Termin zur mündlichen Verhandlung, sofern dieser bereits bestimmt ist.

2Außerdem kann der Tag der Rechtshängigkeit mitgeteilt werden. 3Die Übermittlung unterbleibt, wenn die Nichtzahlung der Miete nach dem Inhalt der Klageschrift offensichtlich nicht auf Zahlungsunfähigkeit des Mieters beruht. 4Die übermittelten Daten dürfen auch für entsprechende Zwecke der Kriegsopferfürsorge nach dem Bundesversorgungsgesetz gespeichert, verändert, genutzt, übermittelt und in der Verarbeitung eingeschränkt werden.

Fünfter Abschnitt Gewährung von Darlehen

§ 37 Ergänzende Darlehen

(1) Kann im Einzelfall ein von den Regelbedarfen umfasster und nach den Umständen unabweisbar gebotener Bedarf auf keine andere Weise gedeckt werden, sollen auf Antrag hierfür notwendige Leistungen als Darlehen erbracht werden.

(2) 1Der Träger der Sozialhilfe übernimmt für Leistungsberechtigte, die einen Barbetrag nach § 27b Absatz 3 Satz 2 Nummer 1 erhalten, die jeweils von ihnen bis zur Belastungsgrenze (§ 62 des Fünften Buches) zu leistenden Zuzahlungen in Form eines ergänzenden Darlehens, sofern der Leistungsberechtigte nicht widerspricht. 2Die Auszahlung der für das gesamte Kalenderjahr zu leistenden Zuzahlungen erfolgt unmittelbar an die zuständige Krankenkasse zum 1. Januar oder bei Aufnahme in eine stationäre Einrichtung. 3Der Träger der Sozialhilfe teilt der zuständigen Krankenkasse spätestens bis zum 1. November des Vorjahres die Leistungsberechtigten nach § 27b Absatz 3 Satz 2 Nummer 1 mit, soweit diese der Darlehensgewährung nach Satz 1 für das laufende oder ein vorangegangenes Kalenderjahr nicht widersprochen haben.

(3) In den Fällen des Absatzes 2 Satz 3 erteilt die Krankenkasse über den Träger der Sozialhilfe die in § 62 Absatz 1 Satz 1 des Fünften Buches genannte Bescheinigung jeweils bis zum 1. Januar oder bei Aufnahme in eine stationäre Einrichtung und teilt dem Träger der Sozialhilfe die Höhe der der leistungsberechtigten Person zu leistenden Zuzahlungen mit; Veränderungen im Laufe eines Kalenderjahres sind unverzüglich mitzuteilen.

(4) 1Für die Rückzahlung von Darlehen nach Absatz 1 können von den monatlichen Regelsätzen Teilbeträge bis zur Höhe von jeweils 5 vom Hundert der Regelbedarfsstufe 1 nach der Anlage zu § 28 einbehalten werden. 2Die Rückzahlung von Darlehen nach Absatz 2 erfolgt in gleichen Teilbeträgen über das ganze Kalenderjahr.

§ 37a Darlehen bei am Monatsende fälligen Einkünften

(1) 1Kann eine leistungsberechtigte Person in dem Monat, in dem ihr erstmals eine Rente zufließt, bis zum voraussichtlichen Zufluss der Rente ihren notwendigen Lebensunterhalt nicht vollständig aus eigenen Mitteln bestreiten, ist ihr insoweit auf Antrag ein Darlehen zu gewähren. 2Satz 1 gilt entsprechend für Einkünfte und Sozialleistungen, die am Monatsende fällig werden.

(2) 1Das Darlehen ist in monatlichen Raten in Höhe von 5 Prozent der Regelbedarfsstufe 1 nach der Anlage zu § 28 zu tilgen; insgesamt ist jedoch höchstens ein Betrag in Höhe von 50 Prozent der Regelbedarfsstufe 1 nach der Anlage zu § 28 zurückzuzahlen. 2Beträgt der monatliche Leistungsanspruch der leistungsberechtigten Person weniger als 5 Prozent der Regelbedarfsstufe 1 nach der Anlage zu § 28 wird die monatliche Rate nach Satz 1 in Höhe des Leistungsanspruchs festgesetzt.

(3) 1Die Rückzahlung nach Absatz 2 beginnt mit Ablauf des Kalendermonats, der auf die Auszahlung des Darlehens folgt. 2Die Rückzahlung des Darlehens erfolgt während des Leistungsbezugs durch Aufrechnung nach § 44b.

§ 38 Darlehen bei vorübergehender Notlage

1Sind Leistungen nach § 27a Absatz 3 und 4, der Barbetrag nach § 27b Absatz 2 sowie nach den §§ 30, 32, 33 und 35 voraussichtlich nur für kurze Dauer zu erbringen, können Geldleistungen als Darlehen gewährt werden. 2Darlehen an Mitglieder von Haushaltsgemeinschaften im Sinne des § 27 Absatz 2 Satz 2 und 3 können an einzelne Mitglieder oder an mehrere gemeinsam vergeben werden.

Sechster Abschnitt Einschränkung von Leistungsberechtigung und -umfang

§ 39 Vermutung der Bedarfsdeckung

1Lebt eine nachfragende Person gemeinsam mit anderen Personen in einer Wohnung oder in einer entsprechenden anderen Unterkunft, so wird vermutet, dass sie gemeinsam wirtschaften (Haushaltsgemeinschaft) und dass die nachfragende

Person von den anderen Personen Leistungen zum Lebensunterhalt erhält, soweit dies nach deren Einkommen und Vermögen erwartet werden kann. 2Soweit nicht gemeinsam gewirtschaftet wird oder die nachfragende Person von den Mitgliedern der Haushaltsgemeinschaft keine ausreichenden Leistungen zum Lebensunterhalt erhält, ist ihr Hilfe zum Lebensunterhalt zu gewähren. 3Satz 1 gilt nicht

1. für Schwangere oder Personen, die ihr leibliches Kind bis zur Vollendung seines sechsten Lebensjahres betreuen und mit ihren Eltern oder einem Elternteil zusammenleben, oder
2. für Personen, die in der Eingliederungshilfe leistungsberechtigt im Sinne des § 99 Absatz 1 bis 3 des Neunten Buches sind oder im Sinne des § 61a pflegebedürftig sind und von in Satz 1 genannten Personen betreut werden; dies gilt auch, wenn die genannten Voraussetzungen einzutreten drohen und das gemeinsame Wohnen im Wesentlichen zum Zweck der Sicherstellung der Hilfe und Versorgung erfolgt.

§ 39a Einschränkung der Leistung

(1) 1Lehnen Leistungsberechtigte entgegen ihrer Verpflichtung die Aufnahme einer Tätigkeit oder die Teilnahme an einer erforderlichen Vorbereitung ab, vermindert sich die maßgebende Regelbedarfsstufe in einer ersten Stufe um bis zu 25 vom Hundert, bei wiederholter Ablehnung in weiteren Stufen um jeweils bis zu 25 vom Hundert. 2Die Leistungsberechtigten sind vorher entsprechend zu belehren.

(2) § 26 Abs. 1 Satz 2 findet Anwendung.

Siebter Abschnitt
Verordnungsermächtigung

§ 40 Verordnungsermächtigung

1Das Bundesministerium für Arbeit und Soziales hat im Einvernehmen mit dem Bundesministerium der Finanzen durch Rechtsverordnung mit Zustimmung des Bundesrates

1. den für die Fortschreibung der Regelbedarfsstufen nach § 28a und für die Fortschreibung des Teilbetrags nach § 34 Absatz 3a Satz 1 maßgeblichen Prozentsatz zu bestimmen und
2. die Anlagen zu den §§ 28 und 34 um die sich durch die Fortschreibung nach Nummer 1 zum 1. Januar eines Jahres ergebenden Regelbedarfsstufen sowie um die sich aus der Fortschreibung nach § 34 Absatz 3a Satz 1 und 2 ergebenden Teilbeträge zu ergänzen.

2Der Vomhundertsatz nach Satz 1 Nummer 1 ist auf zwei Dezimalstellen zu berechnen; die zweite Dezimalstelle ist um eins zu erhöhen, wenn sich in der dritten Dezimalstelle eine der Ziffern von 5 bis 9 ergibt. 3Die Bestimmungen nach Satz 1 erfolgen bis spätestens zum Ablauf des 31. Oktober des jeweiligen Jahres.

Viertes Kapitel
Grundsicherung im Alter und bei Erwerbsminderung

Erster Abschnitt
Grundsätze

§ 41 Leistungsberechtigte

(1) Leistungsberechtigt nach diesem Kapitel sind Personen mit gewöhnlichem Aufenthalt im Inland, die ihren notwendigen Lebensunterhalt nicht oder nicht ausreichend aus Einkommen und Vermögen nach § 43 bestreiten können, wenn sie die Voraussetzungen nach Absatz 2, 3 oder 3a erfüllen.

(2) 1Leistungsberechtigt sind Personen nach Absatz 1 wegen Alters, wenn sie die Altersgrenze erreicht haben. 2Personen, die vor dem 1. Januar 1947 geboren sind, erreichen die Altersgrenze mit Vollendung des 65. Lebensjahres. 3Für Personen, die nach dem 31. Dezember 1946 geboren sind, wird die Altersgrenze wie folgt angehoben:

für den Geburtsjahrgang	erfolgt eine Anhebung um Monate	auf Vollendung eines Lebensalters von
1947	1	65 Jahren und 1 Monat
1948	2	65 Jahren und 2 Monaten
1949	3	65 Jahren und 3 Monaten
1950	4	65 Jahren und 4 Monaten
1951	5	65 Jahren und 5 Monaten
1952	6	65 Jahren und 6 Monaten
1953	7	65 Jahren und 7 Monaten
1954	8	65 Jahren und 8 Monaten
1955	9	65 Jahren und 9 Monaten
1956	10	65 Jahren und 10 Monaten
1957	11	65 Jahren und 11 Monaten
1958	12	66 Jahren

für den Geburtsjahrgang	erfolgt eine Anhebung um Monate	auf Vollendung eines Lebensalters von
1959	14	66 Jahren und 2 Monaten
1960	16	66 Jahren und 4 Monaten
1961	18	66 Jahren und 6 Monaten
1962	20	66 Jahren und 8 Monaten
1963	22	66 Jahren und 10 Monaten
ab 1964	24	67 Jahren.

(3) Leistungsberechtigt sind Personen nach Absatz 1 wegen einer dauerhaften vollen Erwerbsminderung, wenn sie das 18. Lebensjahr vollendet haben, unabhängig von der jeweiligen Arbeitsmarktlage voll erwerbsgemindert im Sinne des § 43 Absatz 2 des Sechsten Buches sind und bei denen unwahrscheinlich ist, dass die volle Erwerbsminderung behoben werden kann.

(3a) Leistungsberechtigt sind Personen nach Absatz 1, die das 18. Lebensjahr vollendet haben, für den Zeitraum, in dem sie

1. in einer Werkstatt für behinderte Menschen (§ 57 des Neunten Buches) oder bei einem anderen Leistungsanbieter (§ 60 des Neunten Buches) das Eingangsverfahren und den Berufsbildungsbereich durchlaufen oder
2. in einem Ausbildungsverhältnis stehen, für das sie ein Budget für Ausbildung (§ 61a des Neunten Buches) erhalten.

9

(4) Keinen Anspruch auf Leistungen nach diesem Kapitel hat, wer in den letzten zehn Jahren die Hilfebedürftigkeit vorsätzlich oder grob fahrlässig herbeigeführt hat.

§ 41a Vorübergehender Auslandsaufenthalt

Leistungsberechtigte, die sich länger als vier Wochen ununterbrochen im Ausland aufhalten, erhalten nach Ablauf der vierten Woche bis zu ihrer nachgewiesenen Rückkehr ins Inland keine Leistungen.

§ 42 Bedarfe

Die Bedarfe nach diesem Kapitel umfassen:

1. die Regelsätze nach den Regelbedarfsstufen der Anlage zu § 28; § 27a Absatz 3 und Absatz 4 ist anzuwenden; § 29 Absatz 1 Satz 1 letzter Halbsatz und Absatz 2 bis 5 ist nicht anzuwenden,
2. die zusätzlichen Bedarfe nach dem Zweiten Abschnitt des Dritten Kapitels sowie Bedarfe nach § 42b,
3. die Bedarfe für Bildung und Teilhabe nach dem Dritten Abschnitt des Dritten Kapitels, ausgenommen die Bedarfe nach § 34 Absatz 7,
4. Bedarfe für Unterkunft und Heizung
   a) bei Leistungsberechtigten außerhalb von Einrichtungen nach § 42a,
   b) bei Leistungsberechtigten, deren notwendiger Lebensunterhalt sich nach § 27b Absatz 1 Satz 2 oder nach § 27c Absatz 1 Nummer 2 ergibt, in Höhe der nach § 45a ermittelten durchschnittlichen Warmmiete von Einpersonenhaushalten,
5. ergänzende Darlehen nach § 37 Absatz 1 und Darlehen bei am Monatsende fälligen Einkommen nach § 37a.

§ 42a Bedarfe für Unterkunft und Heizung

(1) Für Leistungsberechtigte sind angemessene Bedarfe für Unterkunft und Heizung nach dem Vierten Abschnitt des Dritten Kapitels sowie nach § 42 Nummer 4 Buchstabe b anzuerkennen, soweit in den folgenden Absätzen nichts Abweichendes geregelt ist.

(2) 1Für die Anerkennung von Bedarfen für Unterkunft und Heizung bei

1. Leistungsberechtigten, die in einer Wohnung nach Satz 2 leben, gelten die Absätze 3 und 4,
2. Leistungsberechtigten, die nicht in einer Wohnung nach Nummer 1 leben, weil ihnen zur Erbringung von Leistungen nach Teil 2 des Neunten Buches allein oder zu zweit ein persönlicher Wohnraum und zusätzliche Räumlichkeiten zur gemeinschaftlichen Nutzung nach Satz 3 zu Wohnzwecken überlassen werden, gelten die Absätze 5 und 6,
3. Leistungsberechtigten, die weder in einer Wohnung nach Nummer 1 noch in einem persönlichen Wohnraum und zusätzlichen Räumlichkeiten nach Nummer 2 untergebracht sind und für die § 42 Nummer 4 Buchstabe b nicht anzuwenden ist, gilt Absatz 7.

2Wohnung ist die Zusammenfassung mehrerer Räume, die von anderen Wohnungen oder Wohnräumen baulich getrennt sind und die in ihrer Gesamtheit alle für die Führung eines Haushalts notwendigen Einrichtungen, Ausstattungen und Räumlichkeiten umfassen. 3Persönlicher Wohnraum ist ein Wohnraum, der Leistungsberechtigten allein oder zu zweit zur alleinigen Nutzung überlassen wird, und zusätzliche Räumlichkeiten sind Räume, die Leistungsberechtigten zusammen mit weiteren Personen zur gemeinschaftlichen Nutzung überlassen werden.

(3) 1Lebt eine leistungsberechtigte Person

1. zusammen mit mindestens einem Elternteil, mit mindestens einem volljährigen Geschwisterkind oder einem volljährigen Kind in einer Wohnung im Sinne von Absatz 2 Satz 2 und sind diese Mieter oder Eigentümer der gesamten Wohnung (Mehrpersonenhaushalt) und
2. ist sie nicht vertraglich zur Tragung von Unterkunftskosten verpflichtet,

sind ihr Bedarfe für Unterkunft und Heizung nach den Sätzen 2 bis 5 anzuerkennen. 2Als Bedarf sind leistungsberechtigten Personen nach Satz 1 diejenigen Aufwendungen für Unterkunft als Bedarf anzuerkennen, die sich aus der Differenz der angemessenen Aufwendungen für den Mehrpersonenhaushalt entsprechend der Anzahl der dort wohnenden Personen ergeben und für einen Haushalt mit einer um eins verringerten Personenzahl. 3Für die als Bedarf zu berücksichtigenden angemessenen Aufwendungen für Heizung ist der Anteil an den tatsächlichen Gesamtaufwendungen für die Heizung der Wohnung zu berücksichtigen, der sich für die Aufwendungen für die Unterkunft nach Satz 2 ergibt. 4Abweichend von § 35 kommt es auf die nachweisbare Tragung von tatsächlichen Aufwendungen für Unterkunft und Heizung nicht an. 5Die Sätze 2 und 3 gelten nicht, wenn die mit der leistungsberechtigten Person zusammenlebenden Personen darlegen, dass sie ihren Lebensunterhalt einschließlich der ungedeckten angemessenen Aufwendungen für Unterkunft und Heizung aus eigenen Mitteln nicht decken können; in diesen Fällen findet Absatz 4 Satz 1 Anwendung.

(4) 1Lebt eine leistungsberechtigte Person zusammen mit anderen Personen in einer Wohnung im Sinne von Absatz 2 Satz 2 (Wohngemeinschaft) oder lebt die leistungsberechtigte Person zusammen mit in Absatz 3 Satz 1 Nummer 1 genannten Personen und ist sie vertraglich zur Tragung von Unterkunftskosten verpflichtet, sind die von ihr zu tragenden Aufwendungen für Unterkunft und Heizung bis zu dem Betrag als Bedarf anzuerkennen, der ihrem nach der Zahl der Bewohner zu bemessenden Anteil an den Aufwendungen für Unterkunft und Heizung entspricht, die für einen entsprechenden Mehrpersonenhaushalt als angemessen gelten. 2Satz 1 gilt nicht, wenn die leistungsberechtigte Person auf Grund einer mietvertraglichen Vereinbarung nur für konkret bestimmte Anteile des Mietzinses zur Zahlung verpflichtet ist; in diesem Fall sind die tatsächlichen Aufwendungen für Unterkunft und Heizung bis zu dem Betrag als Bedarf anzuerkennen, der für einen Einpersonenhaushalt angemessen ist, soweit der von der leistungsberechtigten Person zu zahlende Mietzins zur gesamten Wohnungsmiete in einem angemessenen Verhältnis steht. 3Übersteigen die tatsächlichen Aufwendungen der leistungsberechtigten Person die nach den Sätzen 1 und 2 angemessenen Aufwendungen für Unterkunft und Heizung, gilt § 35 Absatz 2 entsprechend.

(5) 1Für leistungsberechtigte Personen, die in Räumlichkeiten nach Absatz 2 Satz 1 Nummer 2 leben, werden die tatsächlichen Aufwendungen für die Unterkunft, soweit sie angemessen sind, als Bedarf berücksichtigt für

1. den persönlichen Wohnraum in voller Höhe, wenn er allein bewohnt wird, und jeweils hälftig, wenn er von zwei Personen bewohnt wird,
2. einen Zuschlag für den persönlichen Wohnraum, der vollständig oder teilweise möbliert zur Nutzung überlassen wird, in der sich daraus ergebenden Höhe,
3. die Räumlichkeiten, die vorrangig zur gemeinschaftlichen Nutzung der leistungsberechtigten Person und anderer Bewohner bestimmt sind (Gemeinschaftsräume), mit einem Anteil, der sich aus der Anzahl der vorgesehenen Nutzer bei gleicher Aufteilung ergibt.

2Für die tatsächlichen Aufwendungen für die Heizung werden die auf den persönlichen Wohnraum und die auf die Gemeinschaftsräume entfallenden Anteile als Bedarf anerkannt, soweit sie angemessen sind. 3Tatsächliche Aufwendungen für Unterkunft und Heizung nach den Sätzen 1 und 2 gelten als angemessen, wenn sie die Höhe der durchschnittlichen angemessenen tatsächlichen Aufwendungen für die Warmmiete von Einpersonenhaushalten nach § 45a nicht überschreiten. 4Überschreiten die tatsächlichen Aufwendungen die Angemessenheitsgrenze nach Satz 3, sind um bis zu 25 Prozent höhere als die angemessenen Aufwendungen anzuerkennen, wenn die leistungsberechtigte Person die höheren Aufwendungen durch einen Vertrag mit gesondert ausgewiesenen zusätzlichen Kosten nachweist für

1. Zuschläge nach Satz 1 Nummer 2,
2. Wohn- und Wohnnebenkosten, sofern diese Kosten im Verhältnis zu vergleichbaren Wohnformen angemessen sind,
3. Haushaltsstrom, Instandhaltung des persönlichen Wohnraums und der Räumlichkeiten zur gemeinschaftlichen Nutzung sowie die Ausstattung mit Haushaltsgroßgeräten oder
4. Gebühren für Telekommunikation sowie Gebühren für den Zugang zu Rundfunk, Fernsehen und Internet.

5Die zusätzlichen Aufwendungen nach Satz 4 Nummer 2 bis 4 sind nach der Anzahl der in einer baulichen Einheit lebenden Personen zu gleichen Teilen aufzuteilen.

(6) 1Übersteigen die Aufwendungen für die Unterkunft nach Absatz 4 den der Besonderheit des Einzelfalles angemessenen Umfang und hat der für die Ausführung des Gesetzes nach diesem Kapitel zuständige Träger Anhaltspunkte dafür, dass ein anderer Leistungsträger diese Aufwendungen ganz oder teilweise zu übernehmen verpflichtet ist, wirkt er auf eine sachdienliche Antragstellung bei diesem Leistungsträger hin. 2Übersteigen die tatsächlichen Aufwendungen die Angemessenheitsgrenze nach Absatz 5 Satz 3 um mehr als 25 Prozent, umfassen die Leistungen nach Teil 2 des Neunten Buches auch diese Aufwendungen.

(7) 1Lebt eine leistungsberechtigte Person in einer sonstigen Unterkunft nach Absatz 2 Satz 1 Nummer 3 allein, so sind höchstens die durchschnittlichen angemessenen tatsächlichen Aufwendungen für die Warmmiete eines Einpersonenhaushaltes im örtlichen Zuständigkeitsbereich des für die Ausführung des Gesetzes nach diesem Kapitel zuständigen Trägers als Bedarf anzuerkennen. 2Lebt die leistungsberechtigte Person zusammen mit anderen Bewohnern in einer sonstigen Unterkunft, so sind höchstens die angemessenen tatsächlichen Aufwendungen als Bedarf anzuerkennen, die die leistungsberechtigte Person nach der Zahl der Bewohner anteilig an einem entsprechenden Mehrpersonenhaushalt zu tragen hätte. 3Höhere als die sich nach Satz 1 oder 2 ergebenden Aufwendungen können im Einzelfall als Bedarf anerkannt werden, wenn

9

1. eine leistungsberechtigte Person voraussichtlich innerhalb von sechs Monaten ab der erstmaligen Anerkennung von Bedarfen nach Satz 1 oder Satz 2 in einer angemessenen Wohnung untergebracht werden kann oder, sofern dies als nicht möglich erscheint, voraussichtlich auch keine hinsichtlich Ausstattung und Größe sowie Höhe der Aufwendungen angemessene Unterbringung in einer sonstigen Unterkunft verfügbar ist oder
2. die Aufwendungen zusätzliche haushaltsbezogene Aufwendungen beinhalten, die ansonsten über die Regelbedarfe abzudecken wären.

§ 42b Mehrbedarfe

(1) Für Bedarfe, die nicht durch den Regelsatz abgedeckt sind, werden ergänzend zu den Mehrbedarfen nach § 30 die Mehrbedarfe nach den Absätzen 2 bis 4 anerkannt.

(2) 1Für die Mehraufwendungen bei gemeinschaftlicher Mittagsverpflegung wird ein Mehrbedarf anerkannt

1. in einer Werkstatt für behinderte Menschen nach § 56 des Neunten Buches,
2. bei einem anderen Leistungsanbieter nach § 60 des Neunten Buches oder
3. im Rahmen vergleichbarer anderer tagesstrukturierender Angebote.

2Dies gilt unter der Voraussetzung, dass die Mittagsverpflegung in Verantwortung eines Leistungsanbieters nach Satz 1 Nummer 1 bis 3 angeboten wird oder durch einen Kooperationsvertrag zwischen diesem und dem für die gemeinschaftliche Mittagsverpflegung an einem anderen Ort Verantwortlichen vereinbart ist. 3Die Mehraufwendungen je Arbeitstag sind ein Dreißigstel des Betrags, der sich nach § 2 Absatz 1 Satz 2 der Sozialversicherungsentgeltverordnung in der jeweiligen Fassung ergibt.

(3) 1Für Leistungsberechtigte mit Behinderungen, denen Hilfen zur Schulbildung oder Hilfen zur schulischen oder hochschulischen Ausbildung nach § 112 Absatz 1 Satz 1 Nummer 1 und 2 des Neunten Buches geleistet werden, wird ein Mehrbedarf von 35 Prozent der maßgebenden Regelbedarfsstufe anerkannt. 2In besonderen Einzelfällen ist der Mehrbedarf nach Satz 1 über die Beendigung der dort genannten Leistungen hinaus während einer angemessenen Einarbeitungszeit von bis zu drei Monaten anzuerkennen. In den Fällen des Satzes 1 oder des Satzes 2 ist § 30 Absatz 1 Nummer 2 nicht anzuwenden.

(4) Die Summe des nach Absatz 3 und § 30 Absatz 1 bis 5 insgesamt anzuerkennenden Mehrbedarfs darf die Höhe der maßgebenden Regelbedarfsstufe nicht übersteigen.

§ 43 Einsatz von Einkommen und Vermögen

(1) 1Für den Einsatz des Einkommens sind die §§ 82 bis 84 und für den Einsatz des Vermögens die §§ 90 und 91 anzuwenden, soweit in den folgenden Absätzen nichts Abweichendes geregelt ist. 2Einkommen und Vermögen des nicht getrennt lebenden Ehegatten oder Lebenspartners sowie des Partners einer eheähnlichen oder lebenspartnerschaftsähnlichen Gemeinschaft, die dessen notwendigen Lebensunterhalt nach § 27a übersteigen, sind zu berücksichtigen.

(2) Zusätzlich zu den nach § 82 Absatz 2 vom Einkommen abzusetzenden Beträgen sind Einnahmen aus Kapitalvermögen abzusetzen, soweit sie einen Betrag von 26 Euro im Kalenderjahr nicht übersteigen.

(3) 1Die Verletztenrente nach dem Siebten Buch ist teilweise nicht als Einkommen zu berücksichtigen, wenn sie auf Grund eines in Ausübung der Wehrpflicht bei der Nationalen Volksarmee der ehema-

ligen Deutschen Demokratischen Republik erlittenen Gesundheitsschadens erbracht wird. 2Dabei bestimmt sich die Höhe des nicht zu berücksichtigenden Betrages nach der Höhe der Grundrente nach § 31 des Bundesversorgungsgesetzes, die für den Grad der Schädigungsfolgen zu zahlen ist, der der jeweiligen Minderung der Erwerbsfähigkeit entspricht. 3Bei einer Minderung der Erwerbsfähigkeit um 20 Prozent beträgt der nicht zu berücksichtigende Betrag zwei Drittel, bei einer Minderung der Erwerbsfähigkeit um 10 Prozent ein Drittel der Mindestgrundrente nach dem Bundesversorgungsgesetz.

(4) Erhalten Leistungsberechtigte nach dem Dritten Kapitel in einem Land nach § 29 Absatz 1 letzter Halbsatz und Absatz 2 bis 5 festgesetzte und fortgeschriebene Regelsätze und sieht das Landesrecht in diesem Land für Leistungsberechtigte nach diesem Kapitel eine aufstockende Leistung vor, dann ist diese Leistung nicht als Einkommen nach § 82 Absatz 1 zu berücksichtigen.

(5) § 39 Satz 1 ist nicht anzuwenden.

Zweiter Abschnitt Verfahrensbestimmungen

§ 43a Gesamtbedarf, Zahlungsanspruch und Direktzahlung

(1) Der monatliche Gesamtbedarf ergibt sich aus der Summe der nach § 42 Nummer 1 bis 4 anzuerkennenden monatlichen Bedarfe.

(2) Die Höhe der monatlichen Geldleistung im Einzelfall (monatlicher Zahlungsanspruch) ergibt sich aus dem Gesamtbedarf nach Absatz 1 zuzüglich Nachzahlungen und abzüglich des nach § 43 Absatz 1 bis 4 einzusetzenden Einkommens und Vermögens sowie abzüglich von Aufrechnungen und Verrechnungen nach § 44b.

(3) 1Sehen Vorschriften des Dritten Kapitels vor, dass Bedarfe, die in den Gesamtbedarf eingehen, durch Zahlungen des zuständigen Trägers an Empfangsberechtigte gedeckt werden können oder zu decken sind (Direktzahlung), erfolgt die Zahlung durch den für die Ausführung des Gesetzes nach diesem Kapitel zuständigen Träger, und zwar bis zur Höhe des jeweils anerkannten Bedarfs, höchstens aber bis zu der sich nach Absatz 2 ergebenden Höhe des monatlichen Zahlungsanspruchs; die §§ 34a und 34b bleiben unberührt. 2Satz 1 gilt entsprechend, wenn Leistungsberechtigte eine Direktzahlung wünschen. 3Erfolgt eine Direktzahlung, hat der für die Ausführung des Gesetzes nach diesem Kapitel zuständige Träger die leistungsberechtigte Person darüber schriftlich zu informieren.

(4) Der für die Ausführung des Gesetzes nach diesem Kapitel zuständige Träger kann bei Zahlungsrückständen aus Stromlieferverträgen für Haushaltsstrom, die zu einer Unterbrechung der Energielieferung berechtigen, für die laufenden Zahlungsverpflichtungen einer leistungsberechtigten Person eine Direktzahlung entsprechend Absatz 3 Satz 1 vornehmen.

§ 44 Antragserfordernis, Erbringung von Geldleistungen, Bewilligungszeitraum

(1) 1Leistungen nach diesem Kapitel werden auf Antrag erbracht. 2Gesondert zu beantragen sind Leistungen zur Deckung von Bedarfen nach § 42 Nummer 2 in Verbindung mit den §§ 31 und 33 sowie zur Deckung der Bedarfe nach § 42 Nummer 3 in Verbindung mit § 34 Absatz 5 und nach § 42 Nummer 5.

(2) 1Ein Antrag nach Absatz 1 wirkt auf den Ersten des Kalendermonats zurück, in dem er gestellt wird, wenn die Voraussetzungen des § 41 innerhalb dieses Kalendermonats erfüllt werden. 2Leistungen zur Deckung von Bedarfen nach § 42 werden vorbehaltlich Absatz 4 Satz 2 nicht für Zeiten vor dem sich nach Satz 1 ergebenden Kalendermonat erbracht.

(3) 1Leistungen zur Deckung von Bedarfen nach § 42 werden in der Regel für einen Bewilligungszeitraum von zwölf Kalendermonaten bewilligt. 2Sofern über den Leistungsanspruch nach § 44a vorläufig entschieden wird, soll der Bewilligungszeitraum nach Satz 1 auf höchstens sechs Monate verkürzt werden. 3Bei einer Bewilligung nach dem Bezug von Arbeitslosengeld II oder Sozialgeld nach dem Zweiten Buch, der mit Erreichen der Altersgrenze nach § 7a des Zweiten Buches endet, beginnt der Bewilligungszeitraum erst mit dem Ersten des Monats, der auf den sich nach § 7a des Zweiten Buches ergebenden Monat folgt.

(4) 1Leistungen zur Deckung von wiederkehrenden Bedarfen nach § 42 Nummer 1, 2 und 4 werden monatlich im Voraus erbracht. 2Für Leistungen zur Deckung der Bedarfe nach § 42 Nummer 3 sind die §§ 34a und 34b anzuwenden.

§ 44a Vorläufige Entscheidung

(1) Über die Erbringung von Geldleistungen ist vorläufig zu entscheiden, wenn die Voraussetzungen des § 41 Absatz 2 und 3 feststehen und

1. zur Feststellung der weiteren Voraussetzungen des Anspruchs auf Geldleistungen voraussichtlich längere Zeit erforderlich ist und die weiteren Voraussetzungen für den Anspruch mit hinreichender Wahrscheinlichkeit vorliegen oder

2. ein Anspruch auf Geldleistungen dem Grunde nach besteht und zur Feststellung seiner Höhe voraussichtlich längere Zeit erforderlich ist.

(2) $_{1}$Der Grund der Vorläufigkeit der Entscheidung ist im Verwaltungsakt des ausführenden Trägers anzugeben. $_{2}$Eine vorläufige Entscheidung ergeht nicht, wenn die leistungsberechtigte Person die Umstände, die einer sofortigen abschließenden Entscheidung entgegenstehen, zu vertreten hat.

(3) Soweit die Voraussetzungen des § 45 Absatz 1 des Zehnten Buches vorliegen, ist die vorläufige Entscheidung mit Wirkung für die Zukunft zurückzunehmen; § 45 Absatz 2 des Zehnten Buches findet keine Anwendung.

(4) Steht während des Bewilligungszeitraums fest, dass für Monate, für die noch keine vorläufig bewilligten Leistungen erbracht wurden, kein Anspruch bestehen wird und steht die Höhe des Anspruchs für die Monate endgültig fest, für die bereits vorläufig Geldleistungen erbracht worden sind, kann der ausführende Träger für den gesamten Bewilligungszeitraum eine abschließende Entscheidung bereits vor dessen Ablauf treffen.

(5) $_{1}$Nach Ablauf des Bewilligungszeitraums hat der für die Ausführung des Gesetzes nach diesem Kapitel zuständige Träger abschließend über den monatlichen Leistungsanspruch zu entscheiden, sofern die vorläufig bewilligte Geldleistung nicht der abschließend festzustellenden entspricht. $_{2}$Anderenfalls trifft der ausführende Träger nur auf Antrag der leistungsberechtigten Person eine abschließende Entscheidung für den gesamten Bewilligungszeitraum. $_{3}$Die leistungsberechtigte Person ist nach Ablauf des Bewilligungszeitraums verpflichtet, die von dem der für die Ausführung des Gesetzes nach diesem Kapitel zuständige Träger zum Erlass einer abschließenden Entscheidung geforderten leistungserheblichen Tatsachen nachzuweisen; die §§ 60, 61, 65 und 65a des Ersten Buches gelten entsprechend. $_{4}$Kommt die leistungsberechtigte Person ihrer Nachweispflicht trotz angemessener Fristsetzung und schriftlicher Belehrung über die Rechtsfolgen bis zur abschließenden Entscheidung nicht, nicht vollständig oder nicht fristgemäß nach, setzt der für die Ausführung des Gesetzes nach diesem Kapitel zuständige Träger die zu gewährenden Geldleistungen für diese Kalendermonate nur in der Höhe endgültig fest, soweit der Leistungsanspruch nachgewiesen ist. $_{5}$Für die übrigen Kalendermonate wird festgestellt, dass ein Leistungsanspruch nicht bestand.

(6) $_{1}$Ergeht innerhalb eines Jahres nach Ablauf des Bewilligungszeitraums keine abschließende Entscheidung nach Absatz 4, gelten die vorläufig bewilligten Geldleistungen als abschließend festgesetzt. $_{2}$Satz 1 gilt nicht, wenn

1. die leistungsberechtigte Person innerhalb der Frist nach Satz 1 eine abschließende Entscheidung beantragt oder
2. der Leistungsanspruch aus einem anderen als dem nach Absatz 2 anzugebenden Grund nicht oder nur in geringerer Höhe als die vorläufigen Leistungen besteht und der für die Ausführung des Gesetzes nach diesem Kapitel zuständige Träger über diesen innerhalb eines Jahres seit Kenntnis von diesen Tatsachen, spätestens aber nach Ablauf von zehn Jahren nach der Bekanntgabe der vorläufigen Entscheidung abschließend entschieden hat.

$_{3}$Satz 2 Nummer 2 findet keine Anwendung, wenn der für die Ausführung des Gesetzes nach diesem Kapitel zuständige Träger die Unkenntnis von den entscheidungserheblichen Tatsachen zu vertreten hat.

(7) $_{1}$Die auf Grund der vorläufigen Entscheidung erbrachten Geldleistungen sind auf die abschließend festgestellten Geldleistungen anzurechnen. $_{2}$Soweit im Bewilligungszeitraum in einzelnen Kalendermonaten vorläufig zu hohe Geldleistungen erbracht wurden, sind die sich daraus ergebenden Überzahlungen auf die abschließend bewilligten Geldleistungen anzurechnen, die für andere Kalendermonate dieses Bewilligungszeitraums nachzuzahlen wären. $_{3}$Überzahlungen, die nach der Anrechnung fortbestehen, sind zu erstatten.

§ 44b Aufrechnung, Verrechnung

(1) Die für die Ausführung des Gesetzes nach diesem Kapitel zuständigen Träger können mit einem bestandskräftigen Erstattungsanspruch nach § 44a Absatz 7 gegen den monatlichen Leistungsanspruch aufrechnen.

(2) Die Höhe der Aufrechnung nach Absatz 1 beträgt monatlich 5 Prozent der maßgebenden Regelbedarfsstufe nach der Anlage zu § 28.

(3) $_{1}$Die Aufrechnung ist gegenüber der leistungsberechtigten Person schriftlich durch Verwaltungsakt zu erklären. $_{2}$Die Aufrechnung endet spätestens drei Jahre nach Ablauf des Monats, in dem die Bestandskraft der in Absatz 1 genannten Ansprüche eingetreten ist. $_{3}$Zeiten, in denen die Aufrechnung nicht vollziehbar ist, verlängern den Aufrechnungszeitraum entsprechend.

(4) $_{1}$Ein für die Ausführung des Gesetzes nach diesem Kapitel zuständiger Träger kann nach Ermächtigung eines anderen Trägers im Sinne dieses Buches dessen bestandskräftige Ansprüche mit dem monatlichen Zahlungsanspruch nach § 43a nach Maßgabe der Absätze 2 und 3 verrechnen. $_{2}$Zwischen den für die Ausführung des Gesetzes nach diesem Kapitel zuständigen Trägern findet keine

Erstattung verrechneter Forderungen statt, soweit die miteinander verrechneten Ansprüche auf der Bewilligung von Leistungen nach diesem Kapitel beruhen.

§ 44c Erstattungsansprüche zwischen Trägern

Im Verhältnis der für die Ausführung des Gesetzes nach diesem Kapitel zuständigen Träger untereinander sind die Vorschriften über die Erstattung nach

1. dem Zweiten Abschnitt des Dreizehnten Kapitels sowie
2. dem Zweiten Abschnitt des Dritten Kapitels des Zehnten Buches

für Geldleistungen nach diesem Kapitel nicht anzuwenden.

§ 45 Feststellung der dauerhaften vollen Erwerbsminderung

1Der jeweils für die Ausführung des Gesetzes nach diesem Kapitel zuständige Träger ersucht den nach § 109a Absatz 2 des Sechsten Buches zuständigen Träger der Rentenversicherung, die medizinischen Voraussetzungen des § 41 Absatz 3 zu prüfen, wenn es auf Grund der Angaben und Nachweise des Leistungsberechtigten als wahrscheinlich erscheint, dass diese erfüllt sind und das zu berücksichtigende Einkommen und Vermögen nicht ausreicht, um den Lebensunterhalt vollständig zu decken. 2Die Entscheidung des Trägers der Rentenversicherung ist bindend für den ersuchenden Träger, der für die Ausführung des Gesetzes nach diesem Kapitel zuständig ist; dies gilt auch für eine Entscheidung des Trägers der Rentenversicherung nach § 109a Absatz 3 des Sechsten Buches. 3Ein Ersuchen nach Satz 1 erfolgt nicht, wenn

1. ein Träger der Rentenversicherung bereits die Voraussetzungen des § 41 Absatz 3 im Rahmen eines Antrags auf eine Rente wegen Erwerbsminderung festgestellt hat,
2. ein Träger der Rentenversicherung bereits nach § 109a Absatz 2 und 3 des Sechsten Buches eine gutachterliche Stellungnahme abgegeben hat,
3. Personen in einer Werkstatt für behinderte Menschen das Eingangsverfahren oder den Berufsbildungsbereich durchlaufen oder im Arbeitsbereich beschäftigt sind oder
4. der Fachausschuss einer Werkstatt für behinderte Menschen über die Aufnahme in eine Werkstatt oder Einrichtung eine Stellungnahme nach den §§ 2 und 3 der Werkstättenverordnung abgegeben und dabei festgestellt hat, dass ein Mindestmaß an wirtschaftlich verwertbarer Arbeitsleistung nicht vorliegt.

4In Fällen des Satzes 3 Nummer 4 wird die Stellungnahme des Fachausschusses bei Durchführung eines Teilhabeplanverfahrens nach den §§ 19 bis 23 des Neunten Buches durch eine entsprechende Feststellung im Teilhabeplanverfahren ersetzt; dies gilt entsprechend, wenn ein Gesamtplanverfahren nach den §§ 117 bis 121 des Neunten Buches durchgeführt wird.

§ 45a Ermittlung der durchschnittlichen Warmmiete

(1) 1Die Höhe der durchschnittlichen Warmmiete von Einpersonenhaushalten ergibt sich aus den tatsächlichen Aufwendungen, die für allein in Wohnungen (§ 42a Absatz 2 Satz 1 Nummer 1 und Satz 2) lebende Leistungsberechtigte im Durchschnitt als angemessene Bedarfe für Unterkunft und Heizung anerkannt worden sind. 2Hierfür sind die Bedarfe derjenigen Leistungsberechtigten in Einpersonenhaushalten heranzuziehen, die im Zuständigkeitsbereich desjenigen für dieses Kapitel zuständigen Trägers der Sozialhilfe leben, in dem die nach § 42 Nummer 4 Buchstabe b oder nach § 42a Absatz 5 Satz 1 maßgebliche Unterkunft liegt. 3Zuständiger Träger der Sozialhilfe im Sinne des Satzes 2 ist derjenige Träger, der für in Wohnungen lebende Leistungsberechtigte zuständig ist, die zur gleichen Zeit keine Leistungen nach dem Siebten bis Neunten Kapitel oder nach Teil 2 des Neunten Buches erhalten. 4Hat ein nach Satz 3 zuständiger Träger innerhalb seines örtlichen Zuständigkeitsbereiches mehrere regionale Angemessenheitsgrenzen festgelegt, so sind die sich daraus ergebenden örtlichen Abgrenzungen für die Durchschnittsbildung zu Grunde zu legen.

(2) 1Die durchschnittliche Warmmiete ist jährlich bis spätestens zum 1. August eines Kalenderjahres neu zu ermitteln. 2Zur Neuermittlung ist der Durchschnitt aus den anerkannten angemessenen Bedarfen für Unterkunft und Heizung in einem vom zuständigen Träger festzulegenden Zwölfmonatszeitraum zu bilden, sofern dieser nicht von einem Land einheitlich für alle zuständigen Träger festgelegt worden ist. 3Bei der Ermittlung bleiben die anerkannten Bedarfe derjenigen Leistungsberechtigten außer Betracht, für die

1. keine Aufwendungen für Unterkunft und Heizung,
2. Aufwendungen für selbstgenutztes Wohneigentum,
3. Aufwendungen nach § 35 Absatz 2 Satz 1

anerkannt worden sind. 4Die neu ermittelte durchschnittliche Warmmiete ist ab dem 1. Januar des jeweils folgenden Kalenderjahres für die nach § 42 Nummer 4 Buchstabe b und § 42a Absatz 5 Satz 3

9

anzuerkennenden Bedarfe für Unterkunft und Heizung anzuwenden.

§ 46 Zusammenarbeit mit den Trägern der Rentenversicherung

$_{1}$Der zuständige Träger der Rentenversicherung informiert und berät leistungsberechtigte Personen nach § 41, die rentenberechtigt sind, über die Leistungsvoraussetzungen und über das Verfahren nach diesem Kapitel. $_{2}$Personen, die nicht rentenberechtigt sind, werden auf Anfrage beraten und informiert. $_{3}$Liegt die Rente unter dem 27-fachen Betrag des geltenden aktuellen Rentenwertes in der gesetzlichen Rentenversicherung (§§ 68, 68a des Sechsten Buches), ist der Information zusätzlich ein Antragsformular beizufügen. $_{4}$Der Träger der Rentenversicherung übersendet einen eingegangenen Antrag mit einer Mitteilung über die Höhe der monatlichen Rente und über das Vorliegen der Voraussetzungen der Leistungsberechtigung an den jeweils für die Ausführung des Gesetzes nach diesem Kapitel zuständigen Träger. $_{5}$Eine Verpflichtung des Trägers der Rentenversicherung nach Satz 1 besteht nicht, wenn eine Inanspruchnahme von Leistungen nach diesem Kapitel wegen der Höhe der gezahlten Rente sowie der im Rentenverfahren zu ermittelnden weiteren Einkommen nicht in Betracht kommt.

Dritter Abschnitt
Erstattung und Zuständigkeit

§ 46a Erstattung durch den Bund

(1) Der Bund erstattet den Ländern

1. im Jahr 2013 einen Anteil von 75 Prozent und
2. ab dem Jahr 2014 jeweils einen Anteil von 100 Prozent

der im jeweiligen Kalenderjahr den für die Ausführung des Gesetzes nach diesem Kapitel zuständigen Trägern entstandenen Nettoausgaben für Geldleistungen nach diesem Kapitel.

(2) $_{1}$Die Höhe der Nettoausgaben für Geldleistungen nach Absatz 1 ergibt sich aus den Bruttoausgaben der für die Ausführung des Gesetzes nach diesem Kapitel zuständigen Träger, abzüglich der auf diese Geldleistungen entfallenden Einnahmen. $_{2}$Einnahmen nach Satz 1 sind insbesondere Einnahmen aus Aufwendungen, Kostenersatz und Ersatzansprüchen nach dem Dreizehnten Kapitel, soweit diese auf Geldleistungen nach diesem Kapitel entfallen, aus dem Übergang von Ansprüchen nach § 93 sowie aus Erstattungen anderer Sozialleistungsträger nach dem Zehnten Buch.

(3) $_{1}$Der Abruf der Erstattungen durch die Länder erfolgt quartalsweise. $_{2}$Die Abrufe sind

1. vom 15. März bis 14. Mai,
2. vom 15. Juni bis 14. August,
3. vom 15. September bis 14. November und
4. vom 1. Januar bis 28. Februar des Folgejahres

zulässig (Abrufzeiträume). $_{3}$Werden Leistungen für Leistungszeiträume im folgenden Haushaltsjahr zur fristgerechten Auszahlung an den Leistungsberechtigten bereits im laufenden Haushaltsjahr erbracht, sind die entsprechenden Nettoausgaben im Abrufzeitraum 15. März bis 14. Mai des Folgejahres abzurufen. $_{4}$Der Abruf für Nettoausgaben aus Vorjahren, für die bereits ein Jahresnachweis vorliegt, ist in den darauf folgenden Jahren nach Maßgabe des Absatzes 1 jeweils nur vom 15. Juni bis 14. August zulässig.

(4) $_{1}$Die Länder gewährleisten die Prüfung, dass die Ausgaben für Geldleistungen der für die Ausführung des Gesetzes nach diesem Kapitel zuständigen Träger begründet und belegt sind und den Grundsätzen für Wirtschaftlichkeit und Sparsamkeit entsprechen. $_{2}$Sie haben dies dem Bundesministerium für Arbeit und Soziales für das jeweils abgeschlossene Quartal in tabellarischer Form zu belegen (Quartalsnachweis). $_{3}$In den Quartalsnachweisen sind

1. die Bruttoausgaben für Geldleistungen nach § 46a Absatz 2 sowie die darauf entfallenden Einnahmen,
2. die Bruttoausgaben und Einnahmen nach Nummer 1, differenziert nach Leistungen für Leistungsberechtigte außerhalb und in Einrichtungen,
3. erstmals ab dem Jahr 2016 die Bruttoausgaben und Einnahmen nach Nummer 1, differenziert nach Leistungen für Leistungsberechtigte nach § 41 Absatz 2 und 3

zu belegen. $_{4}$Die Quartalsnachweise für die Abrufzeiträume nach Absatz 3 Satz 2 Nummer 1 bis 3 sind dem Bundesministerium für Arbeit und Soziales durch die Länder jeweils zwischen dem 15. und dem 20. der Monate Mai, August und November für das jeweils abgeschlossene Quartal vorzulegen, für den Abrufzeitraum nach Absatz 3 Satz 2 Nummer 4 zwischen dem 1. und 5. März des Folgejahres. $_{5}$Die Länder können die Quartalsnachweise auch vor den sich nach Satz 4 ergebenden Terminen vorlegen; ein weiterer Abruf in dem für das jeweilige Quartal nach Absatz 3 Satz 1 geltenden Abrufzeitraum ist nach Vorlage des Quartalsnachweises nicht zulässig.

(5) $_{1}$Die Länder haben dem Bundesministerium für Arbeit und Soziales die Angaben nach

1. Absatz 4 Satz 3 Nummer 1 und 2 entsprechend ab dem Kalenderjahr 2015 und

2. Absatz 4 Satz 3 Nummer 3 entsprechend ab dem Kalenderjahr 2016

bis 31. März des jeweils folgenden Jahres in tabellarischer Form zu belegen (Jahresnachweis). 2Die Angaben nach Satz 1 sind zusätzlich für die für die Ausführung nach diesem Kapitel zuständigen Träger zu differenzieren.

§ 46b Zuständigkeit

(1) Die für die Ausführung des Gesetzes nach diesem Kapitel zuständigen Träger werden nach Landesrecht bestimmt, sofern sich nach Absatz 3 nichts Abweichendes ergibt.

(2) Die §§ 3, 6 und 7 sind nicht anzuwenden.

(3) 1Das Zwölfte Kapitel ist nicht anzuwenden, sofern sich aus den Sätzen 2 bis 5 nichts Abweichendes ergibt. 2Im Fall der Auszahlung der Leistungen nach § 34 Absatz 2 Satz 1 Nummer 1 und nach § 34a Absatz 7 ist § 98 Absatz 1a entsprechend anzuwenden. 3Bei Leistungsberechtigten nach diesem Kapitel gilt der Aufenthalt in einer stationären Einrichtung und in Einrichtungen zum Vollzug richterlich angeordneter Freiheitsentziehung nicht als gewöhnlicher Aufenthalt; § 98 Absatz 2 Satz 1 bis 3 ist entsprechend anzuwenden. 4Für die Leistungen nach diesem Kapitel an Personen, die Leistungen nach dem Siebten und Achten Kapitel in Formen ambulanter betreuter Wohnmöglichkeiten erhalten, ist § 98 Absatz 5 entsprechend anzuwenden. 5Soweit Leistungen der Eingliederungshilfe nach Teil 2 des Neunten Buches und Leistungen nach diesem Kapitel gleichzeitig zu erbringen sind, ist § 98 Absatz 6 entsprechend anzuwenden.

Fünftes Kapitel
Hilfen zur Gesundheit

§ 47 Vorbeugende Gesundheitshilfe

1Zur Verhütung und Früherkennung von Krankheiten werden die medizinischen Vorsorgeleistungen und Untersuchungen erbracht. 2Andere Leistungen werden nur erbracht, wenn ohne diese nach ärztlichem Urteil eine Erkrankung oder ein sonstiger Gesundheitsschaden einzutreten droht.

§ 48 Hilfe bei Krankheit

1Um eine Krankheit zu erkennen, zu heilen, ihre Verschlimmerung zu verhüten oder Krankheitsbeschwerden zu lindern, werden Leistungen zur Krankenbehandlung entsprechend dem Dritten Kapitel Fünften Abschnitt Ersten Titel des Fünften Buches erbracht. 2Die Regelungen zur Krankenbehandlung nach § 264 des Fünften Buches gehen den Leistungen der Hilfe bei Krankheit nach Satz 1 vor.

§ 49 Hilfe zur Familienplanung

1Zur Familienplanung werden die ärztliche Beratung, die erforderliche Untersuchung und die Verordnung der empfängnisregelnden Mittel geleistet. 2Die Kosten für empfängnisverhütende Mittel werden übernommen, wenn diese ärztlich verordnet worden sind.

§ 50 Hilfe bei Schwangerschaft und Mutterschaft

Bei Schwangerschaft und Mutterschaft werden

1. ärztliche Behandlung und Betreuung sowie Hebammenhilfe,
2. Versorgung mit Arznei-, Verband- und Heilmitteln,
3. Pflege in einer stationären Einrichtung und
4. häusliche Pflege nach den §§ 64c und 64f sowie die angemessenen Aufwendungen der Pflegeperson

geleistet.

§ 51 Hilfe bei Sterilisation

Bei einer durch Krankheit erforderlichen Sterilisation werden die ärztliche Untersuchung, Beratung und Begutachtung, die ärztliche Behandlung, die Versorgung mit Arznei-, Verband- und Heilmitteln sowie die Krankenhauspflege geleistet.

§ 52 Leistungserbringung, Vergütung

(1) 1Die Hilfen nach den §§ 47 bis 51 entsprechen den Leistungen der gesetzlichen Krankenversicherung. 2Soweit Krankenkassen in ihrer Satzung Umfang und Inhalt der Leistungen bestimmen können, entscheidet der Träger der Sozialhilfe über Umfang und Inhalt der Hilfen nach pflichtgemäßem Ermessen.

(2) 1Leistungsberechtigte haben die freie Wahl unter den Ärzten und Zahnärzten sowie den Krankenhäusern entsprechend den Bestimmungen der gesetzlichen Krankenversicherung. 2Hilfen werden nur in dem durch Anwendung des § 65a des Fünften Buches erzielbaren geringsten Umfang geleistet.

(3) 1Bei Erbringung von Leistungen nach den §§ 47 bis 51 sind die für die gesetzlichen Krankenkassen nach dem Vierten Kapitel des Fünften Buches geltenden Regelungen mit Ausnahme des Dritten Titels des Zweiten Abschnitts anzuwenden. 2Ärzte, Psychotherapeuten im Sinne des § 28 Abs. 3 Satz 1 des Fünften Buches und Zahnärzte haben für ihre Leistungen Anspruch auf die Vergütung, welche die Ortskrankenkasse, in deren Bereich der Arzt, Psychotherapeut oder der Zahnarzt niedergelassen ist, für ihre Mitglieder zahlt. 3Die sich aus den §§ 294, 295, 300 bis 302 des Fünften Buches für die Leis-

tungserbringer ergebenden Verpflichtungen gelten auch für die Abrechnung von Leistungen nach diesem Kapitel mit dem Träger der Sozialhilfe. 4Die Vereinbarungen nach § 303 Abs. 1 sowie § 304 des Fünften Buches gelten für den Träger der Sozialhilfe entsprechend.

(4) Leistungsberechtigten, die nicht in der gesetzlichen Krankenversicherung versichert sind, wird unter den Voraussetzungen von § 39a Satz 1 des Fünften Buches zu stationärer und teilstationärer Versorgung in Hospizen der von den gesetzlichen Krankenkassen entsprechend § 39a Satz 3 des Fünften Buches zu zahlende Zuschuss geleistet.

Sechstes Kapitel
(weggefallen)

§§ 53 bis 60a (weggefallen)

Siebtes Kapitel
Hilfe zur Pflege

§ 61 Leistungsberechtigte

1Personen, die pflegebedürftig im Sinne des § 61a sind, haben Anspruch auf Hilfe zur Pflege, soweit ihnen und ihren nicht getrennt lebenden Ehegatten oder Lebenspartnern nicht zuzumuten ist, dass sie die für die Hilfe zur Pflege benötigten Mittel aus dem Einkommen und Vermögen nach den Vorschriften des Elften Kapitels aufbringen. 2Sind die Personen minderjährig und unverheiratet, so sind auch das Einkommen und das Vermögen ihrer Eltern oder eines Elternteils zu berücksichtigen.

9

§ 61a Begriff der Pflegebedürftigkeit

(1) 1Pflegebedürftig sind Personen, die gesundheitlich bedingte Beeinträchtigungen der Selbständigkeit oder der Fähigkeiten aufweisen und deshalb der Hilfe durch andere bedürfen. 2Pflegebedürftige Personen im Sinne des Satzes 1 können körperliche, kognitive oder psychische Beeinträchtigungen oder gesundheitlich bedingte Belastungen oder Anforderungen nicht selbständig kompensieren oder bewältigen.

(2) Maßgeblich für die Beurteilung der Beeinträchtigungen der Selbständigkeit oder Fähigkeiten sind die folgenden Bereiche mit folgenden Kriterien:

1. Mobilität mit den Kriterien
   a) Positionswechsel im Bett,
   b) Halten einer stabilen Sitzposition,
   c) Umsetzen,
   d) Fortbewegen innerhalb des Wohnbereichs,
   e) Treppensteigen;
2. kognitive und kommunikative Fähigkeiten mit den Kriterien
   a) Erkennen von Personen aus dem näheren Umfeld,
   b) örtliche Orientierung,
   c) zeitliche Orientierung,
   d) Erinnern an wesentliche Ereignisse oder Beobachtungen,
   e) Steuern von mehrschrittigen Alltagshandlungen,
   f) Treffen von Entscheidungen im Alltagsleben,
   g) Verstehen von Sachverhalten und Informationen,
   h) Erkennen von Risiken und Gefahren,
   i) Mitteilen von elementaren Bedürfnissen,
   j) Verstehen von Aufforderungen,
   k) Beteiligen an einem Gespräch;
3. Verhaltensweisen und psychische Problemlagen mit den Kriterien
   a) motorisch geprägte Verhaltensauffälligkeiten,
   b) nächtliche Unruhe,
   c) selbstschädigendes und autoaggressives Verhalten,
   d) Beschädigen von Gegenständen,
   e) physisch aggressives Verhalten gegenüber anderen Personen,
   f) verbale Aggression,
   g) andere pflegerelevante vokale Auffälligkeiten,
   h) Abwehr pflegerischer und anderer unterstützender Maßnahmen,
   i) Wahnvorstellungen,
   j) Ängste,
   k) Antriebslosigkeit bei depressiver Stimmungslage,
   l) sozial inadäquate Verhaltensweisen,
   m) sonstige pflegerelevante inadäquate Handlungen;
4. Selbstversorgung mit den Kriterien
   a) Waschen des vorderen Oberkörpers,
   b) Körperpflege im Bereich des Kopfes,
   c) Waschen des Intimbereichs,
   d) Duschen und Baden einschließlich Waschen der Haare,
   e) An- und Auskleiden des Oberkörpers,
   f) An- und Auskleiden des Unterkörpers,
   g) mundgerechtes Zubereiten der Nahrung und Eingießen von Getränken,
   h) Essen,

i) Trinken,
j) Benutzen einer Toilette oder eines Toilettenstuhls,
k) Bewältigen der Folgen einer Harninkontinenz und Umgang mit Dauerkatheter und Urostoma,
l) Bewältigen der Folgen einer Stuhlinkontinenz und Umgang mit Stoma,
m) Ernährung parenteral oder über Sonde,
n) Bestehen gravierender Probleme bei der Nahrungsaufnahme bei Kindern bis zu 18 Monaten, die einen außergewöhnlich pflegeintensiven Hilfebedarf auslösen;

5. Bewältigung von und selbständiger Umgang mit krankheits- oder therapiebedingten Anforderungen und Belastungen in Bezug auf
a) Medikation,
b) Injektionen,
c) Versorgung intravenöser Zugänge,
d) Absaugen und Sauerstoffgabe,
e) Einreibungen sowie Kälte- und Wärmeanwendungen,
f) Messung und Deutung von Körperzuständen,
g) körpernahe Hilfsmittel,
h) Verbandswechsel und Wundversorgung,
i) Versorgung mit Stoma,
j) regelmäßige Einmalkatheterisierung und Nutzung von Abführmethoden,
k) Therapiemaßnahmen in häuslicher Umgebung,
l) zeit- und technikintensive Maßnahmen in häuslicher Umgebung,
m) Arztbesuche,
n) Besuch anderer medizinischer oder therapeutischer Einrichtungen,
o) zeitlich ausgedehnte Besuche medizinischer oder therapeutischer Einrichtungen,
p) Besuche von Einrichtungen zur Frühförderung bei Kindern,
q) Einhalten einer Diät oder anderer krankheits- oder therapiebedingter Verhaltensvorschriften;

6. Gestaltung des Alltagslebens und sozialer Kontakte mit den Kriterien
a) Gestaltung des Tagesablaufs und Anpassung an Veränderungen,
b) Ruhen und Schlafen,
c) Sichbeschäftigen,
d) Vornehmen von in die Zukunft gerichteten Planungen,
e) Interaktion mit Personen im direkten Kontakt,
f) Kontaktpflege zu Personen außerhalb des direkten Umfelds.

§ 61b Pflegegrade

(1) Für die Gewährung von Leistungen der Hilfe zur Pflege sind pflegebedürftige Personen entsprechend den im Begutachtungsverfahren nach § 62 ermittelten Gesamtpunkten in einen der Schwere der Beeinträchtigungen der Selbständigkeit oder der Fähigkeiten entsprechenden Pflegegrad einzuordnen:

1. Pflegegrad 1: geringe Beeinträchtigungen der Selbständigkeit oder der Fähigkeiten (ab 12,5 bis unter 27 Gesamtpunkte),
2. Pflegegrad 2: erhebliche Beeinträchtigungen der Selbständigkeit oder der Fähigkeiten (ab 27 bis unter 47,5 Gesamtpunkte),
3. Pflegegrad 3: schwere Beeinträchtigungen der Selbständigkeit oder der Fähigkeiten (ab 47,5 bis unter 70 Gesamtpunkte),
4. Pflegegrad 4: schwerste Beeinträchtigungen der Selbständigkeit oder der Fähigkeiten (ab 70 bis unter 90 Gesamtpunkte),
5. Pflegegrad 5: schwerste Beeinträchtigungen der Selbständigkeit oder Fähigkeiten mit besonderen Anforderungen an die pflegerische Versorgung (ab 90 bis 100 Gesamtpunkte).

(2) Pflegebedürftige mit besonderen Bedarfskonstellationen, die einen spezifischen, außergewöhnlich hohen Hilfebedarf mit besonderen Anforderungen an die pflegerische Versorgung aufweisen, können aus pflegefachlichen Gründen dem Pflegegrad 5 zugeordnet werden, auch wenn ihre Gesamtpunkte unter 90 liegen.

§ 61c Pflegegrade bei Kindern

(1) Bei pflegebedürftigen Kindern, die 18 Monate oder älter sind, ist für die Einordnung in einen Pflegegrad nach § 61b der gesundheitlich bedingte Grad der Beeinträchtigungen ihrer Selbständigkeit und ihrer Fähigkeiten im Verhältnis zu altersentsprechend entwickelten Kindern maßgebend.

(2) Pflegebedürftige Kinder im Alter bis zu 18 Monaten sind in einen der nachfolgenden Pflegegrade einzuordnen:

1. Pflegegrad 2: ab 12,5 bis unter 27 Gesamtpunkte,
2. Pflegegrad 3: ab 27 bis unter 47,5 Gesamtpunkte,
3. Pflegegrad 4: ab 47,5 bis unter 70 Gesamtpunkte,
4. Pflegegrad 5: ab 70 bis 100 Gesamtpunkte.

§ 62 Ermittlung des Grades der Pflegebedürftigkeit

[1]Die Ermittlung des Pflegegrades erfolgt durch ein Begutachtungsinstrument nach Maßgabe des § 15 des Elften Buches. [2]Die auf Grund des § 16 des Elften Buches erlassene Verordnung sowie die auf Grund des § 17 des Elften Buches erlassenen Richtlinien der Pflegekassen finden entsprechende Anwendung.

§ 62a Bindungswirkung

[1]Die Entscheidung der Pflegekasse über den Pflegegrad ist für den Träger der Sozialhilfe bindend, soweit sie auf Tatsachen beruht, die bei beiden Entscheidungen zu berücksichtigen sind. [2]Bei seiner Entscheidung kann sich der Träger der Sozialhilfe der Hilfe sachverständiger Dritter bedienen. [3]Auf Anforderung unterstützt der Medizinische Dienst gemäß § 278 des Fünften Buches den Träger der Sozialhilfe bei seiner Entscheidung und erhält hierfür Kostenersatz, der zu vereinbaren ist.

§ 63 Leistungen für Pflegebedürftige

(1) [1]Die Hilfe zur Pflege umfasst für Pflegebedürftige der Pflegegrade 2, 3, 4 oder 5

1. häusliche Pflege in Form von
   a) Pflegegeld (§ 64a),
   b) häuslicher Pflegehilfe (§ 64b),
   c) Verhinderungspflege (§ 64c),
   d) Pflegehilfsmitteln (§ 64d),
   e) Maßnahmen zur Verbesserung des Wohnumfeldes (§ 64e),
   f) anderen Leistungen (§ 64f),
   g) digitalen Pflegeanwendungen (§ 64j),
   h) ergänzender Unterstützung bei Nutzung von digitalen Pflegeanwendungen (§ 64k),
2. teilstationäre Pflege (§ 64g),
3. Kurzzeitpflege (§ 64h),
4. einen Entlastungsbetrag (§ 64i) und
5. stationäre Pflege (§ 65).

[2]Die Hilfe zur Pflege schließt Sterbebegleitung mit ein.

(2) Die Hilfe zur Pflege umfasst für Pflegebedürftige des Pflegegrades 1

1. Pflegehilfsmittel (§ 64d),
2. Maßnahmen zur Verbesserung des Wohnumfeldes (§ 64e),
3. digitale Pflegeanwendungen (§ 64j),
4. ergänzende Unterstützung bei Nutzung von digitalen Pflegeanwendungen (§ 64k) und
5. einen Entlastungsbetrag (§ 66).

(3) [1]Die Leistungen der Hilfe zur Pflege werden auf Antrag auch als Teil eines Persönlichen Budgets ausgeführt. [2]§ 29 des Neunten Buches ist insoweit anzuwenden.

§ 63a Notwendiger pflegerischer Bedarf

Die Träger der Sozialhilfe haben den notwendigen pflegerischen Bedarf zu ermitteln und festzustellen.

§ 63b Leistungskonkurrenz

(1) Leistungen der Hilfe zur Pflege werden nicht erbracht, soweit Pflegebedürftige gleichartige Leistungen nach anderen Rechtsvorschriften erhalten.

(2) [1]Abweichend von Absatz 1 sind Leistungen nach § 72 oder gleichartige Leistungen nach anderen Rechtsvorschriften mit 70 Prozent auf das Pflegegeld nach § 64a anzurechnen. [2]Leistungen nach § 45b des Elften Buches gehen den Leistungen nach den §§ 64i und 66 vor; auf die übrigen Leistungen der Hilfe zur Pflege werden sie nicht angerechnet.

(3) [1]Pflegebedürftige haben während ihres Aufenthalts in einer teilstationären oder vollstationären Einrichtung dort keinen Anspruch auf häusliche Pflege. [2]Abweichend von Satz 1 kann das Pflegegeld nach § 64a während einer teilstationären Pflege nach § 64g oder einer vergleichbaren nicht nach Teil 2 des Neunten Buches durchgeführten Maßnahme angemessen gekürzt werden.

(4) [1]Absatz 3 Satz 1 gilt nicht für vorübergehende Aufenthalte in einem Krankenhaus nach § 108 des Fünften Buches oder in einer Vorsorge- oder Rehabilitationseinrichtung nach § 107 Absatz 2 des Fünften Buches, soweit Pflegebedürftige ihre Pflege durch von ihnen selbst beschäftigte besondere Pflegekräfte (Arbeitgebermodell) sicherstellen. [2]Die vorrangigen Leistungen des Pflegegeldes für selbst beschaffte Pflegehilfen nach den §§ 37 und 38 des Elften Buches sind anzurechnen. [3]§ 39 des Fünften Buches bleibt unberührt.

(5) Das Pflegegeld kann um bis zu zwei Drittel gekürzt werden, soweit die Heranziehung einer besonderen Pflegekraft erforderlich ist, Pflegebedürftige Leistungen der Verhinderungspflege nach § 64c oder gleichartige Leistungen nach anderen Rechtsvorschriften erhalten.

(6) [1]Pflegebedürftige, die ihre Pflege im Rahmen des Arbeitgebermodells sicherstellen, können nicht auf die Inanspruchnahme von Sachleistungen nach dem Elften Buch verwiesen werden. [2]In diesen Fällen ist das geleistete Pflegegeld nach § 37 des Elften Buches auf die Leistungen der Hilfe zur Pflege anzurechnen.

(7) Leistungen der stationären Pflege nach § 65 werden auch bei einer vorübergehenden Abwesenheit von Pflegebedürftigen aus der stationären Einrichtung erbracht, solange die Voraussetzungen des § 87a Absatz 1 Satz 5 und 6 des Elften Buches vorliegen.

§ 64 Vorrang

Soweit häusliche Pflege ausreicht, soll der Träger der Sozialhilfe darauf hinwirken, dass die häusliche Pflege durch Personen, die dem Pflegebedürftigen nahestehen, oder als Nachbarschaftshilfe übernommen wird.

§ 64a Pflegegeld

(1) 1Pflegebedürftige der Pflegegrade 2, 3, 4 oder 5 haben bei häuslicher Pflege Anspruch auf Pflegegeld in Höhe des Pflegegeldes nach § 37 Absatz 1 des Elften Buches. 2Der Anspruch auf Pflegegeld setzt voraus, dass die Pflegebedürftigen und die Sorgeberechtigten bei pflegebedürftigen Kindern die erforderliche Pflege mit dem Pflegegeld in geeigneter Weise selbst sicherstellen.

(2) 1Besteht der Anspruch nach Absatz 1 nicht für den vollen Kalendermonat, ist das Pflegegeld entsprechend zu kürzen. 2Bei der Kürzung ist der Kalendermonat mit 30 Tagen anzusetzen. 3Das Pflegegeld wird bis zum Ende des Kalendermonats geleistet, in dem die pflegebedürftige Person gestorben ist.

(3) Stellt die Pflegekasse ihre Leistungen nach § 37 Absatz 6 des Elften Buches ganz oder teilweise ein, entfällt insoweit die Leistungspflicht nach Absatz 1.

§ 64b Häusliche Pflegehilfe

(1) 1Pflegebedürftige der Pflegegrade 2, 3, 4 oder 5 haben Anspruch auf körperbezogene Pflegemaßnahmen und pflegerische Betreuungsmaßnahmen sowie auf Hilfen bei der Haushaltsführung als Pflegesachleistung (häusliche Pflegehilfe), soweit die häusliche Pflege nach § 64 nicht sichergestellt werden kann. 2Der Anspruch auf häusliche Pflegehilfe umfasst auch die pflegefachliche Anleitung von Pflegebedürftigen und Pflegepersonen. 3Mehrere Pflegebedürftige der Pflegegrade 2, 3, 4 oder 5 können die häusliche Pflege gemeinsam in Anspruch nehmen. 4Häusliche Pflegehilfe kann auch Betreuungs- und Entlastungsleistungen durch Unterstützungsangebote im Sinne des § 45a des Elften Buches umfassen; § 64i bleibt unberührt.

(2) Pflegerische Betreuungsmaßnahmen umfassen Unterstützungsleistungen zur Bewältigung und Gestaltung des alltäglichen Lebens im häuslichen Umfeld, insbesondere

1. bei der Bewältigung psychosozialer Problemlagen oder von Gefährdungen,
2. bei der Orientierung, bei der Tagesstrukturierung, bei der Kommunikation, bei der Aufrechterhaltung sozialer Kontakte und bei bedürfnisgerechten Beschäftigungen im Alltag sowie
3. durch Maßnahmen zur kognitiven Aktivierung.

§ 64c Verhinderungspflege

Ist eine Pflegeperson im Sinne von § 64 wegen Erholungsurlaubs, Krankheit oder aus sonstigen Gründen an der häuslichen Pflege gehindert, sind die angemessenen Kosten einer notwendigen Ersatzpflege zu übernehmen.

§ 64d Pflegehilfsmittel

(1) 1Pflegebedürftige haben Anspruch auf Versorgung mit Pflegehilfsmitteln, die

1. zur Erleichterung der Pflege der Pflegebedürftigen beitragen,
2. zur Linderung der Beschwerden der Pflegebedürftigen beitragen oder
3. den Pflegebedürftigen eine selbständigere Lebensführung ermöglichen.

2Der Anspruch umfasst die notwendige Änderung, Instandsetzung und Ersatzbeschaffung von Pflegehilfsmitteln sowie die Ausbildung in ihrem Gebrauch.

(2) Technische Pflegehilfsmittel sollen den Pflegebedürftigen in geeigneten Fällen leihweise zur Verfügung gestellt werden.

§ 64e Maßnahmen zur Verbesserung des Wohnumfeldes

Maßnahmen zur Verbesserung des Wohnumfeldes der Pflegebedürftigen können gewährt werden,

1. soweit sie angemessen sind und
2. durch sie
   a) die häusliche Pflege ermöglicht oder erheblich erleichtert werden kann oder
   b) eine möglichst selbständige Lebensführung der Pflegebedürftigen wiederhergestellt werden kann.

§ 64f Andere Leistungen

(1) Zusätzlich zum Pflegegeld nach § 64a Absatz 1 sind die Aufwendungen für die Beiträge einer Pflegeperson oder einer besonderen Pflegekraft für eine angemessene Alterssicherung zu erstatten, soweit diese nicht anderweitig sichergestellt ist.

(2) Ist neben der häuslichen Pflege nach § 64 eine Beratung der Pflegeperson geboten, sind die angemessenen Kosten zu übernehmen.

(3) Soweit die Sicherstellung der häuslichen Pflege für Pflegebedürftige der Pflegegrade 2, 3, 4 oder 5 im Rahmen des Arbeitgebermodells erfolgt, sollen die angemessenen Kosten übernommen werden.

§ 64g Teilstationäre Pflege

1Pflegebedürftige der Pflegegrade 2, 3, 4 oder 5 haben Anspruch auf teilstationäre Pflege in Einrichtungen der Tages- oder Nachtpflege, soweit die häusliche Pflege nicht in ausreichendem Umfang

9

sichergestellt werden kann oder die teilstationäre Pflege zur Ergänzung oder Stärkung der häuslichen Pflege erforderlich ist. 2Der Anspruch umfasst auch die notwendige Beförderung des Pflegebedürftigen von der Wohnung zur Einrichtung der Tages- oder Nachtpflege und zurück.

§ 64h Kurzzeitpflege

(1) Pflegebedürftige der Pflegegrade 2, 3, 4 oder 5 haben Anspruch auf Kurzeitpflege in einer stationären Pflegeeinrichtung, soweit die häusliche Pflege zeitweise nicht, noch nicht oder nicht im erforderlichen Umfang erbracht werden kann und die teilstationäre Pflege nach § 64g nicht ausreicht.

(2) Wenn die Pflege in einer zur Kurzzeitpflege zugelassenen Pflegeeinrichtung nach den §§ 71 und 72 des Elften Buches nicht möglich ist oder nicht zumutbar erscheint, kann die Kurzzeitpflege auch erbracht werden

1. durch geeignete Erbringer von Leistungen nach Teil 2 des Neunten Buches oder
2. in geeigneten Einrichtungen, die nicht als Einrichtung zur Kurzzeitpflege zugelassen sind.

(3) Soweit während einer Maßnahme der medizinischen Vorsorge oder Rehabilitation für eine Pflegeperson eine gleichzeitige Unterbringung und Pflege der Pflegebedürftigen erforderlich ist, kann Kurzzeitpflege auch in Vorsorge- oder Rehabilitationseinrichtungen nach § 107 Absatz 2 des Fünften Buches erbracht werden.

§ 64i Entlastungsbetrag bei den Pflegegraden 2, 3, 4 oder 5

9

1Pflegebedürftige der Pflegegrade 2, 3, 4 oder 5 haben Anspruch auf einen Entlastungsbetrag in Höhe von bis zu 125 Euro monatlich. 2Der Entlastungsbetrag ist zweckgebunden einzusetzen zur

1. Entlastung pflegender Angehöriger oder nahestehender Pflegepersonen,
2. Förderung der Selbständigkeit und Selbstbestimmung der Pflegebedürftigen bei der Gestaltung ihres Alltags oder
3. Inanspruchnahme von Unterstützungsangeboten im Sinne des § 45a des Elften Buches.

§ 64j Digitale Pflegeanwendungen

(1) Pflegebedürftige haben Anspruch auf eine notwendige Versorgung mit Anwendungen, die wesentlich auf digitalen Technologien beruhen, die von den Pflegebedürftigen oder in der Interaktion von Pflegebedürftigen, Angehörigen und zugelassenen ambulanten Pflegeeinrichtungen genutzt werden, um insbesondere Beeinträchtigungen der Selbständigkeit oder der Fähigkeiten des Pflegebedürftigen zu mindern und einer Verschlimmerung der Pflegebedürftigkeit entgegenzuwirken (digitale Pflegeanwendungen).

(2) Der Anspruch umfasst nur solche digitalen Pflegeanwendungen, die vom Bundesinstitut für Arzneimittel und Medizinprodukte in das Verzeichnis für digitale Pflegeanwendungen nach § 78a Absatz 3 des Elften Buches aufgenommen wurden.

§ 64k Ergänzende Unterstützung bei Nutzung von digitalen Pflegeanwendungen

Pflegebedürftige haben bei der Nutzung digitaler Pflegeanwendungen im Sinne des § 64j Anspruch auf erforderliche ergänzende Unterstützungsleistungen, die das Bundesinstitut für Arzneimittel und Medizinprodukte nach § 78a Absatz 5 Satz 6 des Elften Buches festgelegt hat, durch nach dem Recht des Elften Buches zugelassene ambulante Pflegeeinrichtungen.

§ 65 Stationäre Pflege

1Pflegebedürftige der Pflegegrade 2, 3, 4 oder 5 haben Anspruch auf Pflege in stationären Einrichtungen, wenn häusliche oder teilstationäre Pflege nicht möglich ist oder wegen der Besonderheit des Einzelfalls nicht in Betracht kommt. 2Der Anspruch auf stationäre Pflege umfasst auch Betreuungsmaßnahmen; § 64b Absatz 2 findet entsprechende Anwendung.

§ 66 Entlastungsbetrag bei Pflegegrad 1

1Pflegebedürftige des Pflegegrades 1 haben Anspruch auf einen Entlastungsbetrag in Höhe von bis zu 125 Euro monatlich. 2Der Entlastungsbetrag ist zweckgebunden einzusetzen zur

1. Entlastung pflegender Angehöriger oder nahestehender Pflegepersonen,
2. Förderung der Selbständigkeit und Selbstbestimmung der Pflegebedürftigen bei der Gestaltung ihres Alltags,
3. Inanspruchnahme von
   a) Leistungen der häuslichen Pflegehilfe im Sinne des § 64b,
   b) Maßnahmen zur Verbesserung des Wohnumfeldes nach § 64e,
   c) anderen Leistungen nach § 64f,
   d) Leistungen zur teilstationären Pflege im Sinne des § 64g,
4. Inanspruchnahme von Unterstützungsangeboten im Sinne des § 45a des Elften Buches.

§ 66a Sonderregelungen zum Einsatz von Vermögen

Für Personen, die Leistungen nach diesem Kapitel erhalten, gilt ein zusätzlicher Betrag von bis zu 25 000 Euro für die Lebensführung und die Alterssicherung im Sinne von § 90 Absatz 3 Satz 2 als angemessen, sofern dieser Betrag ganz oder überwiegend als Einkommen aus selbständiger und nichtselbständiger Tätigkeit der Leistungsberechtigten während des Leistungsbezugs erworben wird; § 90 Absatz 3 Satz 1 bleibt unberührt.

Achtes Kapitel Hilfe zur Überwindung besonderer sozialer Schwierigkeiten

§ 67 Leistungsberechtigte

1Personen, bei denen besondere Lebensverhältnisse mit sozialen Schwierigkeiten verbunden sind, sind Leistungen zur Überwindung dieser Schwierigkeiten zu erbringen, wenn sie aus eigener Kraft hierzu nicht fähig sind. 2Soweit der Bedarf durch Leistungen nach anderen Vorschriften dieses Buches oder des Achten und Neunten Buches gedeckt wird, gehen diese der Leistung nach Satz 1 vor.

§ 68 Umfang der Leistungen

(1) 1Die Leistungen umfassen alle Maßnahmen, die notwendig sind, um die Schwierigkeiten abzuwenden, zu beseitigen, zu mildern oder ihre Verschlimmerung zu verhüten, insbesondere Beratung und persönliche Betreuung für die Leistungsberechtigten und ihre Angehörigen, Hilfen zur Ausbildung, Erlangung und Sicherung eines Arbeitsplatzes sowie Maßnahmen bei der Erhaltung und Beschaffung einer Wohnung. 2Zur Durchführung der erforderlichen Maßnahmen ist in geeigneten Fällen ein Gesamtplan zu erstellen.

(2) 1Die Leistung wird ohne Rücksicht auf Einkommen und Vermögen erbracht, soweit im Einzelfall Dienstleistungen erforderlich sind. 2Einkommen und Vermögen der in § 19 Abs. 3 genannten Personen ist nicht zu berücksichtigen und von der Inanspruchnahme nach bürgerlichem Recht Unterhaltspflichtiger abzusehen, soweit dies den Erfolg der Hilfe gefährden würde.

(3) Die Träger der Sozialhilfe sollen mit den Vereinigungen, die sich die gleichen Aufgaben zum Ziel gesetzt haben, und mit den sonst beteiligten Stellen zusammenarbeiten und darauf hinwirken, dass sich die Sozialhilfe und die Tätigkeit dieser Vereinigungen und Stellen wirksam ergänzen.

§ 69 Verordnungsermächtigung

Das Bundesministerium für Arbeit und Soziales kann durch Rechtsverordnung mit Zustimmung des Bundesrates Bestimmungen über die Abgrenzung des Personenkreises nach § 67 sowie über Art und Umfang der Maßnahmen nach § 68 Abs. 1 erlassen.

Neuntes Kapitel Hilfe in anderen Lebenslagen

§ 70 Hilfe zur Weiterführung des Haushalts

(1) 1Personen mit eigenem Haushalt sollen Leistungen zur Weiterführung des Haushalts erhalten, wenn weder sie selbst noch, falls sie mit anderen Haushaltsangehörigen zusammenleben, die anderen Haushaltsangehörigen den Haushalt führen können und die Weiterführung des Haushalts geboten ist. 2Die Leistungen sollen in der Regel nur vorübergehend erbracht werden. 3Satz 2 gilt nicht, wenn durch die Leistungen die Unterbringung in einer stationären Einrichtung vermieden oder aufgeschoben werden kann.

(2) Die Leistungen umfassen die persönliche Betreuung von Haushaltsangehörigen sowie die sonstige zur Weiterführung des Haushalts erforderliche Tätigkeit.

(3) 1Personen im Sinne des Absatzes 1 sind die angemessenen Aufwendungen für eine haushaltsführende Person zu erstatten. 2Es können auch angemessene Beihilfen geleistet sowie Beiträge der haushaltsführenden Person für eine angemessene Alterssicherung übernommen werden, wenn diese nicht anderweitig sichergestellt ist. 3Ist neben oder anstelle der Weiterführung des Haushalts die Heranziehung einer besonderen Person zur Haushaltsführung erforderlich oder eine Beratung oder zeitweilige Entlastung der haushaltsführenden Person geboten, sind die angemessenen Kosten zu übernehmen.

(4) Die Leistungen können auch durch Übernahme der angemessenen Kosten für eine vorübergehende anderweitige Unterbringung von Haushaltsangehörigen erbracht werden, wenn diese Unterbringung in besonderen Fällen neben oder statt der Weiterführung des Haushalts geboten ist.

§ 71 Altenhilfe

(1) 1Alten Menschen soll außer den Leistungen nach den übrigen Bestimmungen dieses Buches sowie den Leistungen der Eingliederungshilfe nach Teil 2 des Neunten Buches Altenhilfe gewährt werden. 2Die Altenhilfe soll dazu beitragen, Schwierigkeiten, die durch das Alter entstehen, zu verhüten, zu überwinden oder zu mildern und alten Menschen die Möglichkeit zu erhalten, selbstbestimmt am Leben in der Gemeinschaft teilzunehmen und ihre Fähigkeit zur Selbsthilfe zu stärken.

(2) Als Leistungen der Altenhilfe kommen insbesondere in Betracht:

1. Leistungen zu einer Betätigung und zum gesellschaftlichen Engagement, wenn sie vom alten Menschen gewünscht wird,

2. Leistungen bei der Beschaffung und zur Erhaltung einer Wohnung, die den Bedürfnissen des alten Menschen entspricht,
3. Beratung und Unterstützung im Vor- und Umfeld von Pflege, insbesondere in allen Fragen des Angebots an Wohnformen bei Unterstützungs-, Betreuungs- oder Pflegebedarf sowie an Diensten, die Betreuung oder Pflege leisten,
4. Beratung und Unterstützung in allen Fragen der Inanspruchnahme altersgerechter Dienste,
5. Leistungen zum Besuch von Veranstaltungen oder Einrichtungen, die der Geselligkeit, der Unterhaltung, der Bildung oder den kulturellen Bedürfnissen alter Menschen dienen,
6. Leistungen, die alten Menschen die Verbindung mit nahe stehenden Personen ermöglichen.

(3) Leistungen nach Absatz 1 sollen auch erbracht werden, wenn sie der Vorbereitung auf das Alter dienen.

(4) Altenhilfe soll ohne Rücksicht auf vorhandenes Einkommen oder Vermögen geleistet werden, soweit im Einzelfall Beratung und Unterstützung erforderlich sind.

(5) $_1$Die Leistungen der Altenhilfe sind mit den übrigen Leistungen dieses Buches, den Leistungen der Eingliederungshilfe nach dem Neunten Buch, den Leistungen der örtlichen Altenhilfe und der kommunalen Infrastruktur zur Vermeidung sowie Verringerung der Pflegebedürftigkeit und der Inanspruchnahme der Leistungen der Eingliederungshilfe zu verzahnen. $_2$Die Ergebnisse der Teilhabeplanung und Gesamtplanung nach dem Neunten Buch sind zu berücksichtigen.

9

§ 72 Blindenhilfe

(1) $_1$Blinden Menschen wird zum Ausgleich der durch die Blindheit bedingten Mehraufwendungen Blindenhilfe gewährt, soweit sie keine gleichartigen Leistungen nach anderen Rechtsvorschriften erhalten. $_2$Auf die Blindenhilfe sind Leistungen bei häuslicher Pflege nach dem Elften Buch, auch soweit es sich um Sachleistungen handelt, bei Pflegebedürftigen des Pflegegrades 2 mit 50 Prozent des Pflegegeldes des Pflegegrades 2 und bei Pflegebedürftigen der Pflegegrade 3, 4 oder 5 mit 40 Prozent des Pflegegeldes des Pflegegrades 3, höchstens jedoch mit 50 Prozent des Betrages nach Absatz 2, anzurechnen. $_3$Satz 2 gilt sinngemäß für Leistungen nach dem Elften Buch aus einer privaten Pflegeversicherung und nach beamtenrechtlichen Vorschriften. $_4$§ 39a ist entsprechend anzuwenden.

(2) $_1$Die Blindenhilfe beträgt bis 30. Juni 2004 für blinde Menschen nach Vollendung des 18. Lebensjahres 585 Euro monatlich, für blinde Menschen, die das 18. Lebensjahr noch nicht vollendet haben, beträgt sie 293 Euro monatlich. $_2$Sie verändert sich jeweils zu dem Zeitpunkt und in dem Umfang, wie sich der aktuelle Rentenwert in der gesetzlichen Rentenversicherung verändert.

(3) $_1$Lebt der blinde Mensch in einer stationären Einrichtung und werden die Kosten des Aufenthalts ganz oder teilweise aus Mitteln öffentlich-rechtlicher Leistungsträger getragen, so verringert sich die Blindenhilfe nach Absatz 2 um die aus diesen Mitteln getragenen Kosten, höchstens jedoch um 50 vom Hundert der Beträge nach Absatz 2. $_2$Satz 1 gilt vom ersten Tage des zweiten Monats an, der auf den Eintritt in die Einrichtung folgt, für jeden vollen Kalendermonat des Aufenthalts in der Einrichtung. $_3$Für jeden vollen Tag vorübergehender Abwesenheit von der Einrichtung wird die Blindenhilfe in Höhe von je einem Dreißigstel des Betrages nach Absatz 2 gewährt, wenn die vorübergehende Abwesenheit länger als sechs volle zusammenhängende Tage dauert; der Betrag nach Satz 1 wird im gleichen Verhältnis gekürzt.

(4) $_1$Neben der Blindenhilfe wird Hilfe zur Pflege wegen Blindheit nach dem Siebten Kapitel außerhalb von stationären Einrichtungen sowie ein Barbetrag (§ 27b Absatz 2) nicht gewährt. $_2$Neben Absatz 1 ist § 30 Abs. 1 Nr. 2 nur anzuwenden, wenn der blinde Mensch nicht allein wegen Blindheit voll erwerbsgemindert ist. $_3$Die Sätze 1 und 2 gelten entsprechend für blinde Menschen, die nicht Blindenhilfe, sondern gleichartige Leistungen nach anderen Rechtsvorschriften erhalten.

(5) Blinden Menschen stehen Personen gleich, deren beidäugige Gesamtsehschärfe nicht mehr als ein Fünfzigstel beträgt oder bei denen dem Schweregrad dieser Sehschärfe gleichzuachtende, nicht nur vorübergehende Störungen des Sehvermögens vorliegen.

(6) Die Blindenhilfe wird neben Leistungen nach Teil 2 des Neunten Buches erbracht.

§ 73 Hilfe in sonstigen Lebenslagen

$_1$Leistungen können auch in sonstigen Lebenslagen erbracht werden, wenn sie den Einsatz öffentlicher Mittel rechtfertigen. $_2$Geldleistungen können als Beihilfe oder als Darlehen erbracht werden.

§ 74 Bestattungskosten

Die erforderlichen Kosten einer Bestattung werden übernommen, soweit den hierzu Verpflichteten nicht zugemutet werden kann, die Kosten zu tragen.

Zehntes Kapitel
Vertragsrecht

§ 75 Allgemeine Grundsätze

(1) $_1$Der Träger der Sozialhilfe darf Leistungen nach dem Siebten bis Neunten Kapitel mit Ausnahme der

Leistungen der häuslichen Pflege, soweit diese gemäß § 64 durch Personen, die dem Pflegebedürftigen nahe stehen, oder als Nachbarschaftshilfe übernommen werden, durch Dritte (Leistungserbringer) nur bewilligen, soweit eine schriftliche Vereinbarung zwischen dem Träger des Leistungserbringers und dem für den Ort der Leistungserbringung zuständigen Träger der Sozialhilfe besteht. 2Die Vereinbarung kann auch zwischen dem Träger der Sozialhilfe und dem Verband, dem der Leistungserbringer angehört, geschlossen werden, soweit der Verband eine entsprechende Vollmacht nachweist. 3Die Vereinbarungen sind für alle übrigen Träger der Sozialhilfe bindend. 4Die Vereinbarungen müssen den Grundsätzen der Wirtschaftlichkeit, Sparsamkeit und Leistungsfähigkeit entsprechen und dürfen das Maß des Notwendigen nicht überschreiten. 5Sie sind vor Beginn der jeweiligen Wirtschaftsperiode für einen zukünftigen Zeitraum abzuschließen (Vereinbarungszeitraum); nachträgliche Ausgleiche sind nicht zulässig. 6Die Ergebnisse sind den Leistungsberechtigten in einer wahrnehmbaren Form zugänglich zu machen.

(2) 1Sind geeignete Leistungserbringer vorhanden, soll der Träger der Sozialhilfe zur Erfüllung seiner Aufgaben eigene Angebote nicht neu schaffen. 2Geeignet ist ein Leistungserbringer, der unter Sicherstellung der Grundsätze des § 9 Absatz 1 die Leistungen wirtschaftlich und sparsam erbringen kann. 3Geeignete Träger von Einrichtungen dürfen nur solche Personen beschäftigen oder ehrenamtliche Personen, die in Wahrnehmung ihrer Aufgaben Kontakt mit Leistungsberechtigten haben, mit Aufgaben betrauen, die nicht rechtskräftig wegen einer Straftat nach den §§ 171, 174 bis 174c, 176 bis 180a, 181a, 182 bis 184g, 184i bis 184l, 201a Absatz 3, §§ 225, 232 bis 233a, 234, 235 oder 236 des Strafgesetzbuchs verurteilt worden sind. 4Die Leistungserbringer sollen sich von Fach- und anderem Betreuungspersonal, die in Wahrnehmung ihrer Aufgaben Kontakt mit Leistungsberechtigten haben, vor deren Einstellung oder Aufnahme einer dauerhaften ehrenamtlichen Tätigkeit und in regelmäßigen Abständen ein Führungszeugnis nach § 30a Absatz 1 des Bundeszentralregistergesetzes vorlegen lassen. 5Nimmt der Leistungserbringer Einsicht in ein Führungszeugnis nach § 30a Absatz 1 des Bundeszentralregistergesetzes, so speichert er nur den Umstand der Einsichtnahme, das Datum des Führungszeugnisses und die Information, ob die das Führungszeugnis betreffende Person wegen einer in Satz 3 genannten Straftat rechtskräftig verurteilt worden ist. 6Der Träger der Einrichtung darf diese Daten nur verändern und nutzen, soweit dies zur Prüfung der Eignung einer Person erforderlich ist. 7Die Daten sind vor dem Zugriff Unbefugter zu schützen. 8Sie sind unverzüglich zu löschen, wenn im Anschluss an die Einsichtnahme keine Tätigkeit für den Leistungserbringer wahrgenommen wird. 9Sie sind spätestens drei Monate nach der letztmaligen Ausübung einer Tätigkeit für den Leistungserbringer zu löschen. 10Die durch den Leistungserbringer geforderte Vergütung ist wirtschaftlich angemessen, wenn sie im Vergleich mit der Vergütung vergleichbarer Leistungserbringer im unteren Drittel liegt (externer Vergleich). 11Liegt die geforderte Vergütung oberhalb des unteren Drittels, kann sie wirtschaftlich angemessen sein, sofern sie nachvollziehbar auf einem höheren Aufwand des Leistungserbringers beruht und wirtschaftlicher Betriebsführung entspricht. 12In den externen Vergleich sind die im Einzugsbereich tätigen Leistungserbringer einzubeziehen. 13Tariflich vereinbarte Vergütungen sowie entsprechende Vergütungen nach kirchlichen Arbeitsrechtsregelungen sind grundsätzlich als wirtschaftlich anzusehen, auch soweit die Vergütung aus diesem Grunde oberhalb des unteren Drittels liegt.

(3) Sind mehrere Leistungserbringer im gleichen Maße geeignet, hat der Träger der Sozialhilfe Vereinbarungen vorrangig mit Leistungserbringern abzuschließen, deren Vergütung bei vergleichbarem Inhalt, Umfang und vergleichbarer Qualität der Leistung nicht höher ist als die anderer Leistungserbringer.

(4) Besteht eine schriftliche Vereinbarung, ist der Leistungserbringer im Rahmen des vereinbarten Leistungsangebotes verpflichtet, Leistungsberechtigte aufzunehmen und zu betreuen.

(5) Der Träger der Sozialhilfe darf die Leistungen durch Leistungserbringer, mit denen keine schriftliche Vereinbarung getroffen wurde, nur erbringen, soweit

1. dies nach der Besonderheit des Einzelfalles geboten ist,
2. der Leistungserbringer ein schriftliches Leistungsangebot vorlegt, das für den Inhalt einer Vereinbarung nach § 76 gilt,
3. der Leistungserbringer sich schriftlich verpflichtet, die Grundsätze der Wirtschaftlichkeit und Qualität der Leistungserbringung zu beachten,
4. die Vergütung für die Erbringung der Leistungen nicht höher ist als die Vergütung, die der Träger der Sozialhilfe mit anderen Leistungserbringern für vergleichbare Leistungen vereinbart hat.

Die allgemeinen Grundsätze der Absätze 1 bis 4 und 6 sowie die Vorschriften zum Inhalt der Vereinbarung (§ 76), zur Verbindlichkeit der vereinbarten Vergütung (§ 77a), zur Wirtschaftlichkeits- und Qualitätsprüfung (§ 78), zur Kürzung der Vergütung (§ 79) und zur außerordentlichen Kündigung der Vereinbarung (§ 79a) gelten entsprechend.

(6) Der Leistungserbringer hat gegen den Träger der Sozialhilfe einen Anspruch auf Vergütung der gegenüber dem Leistungsberechtigten erbrachten Leistungen.

§ 76 Inhalt der Vereinbarungen

(1) In der schriftlichen Vereinbarung mit Erbringern von Leistungen nach dem Siebten bis Neunten Kapitel sind zu regeln:

1. Inhalt, Umfang und Qualität einschließlich der Wirksamkeit der Leistungen (Leistungsvereinbarung) sowie
2. die Vergütung der Leistung (Vergütungsvereinbarung).

(2) In die Leistungsvereinbarung sind als wesentliche Leistungsmerkmale insbesondere aufzunehmen:

1. die betriebsnotwendigen Anlagen des Leistungserbringers,
2. der zu betreuende Personenkreis,
3. Art, Ziel und Qualität der Leistung,
4. die Festlegung der personellen Ausstattung,
5. die Qualifikation des Personals sowie
6. die erforderliche sächliche Ausstattung.

(3) ₁Die Vergütungsvereinbarung besteht mindestens aus

1. der Grundpauschale für Unterkunft und Verpflegung,
2. der Maßnahmepauschale sowie
3. einem Betrag für betriebsnotwendige Anlagen einschließlich ihrer Ausstattung (Investitionsbetrag).

₂Förderungen aus öffentlichen Mitteln sind anzurechnen. ₃Die Maßnahmepauschale ist nach Gruppen für Leistungsberechtigte mit vergleichbarem Bedarf sowie bei Leistungen der häuslichen Pflegehilfe für die gemeinsame Inanspruchnahme durch mehrere Leistungsberechtigte zu kalkulieren. ₄Abweichend von Satz 1 können andere geeignete Verfahren zur Vergütung und Abrechnung der Leistung unter Beteiligung der Interessenvertretungen der Menschen mit Behinderungen vereinbart werden.

§ 76a Zugelassene Pflegeeinrichtungen

(1) Bei zugelassenen Pflegeeinrichtungen im Sinne des § 72 des Elften Buches richten sich Art, Inhalt, Umfang und Vergütung

1. der ambulanten und teilstationären Pflegeleistungen,
2. der Leistungen der Kurzzeitpflege,
3. der vollstationären Pflegeleistungen,
4. der Leistungen bei Unterkunft und Verpflegung und
5. der Zusatzleistungen in Pflegeheimen

nach dem Achten Kapitel des Elften Buches, soweit die Vereinbarungen nach dem Achten Kapitel des Elften Buches im Einvernehmen mit dem Träger der Sozialhilfe getroffen worden sind und nicht nach dem Siebten Kapitel weitergehende Leistungen zu erbringen sind.

(2) Bestehen tatsächliche Anhaltspunkte, dass eine zugelassene Pflegeeinrichtung ihre vertraglichen oder gesetzlichen Pflichten nicht erfüllt, findet § 78 entsprechende Anwendung, soweit nicht eine Wirtschaftlichkeits- und Abrechnungsprüfung nach § 79 des Elften Buches erfolgt oder soweit nicht ein Auftrag für eine Anlassprüfung nach § 114 des Elften Buches durch die Landesverbände der Pflegekassen erteilt worden ist.

(3) Der Träger der Sozialhilfe ist zur Übernahme gesondert berechneter Investitionskosten nach dem Elften Buch nur verpflichtet, soweit die zuständige Landesbehörde ihre Zustimmung nach § 82 Absatz 3 Satz 3 des Elften Buches erteilt oder der Träger der Sozialhilfe mit dem Träger der Einrichtung eine entsprechende Vereinbarung nach dem Zehnten Kapitel über die gesondert berechneten Investitionskosten nach § 82 Absatz 4 des Elften Buches getroffen hat.

§ 77 Verfahren und Inkrafttreten der Vereinbarung

(1) ₁Der Leistungserbringer oder der Träger der Sozialhilfe hat die jeweils andere Partei schriftlich zu Verhandlungen über den Abschluss einer Vereinbarung gemäß § 76 aufzufordern. ₂Bei einer Aufforderung zum Abschluss einer Folgevereinbarung sind die Verhandlungsgegenstände zu benennen. ₃Die Aufforderung durch den Leistungsträger kann an einen unbestimmten Kreis von Leistungserbringern gerichtet werden. ₄Auf Verlangen einer Partei sind geeignete Nachweise zu den Verhandlungsgegenständen vorzulegen.

(2) ₁Kommt es nicht innerhalb von drei Monaten, nachdem eine Partei zu Verhandlungen aufgefordert wurde, zu einer schriftlichen Vereinbarung, so kann jede Partei hinsichtlich der strittigen Punkte die gemeinsame Schiedsstelle anrufen. ₂Die Schiedsstelle hat unverzüglich über die strittigen Punkte zu entscheiden. ₃Gegen die Entscheidung der Schiedsstelle ist der Rechtsweg zu den Sozialgerichten gegeben, ohne dass es eines Vorverfahrens bedarf. ₄Die Klage ist nicht gegen die Schiedsstelle, sondern gegen den Verhandlungspartner zu richten.

(3) $_{1}$Vereinbarungen und Schiedsstellenentscheidungen treten zu dem darin bestimmten Zeitpunkt in Kraft. $_{2}$Wird in einer Vereinbarung ein Zeitpunkt nicht bestimmt, wird die Vereinbarung mit dem Tag ihres Abschlusses wirksam. $_{3}$Festsetzungen der Schiedsstelle werden, soweit keine Festlegung erfolgt ist, rückwirkend mit dem Tag wirksam, an dem der Antrag bei der Schiedsstelle eingegangen ist. $_{4}$Soweit in den Fällen des Satzes 3 während des Schiedsstellenverfahrens der Antrag geändert wurde, ist auf den Tag abzustellen, an dem der geänderte Antrag bei der Schiedsstelle eingegangen ist. $_{5}$Ein jeweils vor diesem Zeitpunkt zurückwirkendes Vereinbaren oder Festsetzen von Vergütungen ist in den Fällen der Sätze 1 bis 4 nicht zulässig.

§ 77a Verbindlichkeit der vereinbarten Vergütung

(1) $_{1}$Mit der Zahlung der vereinbarten Vergütung gelten alle während des Vereinbarungszeitraums entstandenen Ansprüche des Leistungserbringers auf Vergütung der Leistung als abgegolten. $_{2}$Die im Einzelfall zu zahlende Vergütung bestimmt sich auf der Grundlage der jeweiligen Vereinbarung nach dem Betrag, der dem Leistungsberechtigten vom zuständigen Träger der Sozialhilfe bewilligt worden ist. $_{3}$Sind Leistungspauschalen nach Gruppen von Leistungsberechtigten kalkuliert (§ 76 Absatz 3 Satz 2), richtet sich die zu zahlende Vergütung nach der Gruppe, die dem Leistungsberechtigten vom zuständigen Träger der Sozialhilfe bewilligt wurde.

(2) Einer Erhöhung der Vergütung auf Grund von Investitionsmaßnahmen, die während des laufenden Vereinbarungszeitraums getätigt werden, muss der Träger der Sozialhilfe zustimmen, soweit er der Maßnahme zuvor dem Grunde und der Höhe nach zugestimmt hat.

(3) $_{1}$Bei unvorhergesehenen wesentlichen Änderungen der Annahmen, die der Vergütungsvereinbarung oder der Entscheidung der Schiedsstelle über die Vergütung zugrunde lagen, sind die Vergütungen auf Verlangen einer Vertragspartei für den laufenden Vereinbarungszeitraum neu zu verhandeln. $_{2}$Für eine Neuverhandlung gelten die Vorschriften zum Verfahren und Inkrafttreten (§ 77) entsprechend.

(4) Nach Ablauf des Vereinbarungszeitraums gelten die vereinbarten oder durch die Schiedsstelle festgesetzten Vergütungen bis zum Inkrafttreten einer neuen Vergütungsvereinbarung weiter.

§ 78 Wirtschaftlichkeits- und Qualitätsprüfung

(1) $_{1}$Soweit tatsächliche Anhaltspunkte dafür bestehen, dass ein Leistungserbringer seine vertraglichen oder gesetzlichen Pflichten nicht erfüllt, prüft der Träger der Sozialhilfe oder ein von diesem beauftragter Dritter die Wirtschaftlichkeit und Qualität einschließlich der Wirksamkeit der vereinbarten Leistungen des Leistungserbringers. $_{2}$Die Leistungserbringer sind verpflichtet, dem Träger der Sozialhilfe auf Verlangen die für die Prüfung erforderlichen Unterlagen vorzulegen und Auskünfte zu erteilen. $_{3}$Zur Vermeidung von Doppelprüfungen arbeiten die Träger der Sozialhilfe mit den Leistungsträgern nach Teil 2 des Neunten Buches, mit den für die Heimaufsicht zuständigen Behörden sowie mit dem Medizinischen Dienst gemäß § 278 des Fünften Buches zusammen. $_{4}$Der Träger der Sozialhilfe ist berechtigt und auf Anforderung verpflichtet, den für die Heimaufsicht zuständigen Behörden die Daten über den Leistungserbringer sowie die Ergebnisse der Prüfungen mitzuteilen, soweit sie für die Zwecke der Prüfung durch den Empfänger erforderlich sind. $_{5}$Personenbezogene Daten sind vor der Datenübermittlung zu anonymisieren. $_{6}$Abweichend von Satz 5 dürfen personenbezogene Daten in nicht anonymisierter Form an die für die Heimaufsicht zuständigen Behörden übermittelt werden, soweit sie zu deren Aufgabenerfüllung erforderlich sind. $_{7}$Durch Landesrecht kann von der Einschränkung in Satz 1 erster Halbsatz abgewichen werden.

(2) Die Prüfung erfolgt ohne vorherige Ankündigung und erstreckt sich auf Inhalt, Umfang, Wirtschaftlichkeit und Qualität einschließlich der Wirksamkeit der erbrachten Leistungen.

(3) $_{1}$Der Träger der Sozialhilfe hat den Leistungserbringer über das Ergebnis der Prüfung schriftlich zu unterrichten. $_{2}$Das Ergebnis der Prüfung ist dem Leistungsberechtigten in einer wahrnehmbaren Form zugänglich zu machen.

§ 79 Kürzung der Vergütung

(1) $_{1}$Hält ein Leistungserbringer seine gesetzlichen oder vertraglichen (vereinbarten) Verpflichtungen ganz oder teilweise nicht ein, ist die vereinbarte Vergütung für die Dauer der Pflichtverletzung entsprechend zu kürzen. $_{2}$Über die Höhe des Kürzungsbetrags ist zwischen den Vertragsparteien Einvernehmen herzustellen. $_{3}$Kommt eine Einigung nicht zustande, entscheidet auf Antrag einer Vertragspartei die Schiedsstelle. $_{4}$Für das Verfahren bei Entscheidungen durch die Schiedsstelle gilt § 77 Absatz 2 und 3 entsprechend.

(2) Der Kürzungsbetrag ist an den Träger der Sozialhilfe bis zu der Höhe zurückzuzahlen, in der die Leistung vom Träger der Sozialhilfe erbracht worden ist, und im Übrigen an den Leistungsberechtigten zurückzuzahlen.

(3) $_{1}$Der Kürzungsbetrag kann nicht über die Vergütungen refinanziert werden. $_{2}$Darüber hinaus be-

steht hinsichtlich des Kürzungsbetrags kein Anspruch auf Nachverhandlung gemäß § 77a Absatz 2.

§ 79a Außerordentliche Kündigung der Vereinbarungen

1Der Träger der Sozialhilfe kann die Vereinbarungen mit einem Leistungserbringer fristlos kündigen, wenn ihm ein Festhalten an den Vereinbarungen auf Grund einer groben Verletzung einer gesetzlichen oder vertraglichen Verpflichtung durch die Vertragspartei nicht mehr zumutbar ist. 2Eine grobe Pflichtverletzung liegt insbesondere dann vor, wenn in der Prüfung nach § 78 oder auf andere Weise festgestellt wird, dass

1. Leistungsberechtigte infolge der Pflichtverletzung zu Schaden kommen,
2. gravierende Mängel bei der Leistungserbringung vorhanden sind,
3. dem Leistungserbringer nach heimrechtlichen Vorschriften die Betriebserlaubnis entzogen ist,
4. dem Leistungserbringer der Betrieb untersagt wird oder
5. der Leistungserbringer nicht erbrachte Leistungen gegenüber dem Leistungsträger abrechnet.

3Die Kündigung bedarf der Schriftform. 4§ 59 des Zehnten Buches bleibt unberührt.

§ 80 Rahmenverträge

(1) 1Die überörtlichen Träger der Sozialhilfe und die örtlichen Träger der Sozialhilfe im Zuständigkeitsbereich des überörtlichen Trägers schließen mit den Vereinigungen der Leistungserbringer gemeinsam und einheitlich Rahmenverträge zu den Vereinbarungen nach § 76 ab. 2Die Rahmenverträge bestimmen

1. die nähere Abgrenzung der den Vergütungspauschalen und -beträgen nach § 76 zugrunde zu legenden Kostenarten und -bestandteile sowie die Zusammensetzung der Investitionsbeträge nach § 76,
2. den Inhalt und die Kriterien für die Ermittlung und Zusammensetzung der Maßnahmepauschalen, die Merkmale für die Bildung von Gruppen mit vergleichbarem Bedarf nach § 76 Absatz 3 Satz 3 sowie die Zahl der zu bildenden Gruppen,
3. die Festlegung von Personalrichtwerten oder anderen Methoden zur Festlegung der personellen Ausstattung,
4. die Grundsätze und Maßstäbe für die Wirtschaftlichkeit und Qualitätssicherung einschließlich der Wirksamkeit der Leistungen sowie Inhalt und Verfahren zur Durchführung von Wirtschaftlichkeits- und Qualitätsprüfungen und
5. das Verfahren zum Abschluss von Vereinbarungen.

3Für Leistungserbringer, die einer Kirche oder Religionsgemeinschaft des öffentlichen Rechts oder einem sonstigen freigemeinnützigen Träger zuzuordnen sind, können die Rahmenverträge auch von der Kirche oder Religionsgemeinschaft oder von dem Wohlfahrtsverband abgeschlossen werden, dem der Leistungserbringer angehört. 4In den Rahmenverträgen sollen die Merkmale und Besonderheit der jeweiligen Leistungen berücksichtigt werden.

(2) Die durch Landesrecht bestimmten maßgeblichen Interessenvertretungen der Menschen mit Behinderungen wirken bei der Erarbeitung und Beschlussfassung der Rahmenverträge mit.

(3) Die Bundesarbeitsgemeinschaft der überörtlichen Träger der Sozialhilfe, die Bundesvereinigung der kommunalen Spitzenverbände und die Bundesvereinigungen der Leistungserbringer vereinbaren gemeinsam und einheitlich Empfehlungen zum Inhalt der Rahmenverträge nach Absatz 1.

(4) Kommt es nicht innerhalb von sechs Monaten nach schriftlicher Aufforderung durch die Landesregierung zu einem Rahmenvertrag, kann die Landesregierung durch Rechtsverordnung die Inhalte regeln.

§ 81 Schiedsstelle

(1) Für jedes Land oder für Teile eines Landes wird eine Schiedsstelle gebildet.

(2) Die Schiedsstelle besteht aus Vertretern der Leistungserbringer und Vertretern der örtlichen und überörtlichen Träger der Sozialhilfe in gleicher Zahl sowie einem unparteiischen Vorsitzenden.

(3) 1Die Vertreter der Leistungserbringer und deren Stellvertreter werden von den Vereinigungen der Leistungserbringer bestellt. 2Bei der Bestellung ist die Trägervielfalt zu beachten. 3Die Vertreter der Träger der Sozialhilfe und deren Stellvertreter werden von diesen bestellt. 4Der Vorsitzende und sein Stellvertreter werden von den beteiligten Organisationen gemeinsam bestellt. 5Kommt eine Einigung nicht zustande, werden sie durch Los bestimmt. 6Soweit beteiligte Organisationen keinen Vertreter bestellen oder im Verfahren nach Satz 3 keine Kandidaten für das Amt des Vorsitzenden und des Stellvertreters benennen, bestellt die zuständige Landesbehörde auf Antrag einer der beteiligten Organisationen die Vertreter und benennt die Kandidaten.

(4) 1Die Mitglieder der Schiedsstelle führen ihr Amt als Ehrenamt. 2Sie sind an Weisungen nicht gebunden. 3Jedes Mitglied hat eine Stimme. 4Die Entscheidungen werden mit der Mehrheit der Mitglie-

der getroffen. 5Ergibt sich keine Mehrheit, entscheidet die Stimme des Vorsitzenden.

(5) Die Landesregierungen werden ermächtigt, durch Rechtsverordnung das Nähere über

1. die Zahl der Schiedsstellen,
2. die Zahl der Mitglieder und deren Bestellung,
3. die Amtsdauer und Amtsführung,
4. die Erstattung der baren Auslagen und die Entschädigung für den Zeitaufwand der Mitglieder der Schiedsstelle,
5. die Geschäftsführung,
6. das Verfahren,
7. die Erhebung und die Höhe der Gebühren,
8. die Verteilung der Kosten sowie
9. die Rechtsaufsicht zu bestimmen.

Elftes Kapitel Einsatz des Einkommens und des Vermögens

Erster Abschnitt Einkommen

§ 82 Begriff des Einkommens

(1) 1Zum Einkommen gehören alle Einkünfte in Geld oder Geldeswert. 2Nicht zum Einkommen gehören

1. Leistungen nach diesem Buch,
2. die Grundrente nach dem Bundesversorgungsgesetz und nach den Gesetzen, die eine entsprechende Anwendung des Bundesversorgungsgesetzes vorsehen,
3. Renten oder Beihilfen nach dem Bundesentschädigungsgesetz für Schaden an Leben sowie an Körper oder Gesundheit bis zur Höhe der vergleichbaren Grundrente nach dem Bundesversorgungsgesetz und
4. Aufwandsentschädigungen nach § 1835a des Bürgerlichen Gesetzbuchs kalenderjährlich bis zu dem in § 3 Nummer 26 Satz 1 des Einkommensteuergesetzes genannten Betrag.

3Einkünfte aus Rückerstattungen, die auf Vorauszahlungen beruhen, die Leistungsberechtigte aus dem Regelsatz erbracht haben, sind kein Einkommen. 4Bei Minderjährigen ist das Kindergeld dem jeweiligen Kind als Einkommen zuzurechnen, soweit es bei diesem zur Deckung des notwendigen Lebensunterhaltes, mit Ausnahme der Bedarfe nach § 34, benötigt wird.

(2) 1Von dem Einkommen sind abzusetzen

1. auf das Einkommen entrichtete Steuern,
2. Pflichtbeiträge zur Sozialversicherung einschließlich der Beiträge zur Arbeitsförderung,
3. Beiträge zu öffentlichen oder privaten Versicherungen oder ähnlichen Einrichtungen, soweit diese Beiträge gesetzlich vorgeschrieben oder nach Grund und Höhe angemessen sind, sowie geförderte Altersvorsorgebeiträge nach § 82 des Einkommensteuergesetzes, soweit sie den Mindesteigenbetrag nach § 86 des Einkommensteuergesetzes nicht überschreiten, und
4. die mit der Erzielung des Einkommens verbundenen notwendigen Ausgaben.

2Erhält eine leistungsberechtigte Person aus einer Tätigkeit Bezüge oder Einnahmen, die nach § 3 Nummer 12, 26 oder 26a des Einkommensteuergesetzes steuerfrei sind oder die als Taschengeld nach § 2 Nummer 4 des Bundesfreiwilligendienstgesetzes oder nach § 2 Absatz 1 Nummer 4 des Jugendfreiwilligendienstegesetzes gezahlt werden, ist abweichend von Satz 1 Nummer 2 bis 4 und den Absätzen 3 und 6 ein Betrag von bis zu 250 Euro monatlich nicht als Einkommen zu berücksichtigen. 3Soweit ein Betrag nach Satz 2 in Anspruch genommen wird, gelten die Beträge nach Absatz 3 Satz 1 zweiter Halbsatz und nach Absatz 6 Satz 1 zweiter Halbsatz insoweit als ausgeschöpft.

(3) 1Bei der Hilfe zum Lebensunterhalt und Grundsicherung im Alter und bei Erwerbsminderung ist ferner ein Betrag in Höhe von 30 vom Hundert des Einkommens aus selbständiger und nichtselbständiger Tätigkeit der Leistungsberechtigten abzusetzen, höchstens jedoch 50 vom Hundert der Regelbedarfsstufe 1 nach der Anlage zu § 28. 2Abweichend von Satz 1 ist bei einer Beschäftigung in einer Werkstatt für behinderte Menschen oder bei einem anderen Leistungsanbieter nach § 60 des Neunten Buches von dem Entgelt ein Achtel der Regelbedarfsstufe 1 nach der Anlage zu § 28 zuzüglich 50 vom Hundert des diesen Betrag übersteigenden Entgelts abzusetzen. 3Im Übrigen kann in begründeten Fällen ein anderer als in Satz 1 festgelegter Betrag vom Einkommen abgesetzt werden.

(4) Bei der Hilfe zum Lebensunterhalt und Grundsicherung im Alter und bei Erwerbsminderung ist ferner ein Betrag von 100 Euro monatlich aus einer zusätzlichen Altersvorsorge der Leistungsberechtigten zuzüglich 30 vom Hundert des diesen Betrag übersteigenden Einkommens aus einer zusätzlichen Altersvorsorge der Leistungsberechtigten abzusetzen, höchstens jedoch 50 vom Hundert der Regelbedarfsstufe 1 nach der Anlage zu § 28.

(5) 1Einkommen aus einer zusätzlichen Altersvorsorge im Sinne des Absatzes 4 ist jedes monatlich bis zum Lebensende ausgezahlte Einkommen, auf das der Leistungsberechtigte vor Erreichen der Re-

9

gelaltersgrenze auf freiwilliger Grundlage Ansprüche erworben hat und das dazu bestimmt und geeignet ist, die Einkommenssituation des Leistungsberechtigten gegenüber möglichen Ansprüchen aus Zeiten einer Versicherungspflicht in der gesetzlichen Rentenversicherung nach den §§ 1 bis 4 des Sechsten Buches, nach § 1 des Gesetzes über die Alterssicherung der Landwirte, aus beamtenrechtlichen Versorgungsansprüchen und aus Ansprüchen aus Zeiten einer Versicherungspflicht in einer Versicherungs- und Versorgungseinrichtung, die für Angehörige bestimmter Berufe errichtet ist, zu verbessern. 2Als Einkommen aus einer zusätzlichen Altersvorsorge gelten auch laufende Zahlungen aus

1. einer betrieblichen Altersversorgung im Sinne des Betriebsrentengesetzes,
2. einem nach § 5 des Altersvorsorgeverträge-Zertifizierungsgesetzes zertifizierten Altersvorsorgevertrag und
3. einem nach § 5a des Altersvorsorgeverträge-Zertifizierungsgesetzes zertifizierten Basisrentenvertrag.

3Werden bis zu zwölf Monatsleistungen aus einer zusätzlichen Altersvorsorge, insbesondere gemäß einer Vereinbarung nach § 10 Absatz 1 Nummer 2 Satz 3 erster Halbsatz des Einkommensteuergesetzes, zusammengefasst, so ist das Einkommen gleichmäßig auf den Zeitraum aufzuteilen, für den die Auszahlung erfolgte.

(6) Für Personen, die Leistungen der Hilfe zur Pflege, der Blindenhilfe oder Leistungen der Eingliederungshilfe nach dem Neunten Buch erhalten, ist ein Betrag in Höhe von 40 Prozent des Einkommens aus selbständiger und nichtselbständiger Tätigkeit der Leistungsberechtigten abzusetzen, höchstens jedoch 65 Prozent der Regelbedarfsstufe 1 nach der Anlage zu § 28.

(7) 1Einmalige Einnahmen, bei denen für den Monat des Zuflusses bereits Leistungen ohne Berücksichtigung der Einnahme erbracht worden sind, werden im Folgemonat berücksichtigt. 2Entfiele der Leistungsanspruch durch die Berücksichtigung in einem Monat, ist die einmalige Einnahme auf einen Zeitraum von sechs Monaten gleichmäßig zu verteilen und mit einem entsprechenden Teilbetrag zu berücksichtigen. 3In begründeten Einzelfällen ist der Anrechnungszeitraum nach Satz 2 angemessen zu verkürzen. 4Die Sätze 1 und 2 sind auch anzuwenden, soweit während des Leistungsbezugs eine Auszahlung zur Abfindung einer Kleinbetragsrente im Sinne des § 93 Absatz 3 Satz 2 des Einkommensteuergesetzes oder nach § 3 Absatz 2 des Betriebsrentengesetzes erfolgt und durch den ausgezahlten Betrag das Vermögen überschritten wird, welches nach § 90 Absatz 2 Nummer 9 und Absatz 3 nicht einzusetzen ist.

§ 82a Freibetrag für Personen mit Grundrentenzeiten oder entsprechenden Zeiten aus anderweitigen Alterssicherungssystemen

(1) Bei der Hilfe zum Lebensunterhalt und Grundsicherung im Alter und bei Erwerbsminderung ist für Personen, die mindestens 33 Jahre an Grundrentenzeiten nach § 76g Absatz 2 des Sechsten Buches erreicht haben, ein Betrag in Höhe von 100 Euro monatlich aus der gesetzlichen Rente zuzüglich 30 Prozent des diesen Betrag übersteigenden Einkommens aus der gesetzlichen Rente vom Einkommen nach § 82 Absatz 1 abzusetzen, höchstens jedoch ein Betrag in Höhe von 50 Prozent der Regelbedarfsstufe 1 nach der Anlage zu § 28.

(2) Absatz 1 gilt entsprechend für Personen, die mindestens 33 Jahre an Grundrentenzeiten vergleichbaren Zeiten in

1. einer Versicherungspflicht nach § 1 des Gesetzes über die Alterssicherung der Landwirte haben,
2. einer sonstigen Beschäftigung, in der Versicherungsfreiheit nach § 5 Absatz 1 Satz 1 Nummer 2 und 3 und Satz 2 des Sechsten Buches oder Befreiung von der Versicherungspflicht nach § 6 Absatz 1 Satz 1 Nummer 2 des Sechsten Buches bestand, haben oder
3. einer Versicherungspflicht in einer Versicherungs- oder Versorgungseinrichtung, die für Angehörige bestimmter Berufe errichtet ist, haben.

Absatz 1 gilt auch, wenn die 33 Jahre durch die Zusammenrechnung der Zeiten nach Satz 1 Nummer 1 bis 3 und der Grundrentenzeiten nach § 76g Absatz 2 des Sechsten Buches erfüllt werden. Je Kalendermonat wird eine Grundrentenzeit oder eine nach Satz 1 vergleichbare Zeit angerechnet.

§ 83 Nach Zweck und Inhalt bestimmte Leistungen

(1) Leistungen, die auf Grund öffentlich-rechtlicher Vorschriften zu einem ausdrücklich genannten Zweck erbracht werden, sind nur so weit als Einkommen zu berücksichtigen, als die Sozialhilfe im Einzelfall demselben Zweck dient.

(2) Eine Entschädigung, die wegen eines Schadens, der nicht Vermögensschaden ist, nach § 253 Abs. 2 des Bürgerlichen Gesetzbuches geleistet wird, ist nicht als Einkommen zu berücksichtigen.

§ 84 Zuwendungen

(1) 1Zuwendungen der freien Wohlfahrtspflege bleiben als Einkommen außer Betracht. 2Dies gilt nicht, soweit die Zuwendung die Lage der Leis-

tungsberechtigten so günstig beeinflusst, dass daneben Sozialhilfe ungerechtfertigt wäre.

(2) Zuwendungen, die ein anderer erbringt, ohne hierzu eine rechtliche oder sittliche Pflicht zu haben, sollen als Einkommen außer Betracht bleiben, soweit ihre Berücksichtigung für die Leistungsberechtigten eine besondere Härte bedeuten würde.

Zweiter Abschnitt Einkommensgrenzen für die Leistungen nach dem Fünften bis Neunten Kapitel

§ 85 Einkommensgrenze

(1) Bei der Hilfe nach dem Fünften bis Neunten Kapitel ist der nachfragenden Person und ihrem nicht getrennt lebenden Ehegatten oder Lebenspartner die Aufbringung der Mittel nicht zuzumuten, wenn während der Dauer des Bedarfs ihr monatliches Einkommen zusammen eine Einkommensgrenze nicht übersteigt, die sich ergibt aus

1. einem Grundbetrag in Höhe des Zweifachen der Regelbedarfsstufe 1 nach der Anlage zu § 28,
2. den Aufwendungen für die Unterkunft, soweit diese den der Besonderheit des Einzelfalles angemessenen Umfang nicht übersteigen und
3. einem Familienzuschlag in Höhe des auf volle Euro aufgerundeten Betrages von 70 vom Hundert der Regelbedarfsstufe 1 nach der Anlage zu § 28 für den nicht getrennt lebenden Ehegatten oder Lebenspartner und für jede Person, die von der nachfragenden Person, ihrem nicht getrennt lebenden Ehegatten oder Lebenspartner überwiegend unterhalten worden ist oder für die sie nach der Entscheidung über die Erbringung der Sozialhilfe unterhaltspflichtig werden.

(2) ₁Ist die nachfragende Person minderjährig und unverheiratet, so ist ihr und ihren Eltern die Aufbringung der Mittel nicht zuzumuten, wenn während der Dauer des Bedarfs das monatliche Einkommen der nachfragenden Person und ihrer Eltern zusammen eine Einkommensgrenze nicht übersteigt, die sich ergibt aus

1. einem Grundbetrag in Höhe des Zweifachen der Regelbedarfsstufe 1 nach der Anlage zu § 28,
2. den Aufwendungen für die Unterkunft, soweit diese den der Besonderheit des Einzelfalles angemessenen Umfang nicht übersteigen und
3. einem Familienzuschlag in Höhe des auf volle Euro aufgerundeten Betrages von 70 vom Hundert der Regelbedarfsstufe 1 nach der Anlage zu § 28 für einen Elternteil, wenn die Eltern zusammenleben, sowie für die nachfragende Person und für jede Person, die von den Eltern oder der nachfragenden Person überwiegend unterhalten worden ist oder für die sie nach der Entscheidung über die Erbringung der Sozialhilfe unterhaltspflichtig werden.

₂Leben die Eltern nicht zusammen, richtet sich die Einkommensgrenze nach dem Elternteil, bei dem die nachfragende Person lebt. ₃Lebt sie bei keinem Elternteil, bestimmt sich die Einkommensgrenze nach Absatz 1.

(3) ₁Die Regelbedarfsstufe 1 nach der Anlage zu § 28 bestimmt sich nach dem Ort, an dem der Leistungsberechtigte die Leistung erhält. ₂Bei der Leistung in einer Einrichtung sowie bei Unterbringung in einer anderen Familie oder bei den in § 107 genannten anderen Personen bestimmt er sich nach dem gewöhnlichen Aufenthalt des Leistungsberechtigten oder, wenn im Falle des Absatzes 2 auch das Einkommen seiner Eltern oder eines Elternteils maßgebend ist, nach deren gewöhnlichen Aufenthalt. ₃Ist ein gewöhnlicher Aufenthalt im Inland nicht vorhanden oder nicht zu ermitteln, ist Satz 1 anzuwenden.

§ 86 Abweichender Grundbetrag

Die Länder und, soweit landesrechtliche Vorschriften nicht entgegenstehen, auch die Träger der Sozialhilfe können für bestimmte Arten der Hilfe nach dem Fünften bis Neunten Kapitel der Einkommensgrenze einen höheren Grundbetrag zu Grunde legen.

§ 87 Einsatz des Einkommens über der Einkommensgrenze

(1) ₁Soweit das zu berücksichtigende Einkommen die Einkommensgrenze übersteigt, ist die Aufbringung der Mittel in angemessenem Umfang zuzumuten. ₂Bei der Prüfung, welcher Umfang angemessen ist, sind insbesondere die Art des Bedarfs, die Art oder Schwere der Behinderung oder der Pflegebedürftigkeit, die Dauer und Höhe der erforderlichen Aufwendungen sowie besondere Belastungen der nachfragenden Person und ihrer unterhaltsberechtigten Angehörigen zu berücksichtigen. ₃Bei Pflegebedürftigen der Pflegegrade 4 und 5 und blinden Menschen nach § 72 ist ein Einsatz des Einkommens über der Einkommensgrenze in Höhe von mindestens 60 vom Hundert nicht zuzumuten.

(2) Verliert die nachfragende Person durch den Eintritt eines Bedarfsfalles ihr Einkommen ganz oder teilweise und ist ihr Bedarf nur von kurzer Dauer, so kann die Aufbringung der Mittel auch aus dem Einkommen verlangt werden, das sie innerhalb eines angemessenen Zeitraumes nach dem Wegfall des Bedarfs erwirbt und das die Einkommensgrenze übersteigt, jedoch nur insoweit, als ihr ohne den Verlust des Einkommens die Aufbringung der Mittel zuzumuten gewesen wäre.

(3) Bei einmaligen Leistungen zur Beschaffung von Bedarfsgegenständen, deren Gebrauch für mindestens ein Jahr bestimmt ist, kann die Aufbringung der Mittel nach Maßgabe des Absatzes 1 auch aus dem Einkommen verlangt werden, das die in § 19 Abs. 3 genannten Personen innerhalb eines Zeitraumes von bis zu drei Monaten nach Ablauf des Monats, in dem über die Leistung entschieden worden ist, erwerben.

§ 88 Einsatz des Einkommens unter der Einkommensgrenze

(1) 1Die Aufbringung der Mittel kann, auch soweit das Einkommen unter der Einkommensgrenze liegt, verlangt werden,

1. soweit von einem anderen Leistungen für einen besonderen Zweck erbracht werden, für den sonst Sozialhilfe zu leisten wäre,
2. wenn zur Deckung des Bedarfs nur geringfügige Mittel erforderlich sind.

2Darüber hinaus soll in angemessenem Umfang die Aufbringung der Mittel verlangt werden, wenn eine Person für voraussichtlich längere Zeit Leistungen in einer stationären Einrichtung bedarf.

(2) 1Bei einer stationären Leistung in einer stationären Einrichtung wird von dem Einkommen, das der Leistungsberechtigte aus einer entgeltlichen Beschäftigung erzielt, die Aufbringung der Mittel in Höhe von einem Achtel der Regelbedarfsstufe 1 nach der Anlage zu § 28 zuzüglich 50 vom Hundert des diesen Betrag übersteigenden Einkommens aus der Beschäftigung nicht verlangt. 2§ 82 Absatz 3 und 6 ist nicht anzuwenden.

9

§ 89 Einsatz des Einkommens bei mehrfachem Bedarf

(1) Wird im Einzelfall der Einsatz eines Teils des Einkommens zur Deckung eines bestimmten Bedarfs zugemutet oder verlangt, darf dieser Teil des Einkommens bei der Prüfung, inwieweit der Einsatz des Einkommens für einen anderen gleichzeitig bestehenden Bedarf zuzumuten ist oder verlangt werden kann, nicht berücksichtigt werden.

(2) 1Sind im Fall des Absatzes 1 für die Bedarfsfälle verschiedene Träger der Sozialhilfe zuständig, hat die Entscheidung über die Leistung für den zuerst eingetretenen Bedarf den Vorrang. 2Treten die Bedarfsfälle gleichzeitig ein, ist das über der Einkommensgrenze liegende Einkommen zu gleichen Teilen bei den Bedarfsfällen zu berücksichtigen. 3Bestehen neben den Bedarfen für Leistungen nach diesem Buch gleichzeitig Bedarfe für Leistungen nach Teil 2 des Neunten Buches, so ist das über der Einkommensgrenze liegende Einkommen nur zur Hälfte zu berücksichtigen.

Dritter Abschnitt
Vermögen

§ 90 Einzusetzendes Vermögen

(1) Einzusetzen ist das gesamte verwertbare Vermögen.

(2) Die Sozialhilfe darf nicht abhängig gemacht werden vom Einsatz oder von der Verwertung

1. eines Vermögens, das aus öffentlichen Mitteln zum Aufbau oder zur Sicherung einer Lebensgrundlage oder zur Gründung eines Hausstandes erbracht wird,
2. eines nach § 10a oder Abschnitt XI des Einkommensteuergesetzes geförderten Altersvorsorgevermögens im Sinne des § 92 des Einkommensteuergesetzes; dies gilt auch für das in der Auszahlungsphase insgesamt zur Verfügung stehende Kapital, soweit die Auszahlung als monatliche oder als sonstige regelmäßige Leistung im Sinne von § 82 Absatz 5 Satz 3 erfolgt; für diese Auszahlungen ist § 82 Absatz 4 und 5 anzuwenden,
3. eines sonstigen Vermögens, solange es nachweislich zur baldigen Beschaffung oder Erhaltung eines Hausgrundstücks im Sinne der Nummer 8 bestimmt ist, soweit dieses Wohnzwecken von Menschen mit einer wesentlichen Behinderung oder einer drohenden wesentlichen Behinderung (§ 99 Absatz 1 und 2 des Neunten Buches) oder von blinden Menschen (§ 72) oder pflegebedürftigen Menschen (§ 61) dient oder dienen soll und dieser Zweck durch den Einsatz oder die Verwertung des Vermögens gefährdet würde,
4. eines angemessenen Hausrats; dabei sind die bisherigen Lebensverhältnisse der nachfragenden Person zu berücksichtigen,
5. von Gegenständen, die zur Aufnahme oder Fortsetzung der Berufsausbildung oder der Erwerbstätigkeit unentbehrlich sind,
6. von Familien- und Erbstücken, deren Veräußerung für die nachfragende Person oder ihre Familie eine besondere Härte bedeuten würde,
7. von Gegenständen, die zur Befriedigung geistiger, insbesondere wissenschaftlicher oder künstlerischer Bedürfnisse dienen und deren Besitz nicht Luxus ist,
8. eines angemessenen Hausgrundstücks, das von der nachfragenden Person oder einer anderen in den § 19 Abs. 1 bis 3 genannten Person allein oder zusammen mit Angehörigen ganz oder teilweise bewohnt wird und nach ihrem Tod von ihren Angehörigen bewohnt werden soll. Die Angemessenheit bestimmt sich nach der Zahl der Bewohner, dem Wohnbedarf (zum Beispiel

behinderter, blinder oder pflegebedürftiger Menschen), der Grundstücksgröße, der Hausgröße, dem Zuschnitt und der Ausstattung des Wohngebäudes sowie dem Wert des Grundstücks einschließlich des Wohngebäudes,

9. kleinerer Barbeträge oder sonstiger Geldwerte; dabei ist eine besondere Notlage der nachfragenden Person zu berücksichtigen.

(3) 1Die Sozialhilfe darf ferner nicht vom Einsatz oder von der Verwertung eines Vermögens abhängig gemacht werden, soweit dies für den, der das Vermögen einzusetzen hat, und für seine unterhaltsberechtigten Angehörigen eine Härte bedeuten würde. 2Dies ist bei der Leistung nach dem Fünften bis Neunten Kapitel insbesondere der Fall, soweit eine angemessene Lebensführung oder die Aufrechterhaltung einer angemessenen Alterssicherung wesentlich erschwert würde.

§ 91 Darlehen

1Soweit nach § 90 für den Bedarf der nachfragenden Person Vermögen einzusetzen ist, jedoch der sofortige Verbrauch oder die sofortige Verwertung des Vermögens nicht möglich ist oder für die, die es einzusetzen hat, eine Härte bedeuten würde, soll die Sozialhilfe als Darlehen geleistet werden. 2Die Leistungserbringung kann davon abhängig gemacht werden, dass der Anspruch auf Rückzahlung dinglich oder in anderer Weise gesichert wird.

Vierter Abschnitt
Einschränkung der Anrechnung

§ 92 Beschränkung des Einkommenseinsatzes auf die häusliche Ersparnis

(1) 1Erhält eine Person, die nicht in einer Wohnung nach § 42a Absatz 2 Satz 2 lebt, Leistungen nach dem Dritten, Vierten, Fünften, Siebten, Achten oder Neunten Kapitel oder Leistungen für ärztliche oder ärztlich verordnete Maßnahmen, so kann die Aufbringung der Mittel für die Leistungen nach dem Dritten und Vierten Kapitel von ihr und den übrigen in § 19 Absatz 3 genannten Personen verlangt werden, soweit Aufwendungen für den häuslichen Lebensunterhalt erspart werden. 2Für Leistungsberechtigte nach § 27c Absatz 1 und die übrigen in § 19 Absatz 3 genannten Personen sind Leistungen nach § 27c ohne die Berücksichtigung von vorhandenem Vermögen zu erbringen; Absatz 2 findet keine Anwendung. 3Die Aufbringung der Mittel nach Satz 1 ist aus dem Einkommen nicht zumutbar, wenn Personen, bei denen nach § 138 Absatz 1 Nummer 3 und 6 des Neunten Buches ein Beitrag zu Leistungen der Eingliederungshilfe nicht verlangt wird, einer selbständigen und nicht selbständigen Tätigkeit nachgehen und das Einkommen aus dieser Tätigkeit einen Betrag in Höhe des Zweifachen der Regelbedarfsstufe 1 nach der Anlage zu § 28 nicht übersteigt; Satz 2 gilt entsprechend.

(2) 1Darüber hinaus soll in angemessenem Umfang die Aufbringung der Mittel aus dem gemeinsamen Einkommen der leistungsberechtigten Person und ihres nicht getrennt lebenden Ehegatten oder Lebenspartners verlangt werden, wenn die leistungsberechtigte Person auf voraussichtlich längere Zeit Leistungen in einer stationären Einrichtung bedarf. 2Bei der Prüfung, welcher Umfang angemessen ist, ist auch der bisherigen Lebenssituation des im Haushalt verbliebenen, nicht getrennt lebenden Ehegatten oder Lebenspartners sowie der im Haushalt lebenden minderjährigen unverheirateten Kinder Rechnung zu tragen.

(3) 1Hat ein anderer als ein nach bürgerlichem Recht Unterhaltspflichtiger nach sonstigen Vorschriften Leistungen für denselben Zweck zu erbringen, wird seine Verpflichtung durch Absatz 2 nicht berührt. 2Soweit er solche Leistungen erbringt, kann abweichend von Absatz 2 von den in § 19 Absatz 3 genannten Personen die Aufbringung der Mittel verlangt werden.

Fünfter Abschnitt
Verpflichtungen anderer

§ 93 Übergang von Ansprüchen

(1) 1Hat eine leistungsberechtigte Person oder haben bei Gewährung von Hilfen nach dem Fünften bis Neunten Kapitel auch ihre Eltern, ihr nicht getrennt lebender Ehegatte oder ihr Lebenspartner für die Zeit, für die Leistungen erbracht werden, einen Anspruch gegen einen anderen, der kein Leistungsträger im Sinne des § 12 des Ersten Buches ist, kann der Träger der Sozialhilfe durch schriftliche Anzeige an den anderen bewirken, dass dieser Anspruch bis zur Höhe seiner Aufwendungen auf ihn übergeht. 2Er kann den Übergang dieses Anspruchs auch wegen seiner Aufwendungen für diejenigen Leistungen des Dritten und Vierten Kapitels bewirken, die er gleichzeitig mit den Leistungen für die in Satz 1 genannte leistungsberechtigte Person, deren nicht getrennt lebenden Ehegatten oder Lebenspartner und deren minderjährigen unverheirateten Kindern erbringt. 3Der Übergang des Anspruchs darf nur insoweit bewirkt werden, als bei rechtzeitiger Leistung des anderen entweder die Leistung nicht erbracht worden wäre oder in den Fällen des § 19 Abs. 5 Aufwendungsersatz oder ein Kostenbeitrag zu leisten wäre. 4Der Übergang ist nicht dadurch ausgeschlossen, dass der Anspruch nicht übertragen, verpfändet oder gepfändet werden kann.

(2) $_{1}$Die schriftliche Anzeige bewirkt den Übergang des Anspruchs für die Zeit, für die der leistungsberechtigten Person die Leistung ohne Unterbrechung erbracht wird. $_{2}$Als Unterbrechung gilt ein Zeitraum von mehr als zwei Monaten.

(3) Widerspruch und Anfechtungsklage gegen den Verwaltungsakt, der den Übergang des Anspruchs bewirkt, haben keine aufschiebende Wirkung.

(4) Die §§ 115 und 116 des Zehnten Buches gehen der Regelung des Absatzes 1 vor.

§ 94 Übergang von Ansprüchen gegen einen nach bürgerlichem Recht Unterhaltspflichtigen

(1) $_{1}$Hat die leistungsberechtigte Person für die Zeit, für die Leistungen erbracht werden, nach bürgerlichem Recht einen Unterhaltsanspruch, geht dieser bis zur Höhe der geleisteten Aufwendungen zusammen mit dem unterhaltsrechtlichen Auskunftsanspruch auf den Träger der Sozialhilfe über. $_{2}$Der Übergang des Anspruchs ist ausgeschlossen, soweit der Unterhaltsanspruch durch laufende Zahlung erfüllt wird. $_{3}$Der Übergang des Anspruchs ist auch ausgeschlossen, wenn die unterhaltspflichtige Person zum Personenkreis des § 19 gehört oder die unterhaltspflichtige Person mit der leistungsberechtigten Person vom zweiten Grad an verwandt ist. $_{4}$Gleiches gilt für Unterhaltsansprüche gegen Verwandte ersten Grades einer Person, die schwanger ist oder ihr leibliches Kind bis zur Vollendung seines sechsten Lebensjahres betreut. $_{5}$§ 93 Abs. 4 gilt entsprechend.

(1a) $_{1}$Unterhaltsansprüche der Leistungsberechtigten gegenüber ihren Kindern und Eltern sind nicht zu berücksichtigen, es sei denn, deren jährliches Gesamteinkommen im Sinne des § 16 des Vierten Buches beträgt jeweils mehr als 100 000 Euro (Jahreseinkommensgrenze). $_{2}$Der Übergang von Ansprüchen der Leistungsberechtigten ist ausgeschlossen, sofern Unterhaltsansprüche nach Satz 1 nicht zu berücksichtigen sind. $_{3}$Es wird vermutet, dass das Einkommen der unterhaltsverpflichteten Personen nach Satz 1 die Jahreseinkommensgrenze nicht überschreitet. $_{4}$Zur Widerlegung der Vermutung nach Satz 3 kann der jeweils für die Ausführung des Gesetzes zuständige Träger von den Leistungsberechtigten Angaben verlangen, die Rückschlüsse auf die Einkommensverhältnisse der Unterhaltspflichtigen nach Satz 1 zulassen. $_{5}$Liegen im Einzelfall hinreichende Anhaltspunkte für ein Überschreiten der Jahreseinkommensgrenze vor, so ist § 117 anzuwenden. $_{6}$Die Sätze 1 bis 5 gelten nicht bei Leistungen nach dem Dritten Kapitel an minderjährige Kinder.

(2) $_{1}$Der Anspruch einer volljährigen unterhaltsberechtigten Person, die in der Eingliederungshilfe leistungsberechtigt im Sinne des § 99 Absatz 1 bis 3 des Neunten Buches oder pflegebedürftig im Sinne von § 61a ist, gegenüber ihren Eltern wegen Leistungen nach dem Siebten Kapitel geht nur in Höhe von bis zu 26 Euro, wegen Leistungen nach dem Dritten und Vierten Kapitel nur in Höhe von bis zu 20 Euro monatlich über. $_{2}$Es wird vermutet, dass der Anspruch in Höhe der genannten Beträge übergeht und mehrere Unterhaltspflichtige zu gleichen Teilen haften; die Vermutung kann widerlegt werden. $_{3}$Die in Satz 1 genannten Beträge verändern sich zum gleichen Zeitpunkt und um denselben Vomhundertsatz, um den sich das Kindergeld verändert.

(3) $_{1}$Ansprüche nach Absatz 1 und 2 gehen nicht über, soweit

1. die unterhaltspflichtige Person Leistungsberechtigte nach dem Dritten und Vierten Kapitel ist oder bei Erfüllung des Anspruchs würde oder
2. der Übergang des Anspruchs eine unbillige Härte bedeuten würde.

$_{2}$Der Träger der Sozialhilfe hat die Einschränkung des Übergangs nach Satz 1 zu berücksichtigen, wenn er von ihren Voraussetzungen durch vorgelegte Nachweise oder auf andere Weise Kenntnis hat.

(4) $_{1}$Für die Vergangenheit kann der Träger der Sozialhilfe den übergegangenen Unterhalt außer unter den Voraussetzungen des bürgerlichen Rechts nur von der Zeit an fordern, zu welcher er dem Unterhaltspflichtigen die Erbringung der Leistung schriftlich mitgeteilt hat. $_{2}$Wenn die Leistung voraussichtlich auf längere Zeit erbracht werden muss, kann der Träger der Sozialhilfe bis zur Höhe der bisherigen monatlichen Aufwendungen auch auf künftige Leistungen klagen.

(5) $_{1}$Der Träger der Sozialhilfe kann den auf ihn übergegangenen Unterhaltsanspruch im Einvernehmen mit der leistungsberechtigten Person auf diesen zur gerichtlichen Geltendmachung rückübertragen und sich den geltend gemachten Unterhaltsanspruch abtreten lassen. $_{2}$Kosten, mit denen die leistungsberechtigte Person dadurch selbst belastet wird, sind zu übernehmen. $_{3}$Über die Ansprüche nach den Absätzen 1, 2 bis 4 ist im Zivilrechtsweg zu entscheiden.

§ 95 Feststellung der Sozialleistungen

$_{1}$Der erstattungsberechtigte Träger der Sozialhilfe kann die Feststellung einer Sozialleistung betreiben sowie Rechtsmittel einlegen. $_{2}$Der Ablauf der Fristen, die ohne sein Verschulden verstrichen sind, wirkt nicht gegen ihn. $_{3}$Satz 2 gilt nicht für die Verfahrensfristen, soweit der Träger der Sozialhilfe das Verfahren selbst betreibt.

Sechster Abschnitt
Verordnungsermächtigungen

§ 96 Verordnungsermächtigungen

(1) Die Bundesregierung kann durch Rechtsverordnung mit Zustimmung des Bundesrates Näheres über die Berechnung des Einkommens nach § 82, insbesondere der Einkünfte aus Land- und Forstwirtschaft, aus Gewerbebetrieb und aus selbständiger Arbeit bestimmen.

(2) Das Bundesministerium für Arbeit und Soziales kann durch Rechtsverordnung mit Zustimmung des Bundesrates die Höhe der Barbeträge oder sonstigen Geldwerte im Sinne des § 90 Abs. 2 Nr. 9 bestimmen.

Zwölftes Kapitel
Zuständigkeit der Träger der Sozialhilfe

Erster Abschnitt
Sachliche und örtliche Zuständigkeit

§ 97 Sachliche Zuständigkeit

(1) Für die Sozialhilfe sachlich zuständig ist der örtliche Träger der Sozialhilfe, soweit nicht der überörtliche Träger sachlich zuständig ist.

(2) 1Die sachliche Zuständigkeit des überörtlichen Trägers der Sozialhilfe wird nach Landesrecht bestimmt. 2Dabei soll berücksichtigt werden, dass so weit wie möglich für Leistungen im Sinne von § 8 Nr. 1 bis 6 jeweils eine einheitliche sachliche Zuständigkeit gegeben ist.

(3) Soweit Landesrecht keine Bestimmung nach Absatz 2 Satz 1 enthält, ist der überörtliche Träger der Sozialhilfe für

1. (weggefallen)
2. Leistungen der Hilfe zur Pflege nach den §§ 61 bis 66,
3. Leistungen der Hilfe zur Überwindung besonderer sozialer Schwierigkeiten nach den §§ 67 bis 69,
4. Leistungen der Blindenhilfe nach § 72

sachlich zuständig.

(4) Die sachliche Zuständigkeit für eine stationäre Leistung umfasst auch die sachliche Zuständigkeit für Leistungen, die gleichzeitig nach anderen Kapiteln zu erbringen sind, sowie für eine Leistung nach § 74.

§ 98 Örtliche Zuständigkeit

(1) 1Für die Sozialhilfe örtlich zuständig ist der Träger der Sozialhilfe, in dessen Bereich sich die Leistungsberechtigten tatsächlich aufhalten. 2Diese Zuständigkeit bleibt bis zur Beendigung der Leistung auch dann bestehen, wenn die Leistung außerhalb seines Bereichs erbracht wird.

(1a) 1Abweichend von Absatz 1 ist im Falle der Auszahlung der Leistungen nach § 34 Absatz 2 Satz 1 Nummer 1 und bei Anwendung von § 34a Absatz 7 der nach § 34c zuständige Träger der Sozialhilfe zuständig, in dessen örtlichem Zuständigkeitsbereich die Schule liegt. 2Die Zuständigkeit nach Satz 1 umfasst auch Leistungen an Schülerinnen und Schüler, für die im Übrigen ein anderer Träger der Sozialhilfe nach Absatz 1 örtlich zuständig ist oder wäre.

(2) 1Für die stationäre Leistung ist der Träger der Sozialhilfe örtlich zuständig, in dessen Bereich die Leistungsberechtigten ihren gewöhnlichen Aufenthalt im Zeitpunkt der Aufnahme in die Einrichtung haben oder in den zwei Monaten vor der Aufnahme zuletzt gehabt hatten. 2Waren bei Einsetzen der Sozialhilfe die Leistungsberechtigten aus einer Einrichtung im Sinne des Satzes 1 in eine andere Einrichtung oder von dort in weitere Einrichtungen übergetreten oder tritt nach dem Einsetzen der Leistung ein solcher Fall ein, ist der gewöhnliche Aufenthalt, der für die erste Einrichtung maßgebend war, entscheidend. 3Steht innerhalb von vier Wochen nicht fest, ob und wo der gewöhnliche Aufenthalt nach Satz 1 oder 2 begründet worden ist oder ist ein gewöhnlicher Aufenthaltsort nicht vorhanden oder nicht zu ermitteln oder liegt ein Eilfall vor, hat der nach Absatz 1 zuständige Träger der Sozialhilfe über die Leistung unverzüglich zu entscheiden und sie vorläufig zu erbringen. 4Wird ein Kind in einer Einrichtung im Sinne des Satzes 1 geboren, tritt an die Stelle seines gewöhnlichen Aufenthalts der gewöhnliche Aufenthalt der Mutter.

(3) In den Fällen des § 74 ist der Träger der Sozialhilfe örtlich zuständig, der bis zum Tod der leistungsberechtigten Person Sozialhilfe leistete, in den anderen Fällen der Träger der Sozialhilfe, in dessen Bereich der Sterbeort liegt.

(4) Für Hilfen an Personen, die sich in Einrichtungen zum Vollzug richterlich angeordneter Freiheitsentziehung aufhalten oder aufgehalten haben, gelten die Absätze 1 und 2 sowie die §§ 106 und 109 entsprechend.

(5) 1Für die Leistungen nach diesem Buch an Personen, die Leistungen nach dem Siebten und Achten Kapitel in Formen ambulanter betreuter Wohnmöglichkeiten erhalten, ist der Träger der Sozialhilfe örtlich zuständig, der vor Eintritt in diese Wohnform zuletzt zuständig war oder gewesen wäre. 2Vor Inkrafttreten dieses Buches begründete Zuständigkeiten bleiben hiervon unberührt.

(6) Soweit Leistungen der Eingliederungshilfe nach Teil 2 des Neunten Buches zu erbringen sind, richtet

sich die örtliche Zuständigkeit für gleichzeitig zu erbringende Leistungen nach diesem Buch nach § 98 des Neunten Buches, soweit das Landesrecht keine abweichende Regelung trifft.

§ 99 Vorbehalt abweichender Durchführung

(1) Die Länder können bestimmen, dass und inwieweit die Kreise ihnen zugehörige Gemeinden oder Gemeindeverbände zur Durchführung von Aufgaben nach diesem Buch heranziehen und ihnen dabei Weisungen erteilen können; in diesen Fällen erlassen die Kreise den Widerspruchsbescheid nach dem Sozialgerichtsgesetz.

(2) Die Länder können bestimmen, dass und inwieweit die überörtlichen Träger der Sozialhilfe örtliche Träger der Sozialhilfe sowie diesen zugehörige Gemeinden und Gemeindeverbände zur Durchführung von Aufgaben nach diesem Buch heranziehen und ihnen dabei Weisungen erteilen können; in diesen Fällen erlassen die überörtlichen Träger den Widerspruchsbescheid nach dem Sozialgerichtsgesetz, soweit nicht nach Landesrecht etwas anderes bestimmt wird.

Zweiter Abschnitt
Sonderbestimmungen

§ 100 (weggefallen)

§ 101 Behördenbestimmung und Stadtstaaten-Klausel

(1) Welche Stellen zuständige Behörden sind, bestimmt die Landesregierung, soweit eine landesrechtliche Regelung nicht besteht.

(2) Die Senate der Länder Berlin, Bremen und Hamburg werden ermächtigt, die Vorschriften dieses Buches über die Zuständigkeit von Behörden dem besonderen Verwaltungsaufbau ihrer Länder anzupassen.

Dreizehntes Kapitel
Kosten

Erster Abschnitt
Kostenersatz

§ 102 Kostenersatz durch Erben

(1) $_{1}$Der Erbe der leistungsberechtigten Person oder ihres Ehegatten oder ihres Lebenspartners, falls diese vor der leistungsberechtigten Person sterben, ist vorbehaltlich des Absatzes 5 zum Ersatz der Kosten der Sozialhilfe verpflichtet. $_{2}$Die Ersatzpflicht besteht nur für die Kosten der Sozialhilfe, die innerhalb eines Zeitraumes von zehn Jahren vor dem Erbfall aufgewendet worden sind und die das Dreifache des Grundbetrages nach § 85 Abs. 1 übersteigen. $_{3}$Die Ersatzpflicht des Erben des Ehegatten oder Lebenspartners besteht nicht für die Kosten der Sozialhilfe, die während des Getrenntlebens der Ehegatten oder Lebenspartner geleistet worden sind. $_{4}$Ist die leistungsberechtigte Person der Erbe ihres Ehegatten oder Lebenspartners, ist sie zum Ersatz der Kosten nach Satz 1 nicht verpflichtet.

(2) $_{1}$Die Ersatzpflicht des Erben gehört zu den Nachlassverbindlichkeiten. $_{2}$Der Erbe haftet mit dem Wert des im Zeitpunkt des Erbfalles vorhandenen Nachlasses.

(3) Der Anspruch auf Kostenersatz ist nicht geltend zu machen,

1. soweit der Wert des Nachlasses unter dem Dreifachen des Grundbetrages nach § 85 Abs. 1 liegt,
2. soweit der Wert des Nachlasses unter dem Betrag von 15 340 Euro liegt, wenn der Erbe der Ehegatte oder Lebenspartner der leistungsberechtigten Person oder mit dieser verwandt ist und nicht nur vorübergehend bis zum Tod der leistungsberechtigten Person mit dieser in häuslicher Gemeinschaft gelebt und sie gepflegt hat,
3. soweit die Inanspruchnahme des Erben nach der Besonderheit des Einzelfalles eine besondere Härte bedeuten würde.

(4) $_{1}$Der Anspruch auf Kostenersatz erlischt in drei Jahren nach dem Tod der leistungsberechtigten Person, ihres Ehegatten oder ihres Lebenspartners. $_{2}$§ 103 Abs. 3 Satz 2 und 3 gilt entsprechend.

(5) Der Ersatz der Kosten durch die Erben gilt nicht für Leistungen nach dem Vierten Kapitel und für die vor dem 1. Januar 1987 entstandenen Kosten der Tuberkulosehilfe.

§ 102a Rücküberweisung und Erstattung im Todesfall

Für Geldleistungen nach diesem Buch, die für Zeiträume nach dem Todesmonat der leistungsberechtigten Person überwiesen wurden, ist § 118 Absatz 3 bis 4a des Sechsten Buches entsprechend anzuwenden.

§ 103 Kostenersatz bei schuldhaftem Verhalten

(1) $_{1}$Zum Ersatz der Kosten der Sozialhilfe ist verpflichtet, wer nach Vollendung des 18. Lebensjahres für sich oder andere durch vorsätzliches oder grob fahrlässiges Verhalten die Voraussetzungen für die Leistungen der Sozialhilfe herbeigeführt hat. $_{2}$Zum Kostenersatz ist auch verpflichtet, wer als leistungsberechtigte Person oder als deren Vertreter die Rechtswidrigkeit des der Leistung zu Grunde liegenden Verwaltungsaktes kannte oder infolge grober Fahrlässigkeit nicht kannte. $_{3}$Von der Heran-

ziehung zum Kostenersatz kann abgesehen werden, soweit sie eine Härte bedeuten würde.

(2) 1Eine nach Absatz 1 eingetretene Verpflichtung zum Ersatz der Kosten geht auf den Erben über. 2§ 102 Abs. 2 Satz 2 findet Anwendung.

(3) 1Der Anspruch auf Kostenersatz erlischt in drei Jahren vom Ablauf des Jahres an, in dem die Leistung erbracht worden ist. 2Für die Hemmung, die Ablaufhemmung, den Neubeginn und die Wirkung der Verjährung gelten die Vorschriften des Bürgerlichen Gesetzbuchs sinngemäß. 3Der Erhebung der Klage steht der Erlass eines Leistungsbescheides gleich.

(4) 1Die §§ 44 bis 50 des Zehnten Buches bleiben unberührt. 2Zum Kostenersatz nach Absatz 1 und zur Erstattung derselben Kosten nach § 50 des Zehnten Buches Verpflichtete haften als Gesamtschuldner.

§ 104 Kostenersatz für zu Unrecht erbrachte Leistungen

1Zum Ersatz der Kosten für zu Unrecht erbrachte Leistungen der Sozialhilfe ist in entsprechender Anwendung des § 103 verpflichtet, wer die Leistungen durch vorsätzliches oder grob fahrlässiges Verhalten herbeigeführt hat. 2Zum Kostenersatz nach Satz 1 und zur Erstattung derselben Kosten nach § 50 des Zehnten Buches Verpflichtete haften als Gesamtschuldner.

§ 105 Kostenersatz bei Doppelleistungen

Hat ein vorrangig verpflichteter Leistungsträger in Unkenntnis der Leistung des Trägers der Sozialhilfe an die leistungsberechtigte Person geleistet, ist diese zur Herausgabe des Erlangten an den Träger der Sozialhilfe verpflichtet.

Zweiter Abschnitt
Kostenerstattung zwischen den Trägern der Sozialhilfe

§ 106 Kostenerstattung bei Aufenthalt in einer Einrichtung

(1) 1Der nach § 98 Abs. 2 Satz 1 zuständige Träger der Sozialhilfe hat dem nach § 98 Abs. 2 Satz 3 vorläufig leistenden Träger die aufgewendeten Kosten zu erstatten. 2Ist in den Fällen des § 98 Abs. 2 Satz 3 oder 4 ein gewöhnlicher Aufenthalt nicht vorhanden oder nicht zu ermitteln und war für die Leistungserbringung ein örtlicher Träger der Sozialhilfe sachlich zuständig, sind diesem die aufgewendeten Kosten von dem überörtlichen Träger der Sozialhilfe zu erstatten, zu dessen Bereich der örtliche Träger gehört.

(2) Als Aufenthalt in einer stationären Einrichtung gilt auch, wenn jemand außerhalb der Einrichtung untergebracht wird, aber in ihrer Betreuung bleibt, oder aus der Einrichtung beurlaubt wird.

(3) 1Verlässt in den Fällen des § 98 Abs. 2 die leistungsberechtigte Person die Einrichtung und erhält sie im Bereich des örtlichen Trägers, in dem die Einrichtung liegt, innerhalb von einem Monat danach Leistungen der Sozialhilfe, sind dem örtlichen Träger der Sozialhilfe die aufgewendeten Kosten von dem Träger der Sozialhilfe zu erstatten, in dessen Bereich die leistungsberechtigte Person ihren gewöhnlichen Aufenthalt im Sinne des § 98 Abs. 2 Satz 1 hatte. 2Absatz 1 Satz 2 gilt entsprechend. 3Die Erstattungspflicht wird nicht durch einen Aufenthalt außerhalb dieses Bereichs oder in einer Einrichtung im Sinne des § 98 Abs. 2 Satz 1 unterbrochen, wenn dieser zwei Monate nicht übersteigt; sie endet, wenn für einen zusammenhängenden Zeitraum von zwei Monaten Leistungen nicht zu erbringen waren, spätestens nach Ablauf von zwei Jahren seit dem Verlassen der Einrichtung.

§ 107 Kostenerstattung bei Unterbringung in einer anderen Familie

§ 98 Abs. 2 und § 106 gelten entsprechend, wenn ein Kind oder ein Jugendlicher in einer anderen Familie oder bei anderen Personen als bei seinen Eltern oder bei einem Elternteil untergebracht ist.

§ 108 Kostenerstattung bei Einreise aus dem Ausland

(1) 1Reist eine Person, die weder im Ausland noch im Inland einen gewöhnlichen Aufenthalt hat, aus dem Ausland ein und setzen innerhalb eines Monats nach ihrer Einreise Leistungen der Sozialhilfe ein, sind die aufgewendeten Kosten von dem von einer Schiedsstelle bestimmten überörtlichen Träger der Sozialhilfe zu erstatten. 2Bei ihrer Entscheidung hat die Schiedsstelle die Einwohnerzahl und die Belastungen, die sich im vorangegangenen Haushaltsjahr für die Träger der Sozialhilfe nach dieser Vorschrift sowie nach den §§ 24 und 115 ergeben haben, zu berücksichtigen. 3Satz 1 gilt nicht für Personen, die im Inland geboren sind oder bei Einsetzen der Leistung mit ihnen als Ehegatte, Lebenspartner, Verwandte oder Verschwägerte zusammenleben. 4Leben Ehegatten, Lebenspartner, Verwandte oder Verschwägerte bei Einsetzen der Leistung zusammen, ist ein gemeinsamer erstattungspflichtiger Träger der Sozialhilfe zu bestimmen.

(2) 1Schiedsstelle im Sinne des Absatzes 1 ist das Bundesverwaltungsamt. 2Die Länder können durch Verwaltungsvereinbarung eine andere Schiedsstelle bestimmen.

(3) Ist ein Träger der Sozialhilfe nach Absatz 1 zur Erstattung der für eine leistungsberechtigte Person

aufgewendeten Kosten verpflichtet, hat er auch die für den Ehegatten, den Lebenspartner oder die minderjährigen Kinder der leistungsberechtigten Personen aufgewendeten Kosten zu erstatten, wenn diese Personen später einreisen und Sozialhilfe innerhalb eines Monats einsetzt.

(4) Die Verpflichtung zur Erstattung der für Leistungsberechtigten aufgewendeten Kosten entfällt, wenn für einen zusammenhängenden Zeitraum von drei Monaten Sozialhilfe nicht zu leisten war.

(5) Die Absätze 1 bis 4 sind nicht anzuwenden für Personen, deren Unterbringung nach der Einreise in das Inland bundesrechtlich oder durch Vereinbarung zwischen Bund und Ländern geregelt ist.

§ 109 Ausschluss des gewöhnlichen Aufenthalts

Als gewöhnlicher Aufenthalt im Sinne des Zwölften Kapitels und des Dreizehnten Kapitels, Zweiter Abschnitt, gelten nicht der Aufenthalt in einer Einrichtung im Sinne von § 98 Abs. 2 und der auf richterlich angeordneter Freiheitsentziehung beruhende Aufenthalt in einer Vollzugsanstalt.

§ 110 Umfang der Kostenerstattung

(1) 1Die aufgewendeten Kosten sind zu erstatten, soweit die Leistung diesem Buch entspricht. 2Dabei gelten die am Aufenthaltsort der Leistungsberechtigten zur Zeit der Leistungserbringung bestehenden Grundsätze für die Leistung von Sozialhilfe.

(2) 1Kosten unter 2560 Euro, bezogen auf einen Zeitraum der Leistungserbringung von bis zu zwölf Monaten, sind außer in den Fällen einer vorläufigen Leistungserbringung nach § 98 Abs. 2 Satz 3 nicht zu erstatten. 2Die Begrenzung auf 2560 Euro gilt, wenn die Kosten für die Mitglieder eines Haushalts im Sinne von § 27 Absatz 2 Satz 2 und 3 zu erstatten sind, abweichend von Satz 1 für die Mitglieder des Haushalts zusammen.

§ 111 Verjährung

(1) Der Anspruch auf Erstattung der aufgewendeten Kosten verjährt in vier Jahren, beginnend nach Ablauf des Kalenderjahres, in dem er entstanden ist.

(2) Für die Hemmung, die Ablaufhemmung, den Neubeginn und die Wirkung der Verjährung gelten die Vorschriften des Bürgerlichen Gesetzbuchs sinngemäß.

§ 112 Kostenerstattung auf Landesebene

Die Länder können Abweichendes über die Kostenerstattung zwischen den Trägern der Sozialhilfe ihres Bereichs regeln.

Dritter Abschnitt
Sonstige Regelungen

§ 113 Vorrang der Erstattungsansprüche

Erstattungsansprüche der Träger der Sozialhilfe gegen andere Leistungsträger nach § 104 des Zehnten Buches gehen einer Übertragung, Pfändung oder Verpfändung des Anspruchs vor, auch wenn sie vor Entstehen des Erstattungsanspruchs erfolgt sind.

§ 114 Ersatzansprüche der Träger der Sozialhilfe nach sonstigen Vorschriften

Bestimmt sich das Recht des Trägers der Sozialhilfe, Ersatz seiner Aufwendungen von einem anderen zu verlangen, gegen den die Leistungsberechtigten einen Anspruch haben, nach sonstigen gesetzlichen Vorschriften, die dem § 93 vorgehen, gelten als Aufwendungen

1. die Kosten der Leistung für diejenige Person, die den Anspruch gegen den anderen hat, und
2. die Kosten für Leistungen nach dem Dritten und Vierten Kapitel, die gleichzeitig mit der Leistung nach Nummer 1 für den nicht getrennt lebenden Ehegatten oder Lebenspartner und die minderjährigen unverheirateten Kinder geleistet wurden.

§ 115 Übergangsregelung für die Kostenerstattung bei Einreise aus dem Ausland

Die Pflicht eines Trägers der Sozialhilfe zur Kostenerstattung, die nach der vor dem 1. Januar 1994 geltenden Fassung des § 108 des Bundessozialhilfegesetzes entstanden oder von der Schiedsstelle bestimmt worden ist, bleibt bestehen.

Vierzehntes Kapitel
Verfahrensbestimmungen

§ 116 Beteiligung sozial erfahrener Dritter

(1) Soweit Landesrecht nichts Abweichendes bestimmt, sind vor dem Erlass allgemeiner Verwaltungsvorschriften sozial erfahrene Dritte zu hören, insbesondere aus Vereinigungen, die Bedürftige betreuen, oder aus Vereinigungen von Sozialleistungsempfängern.

(2) Soweit Landesrecht nichts Abweichendes bestimmt, sind vor dem Erlass des Verwaltungsaktes über einen Widerspruch gegen die Ablehnung der Sozialhilfe oder gegen die Festsetzung ihrer Art und Höhe Dritte, wie sie in Absatz 1 bezeichnet sind, beratend zu beteiligen.

§ 116a Rücknahme von Verwaltungsakten

§ 44 des Zehnten Buches gilt mit der Maßgabe, dass

1. rechtswidrige nicht begünstigende Verwaltungsakte nach den Absätzen 1 und 2 nicht später als vier Jahre nach Ablauf des Jahres, in dem der Verwaltungsakt bekanntgegeben wurde, zurückzunehmen sind; ausreichend ist, wenn die Rücknahme innerhalb dieses Zeitraumes beantragt wird,
2. anstelle des Zeitraums von vier Jahren nach Absatz 4 Satz 1 ein Zeitraum von einem Jahr tritt.

§ 117 Pflicht zur Auskunft

(1) 1Die Unterhaltspflichtigen, ihre nicht getrennt lebenden Ehegatten oder Lebenspartner und die Kostenersatzpflichtigen haben dem Träger der Sozialhilfe über ihre Einkommens- und Vermögensverhältnisse Auskunft zu geben, soweit die Durchführung dieses Buches es erfordert. 2Dabei haben sie die Verpflichtung, auf Verlangen des Trägers der Sozialhilfe Beweisurkunden vorzulegen oder ihrer Vorlage zuzustimmen. 3Auskunftspflichtig nach Satz 1 und 2 sind auch Personen, von denen nach § 39 trotz Aufforderung unwiderlegt vermutet wird, dass sie Leistungen zum Lebensunterhalt an andere Mitglieder der Haushaltsgemeinschaft erbringen. 4Die Auskunftspflicht der Finanzbehörden nach § 21 Abs. 4 des Zehnten Buches erstreckt sich auch auf diese Personen.

(2) Wer jemandem, der Leistung nach diesem Buch beantragt hat oder bezieht, Leistungen erbringt oder erbracht hat, die geeignet sind oder waren, diese Leistungen auszuschließen oder zu mindern, hat dem Träger der Sozialhilfe auf Verlangen hierüber Auskunft zu geben, soweit es zur Durchführung der Aufgaben nach diesem Buch im Einzelfall erforderlich ist.

(3) 1Wer jemandem, der Leistungen nach diesem Buch beantragt hat oder bezieht, zu Leistungen verpflichtet ist oder war, die geeignet sind oder waren, Leistungen auszuschließen oder zu mindern, oder für ihn Guthaben führt oder Vermögensgegenstände verwahrt, hat dem Träger der Sozialhilfe auf Verlangen hierüber sowie über damit im Zusammenhang stehendes Einkommen oder Vermögen Auskunft zu erteilen, soweit es zur Durchführung der Leistungen nach diesem Buch im Einzelfall erforderlich ist. 2§ 21 Abs. 3 Satz 4 des Zehnten Buches gilt entsprechend.

(4) Der Arbeitgeber ist verpflichtet, dem Träger der Sozialhilfe über die Art und Dauer der Beschäftigung, die Arbeitsstätte und das Arbeitsentgelt der bei ihm beschäftigten Leistungsberechtigten, Unterhaltspflichtigen und deren nicht getrennt lebenden Ehegatten oder Lebenspartner sowie Kostenersatzpflichtigen Auskunft zu geben, soweit die Durchführung dieses Buches es erfordert.

(5) Die nach den Absätzen 1 bis 4 zur Erteilung einer Auskunft Verpflichteten können Angaben verweigern, die ihnen oder ihnen nahe stehenden Personen (§ 383 Abs. 1 Nr. 1 bis 3 der Zivilprozessordnung) die Gefahr zuziehen würden, wegen einer Straftat oder einer Ordnungswidrigkeit verfolgt zu werden.

(6) 1Ordnungswidrig handelt, wer vorsätzlich oder fahrlässig die Auskünfte nach den Absätzen 2, 3 Satz 1 und Absatz 4 nicht, nicht richtig, nicht vollständig oder nicht rechtzeitig erteilt. 2Die Ordnungswidrigkeit kann mit einer Geldbuße geahndet werden.

§ 118 Überprüfung, Verwaltungshilfe

(1) 1Die Träger der Sozialhilfe können Personen, die Leistungen nach diesem Buch beziehen, auch regelmäßig im Wege des automatisierten Datenabgleichs daraufhin überprüfen,

1. ob und in welcher Höhe und für welche Zeiträume von ihnen Leistungen der Bundesagentur für Arbeit (Auskunftsstelle) oder der Träger der gesetzlichen Unfall- oder Rentenversicherung (Auskunftsstellen) bezogen werden oder wurden,
2. ob und in welchem Umfang Zeiten des Leistungsbezuges nach diesem Buch mit Zeiten einer Versicherungspflicht oder Zeiten einer geringfügigen Beschäftigung zusammentreffen,
3. ob und welche Daten nach § 45d Abs. 1 und § 45e des Einkommensteuergesetzes dem Bundeszentralamt für Steuern (Auskunftsstelle) übermittelt worden sind,
4. ob und in welcher Höhe ein Kapital nach § 90 Abs. 2 Nr. 2 nicht mehr dem Zweck einer geförderten zusätzlichen Altersvorsorge im Sinne des § 10a oder des Abschnitts XI des Einkommensteuergesetzes dient und
5. ob und in welcher Höhe und für welche Zeiträume von ihnen Leistungen der Eingliederungshilfe nach Teil 2 des Neunten Buches bezogen werden oder wurden.

2Sie dürfen für die Überprüfung nach Satz 1 Name, Vorname (Rufname), Geburtsdatum, Geburtsort, Nationalität, Geschlecht, Anschrift und Versicherungsnummer der Personen, die Leistungen nach diesem Buch beziehen, den Auskunftsstellen übermitteln. 3Die Auskunftsstellen führen den Abgleich mit den nach Satz 2 übermittelten Daten durch und übermitteln die Daten über Feststellungen im Sinne des Satzes 1 an die Träger der Sozialhilfe. 4Die ihnen überlassenen Daten und Datenträger sind nach Durchführung des Abgleichs unverzüglich zurückzugeben, zu löschen oder zu vernichten. 5Die Träger der Sozialhilfe dürfen die ihnen übermittelten Daten nur zur Überprüfung nach Satz 1 nutzen. 6Die übermittelten Daten der Personen, bei denen die Überprüfung zu keinen abweichenden Feststellungen führt, sind unverzüglich zu löschen.

(1a) Liegt ein Vermögen vor, das nach § 90 Absatz 2 Nummer 2 nicht einzusetzen ist, so melden die Träger der Sozialhilfe auf elektronischem Weg der Datenstelle der Rentenversicherung als Vermittlungsstelle, um eine Mitteilung zu einer schädlichen Verwendung nach § 94 Absatz 3 des Einkommensteuergesetzes zu erhalten, den erstmaligen Bezug nach dem Dritten und Vierten Kapitel sowie die Beendigung des jeweiligen Leistungsbezugs.

(2) 1Die Träger der Sozialhilfe sind befugt, Personen, die Leistungen nach diesem Buch beziehen, auch regelmäßig im Wege des automatisierten Datenabgleichs daraufhin zu überprüfen, ob und in welcher Höhe und für welche Zeiträume von ihnen Leistungen nach diesem Buch durch andere Träger der Sozialhilfe bezogen werden oder wurden. 2Hierzu dürfen die erforderlichen Daten nach Absatz 1 Satz 2 anderen Trägern der Sozialhilfe oder einer zentralen Vermittlungsstelle im Sinne des § 120 Nr. 1 übermittelt werden. 3Diese führen den Abgleich der ihnen übermittelten Daten durch und leiten Feststellungen im Sinne des Satzes 1 an die übermittelnden Träger der Sozialhilfe zurück. 4Sind die ihnen übermittelten Daten oder Datenträger für die Überprüfung nach Satz 1 nicht mehr erforderlich, sind diese unverzüglich zurückzugeben, zu löschen oder zu vernichten. 5Überprüfungsverfahren nach diesem Absatz können zusammengefasst und mit Überprüfungsverfahren nach Absatz 1 verbunden werden.

(3) 1Die Datenstelle der Rentenversicherung darf als Vermittlungsstelle für das Bundesgebiet die nach den Absätzen 1, 1a und 2 übermittelten Daten speichern und nutzen, soweit dies für die Datenabgleiche nach den Absätzen 1, 1a und 2 erforderlich ist. 2Sie darf die Daten der Stammsatzdatei (§ 150 des Sechsten Buches) und des bei ihr für die Prüfung bei den Arbeitgebern geführten Dateisystems (§ 28p Absatz 8 Satz 2 des Vierten Buches) nutzen, soweit die Daten für die Datenabgleiche erforderlich sind. 3Die nach Satz 1 bei der Datenstelle der Rentenversicherung gespeicherten Daten sind unverzüglich nach Abschluss der Datenabgleiche zu löschen.

(4) 1Die Träger der Sozialhilfe sind befugt, zur Vermeidung rechtswidriger Inanspruchnahme von Sozialhilfe Daten von Personen, die Leistungen nach diesem Buch beziehen, bei anderen Stellen ihrer Verwaltung, bei ihren wirtschaftlichen Unternehmen und bei den Kreisen, Kreisverwaltungsbehörden und Gemeinden zu überprüfen, soweit diese für die Erfüllung dieser Aufgaben erforderlich sind. 2Sie dürfen für die Überprüfung die in Absatz 1 Satz 2 genannten Daten übermitteln. 3Die Überprüfung kann auch regelmäßig im Wege des automatisierten Datenabgleichs mit den Stellen durchgeführt werden, bei denen die in Satz 4 jeweils genannten Daten zuständigkeitshalber vorliegen. 4Nach Satz 1 ist die Überprüfung folgender Daten zulässig:

1. Geburtsdatum und -ort,
2. Personen- und Familienstand,
3. Wohnsitz,
4. Dauer und Kosten von Miet- oder Überlassungsverhältnissen von Wohnraum,
5. Dauer und Kosten von bezogenen Leistungen über Elektrizität, Gas, Wasser, Fernwärme oder Abfallentsorgung und
6. Eigenschaft als Kraftfahrzeughalter.

5Die in Satz 1 genannten Stellen sind verpflichtet, die in Satz 4 genannten Daten zu übermitteln. 6Sie haben die ihnen im Rahmen der Überprüfung übermittelten Daten nach Vorlage der Mitteilung unverzüglich zu löschen. 7Eine Übermittlung durch diese Stellen unterbleibt, soweit ihr besondere gesetzliche Verwendungsregelungen entgegenstehen.

§ 119 Wissenschaftliche Forschung im Auftrag des Bundes

1Der Träger der Sozialhilfe darf einer wissenschaftlichen Einrichtung, die im Auftrag des Bundesministeriums für Arbeit und Soziales ein Forschungsvorhaben durchführt, das dem Zweck dient, die Erreichung der Ziele von Gesetzen über soziale Leistungen zu überprüfen oder zu verbessern, Sozialdaten übermitteln, soweit

1. dies zur Durchführung des Forschungsvorhabens erforderlich ist, insbesondere das Verfahren mit anonymisierten oder pseudoanonymisierten Daten nicht durchgeführt werden kann, und
2. das öffentliche Interesse an dem Forschungsvorhaben das schutzwürdige Interesse der Betroffenen an einem Ausschluss der Übermittlung erheblich überwiegt.

2Vor der Übermittlung sind die Betroffenen über die beabsichtigte Übermittlung, den Zweck des Forschungsvorhabens sowie ihr Widerspruchsrecht nach Satz 3 schriftlich zu unterrichten. 3Sie können der Übermittlung innerhalb eines Monats nach der Unterrichtung widersprechen. 4Im Übrigen bleibt das Zweite Kapitel des Zehnten Buches unberührt.

§ 120 Verordnungsermächtigung

Das Bundesministerium für Arbeit und Soziales wird ermächtigt, durch Rechtsverordnung mit Zustimmung des Bundesrates

9

1. das Nähere über das Verfahren des automatisierten Datenabgleichs nach § 118 Abs. 1 und die Kosten des Verfahrens zu regeln; dabei ist vorzusehen, dass die Zuleitung an die Auskunftsstellen durch eine zentrale Vermittlungsstelle (Kopfstelle) zu erfolgen hat, deren Zuständigkeitsbereich zumindest das Gebiet eines Bundeslandes umfasst, und
2. das Nähere über die Verfahren und die Kosten nach § 118 Absatz 1a und 2 zu regeln.

Fünfzehntes Kapitel Statistik

Erster Abschnitt Bundesstatistik für das Dritte und Fünfte bis Neunte Kapitel

§ 121 Bundesstatistik für das Dritte und Fünfte bis Neunte Kapitel

Zur Beurteilung der Auswirkungen des Dritten und Fünften bis Neunten Kapitels und zu deren Fortentwicklung werden Erhebungen über

1. die Leistungsberechtigten, denen
   a) Hilfe zum Lebensunterhalt nach dem Dritten Kapitel (§§ 27 bis 40),
   b) Hilfen zur Gesundheit nach dem Fünften Kapitel (§§ 47 bis 52),
   c) (weggefallen)
   d) Hilfe zur Pflege nach dem Siebten Kapitel (§§ 61 bis 66),
   e) Hilfe zur Überwindung besonderer sozialer Schwierigkeiten nach dem Achten Kapitel (§§ 67 bis 69) und
   f) Hilfe in anderen Lebenslagen nach dem Neunten Kapitel (§§ 70 bis 74),

   geleistet wird,
2. die Einnahmen und Ausgaben der Träger der Sozialhilfe nach dem Dritten und Fünften bis Neunten Kapitel

als Bundesstatistik durchgeführt.

§ 122 Erhebungsmerkmale

(1) Erhebungsmerkmale bei der Erhebung nach § 121 Nummer 1 Buchstabe a sind:

1. für Leistungsberechtigte, denen Leistungen nach dem Dritten Kapitel für mindestens einen Monat erbracht werden:
   a) Geschlecht, Geburtsmonat und -jahr, Staatsangehörigkeit, Migrationshintergrund, bei Ausländern auch aufenthaltsrechtlicher Status, Regelbedarfsstufe, Art der geleisteten Mehrbedarfe,
   b) für Leistungsberechtigte, die das 15. Lebensjahr vollendet, die Altersgrenze nach § 41 Abs. 2 aber noch nicht erreicht haben, zusätzlich zu den unter Buchstabe a genannten Merkmalen: Beschäftigung, Einschränkung der Leistung,
   c) für Leistungsberechtigte in Personengemeinschaften, für die eine gemeinsame Bedarfsberechnung erfolgt, und für einzelne Leistungsberechtigte: Wohngemeinde und Gemeindeteil, Art des Trägers, Leistungen in und außerhalb von Einrichtungen, Beginn der Leistung nach Monat und Jahr, Beginn der ununterbrochenen Leistungserbringung für mindestens ein Mitglied der Personengemeinschaft nach Monat und Jahr, die in den § 27a Absatz 3, §§ 27b, 30 bis 33, §§ 35 bis 38 und 133a genannten Bedarfe je Monat, Nettobedarf je Monat, Art und jeweilige Höhe der angerechneten oder in Anspruch genommenen Einkommen und übergegangenen Ansprüche, Zahl aller Haushaltsmitglieder, Zahl aller Leistungsberechtigten im Haushalt,
   d) bei Änderung der Zusammensetzung der Personengemeinschaft und bei Beendigung der Leistungserbringung zusätzlich zu den unter den Buchstaben a bis c genannten Merkmalen: Monat und Jahr der Änderung der Zusammensetzung oder der Beendigung der Leistung, bei Ende der Leistung auch Grund der Einstellung der Leistungen,
   e) für Leistungsberechtigte mit Bedarfen für Bildung und Teilhabe nach § 34 Absatz 2 bis 7:
      aa) Geschlecht, Geburtsmonat und -jahr, Wohngemeinde und Gemeindeteil, Staatsangehörigkeit, bei Ausländern auch aufenthaltsrechtlicher Status,
      bb) die in § 34 Absatz 2 bis 7 genannten Bedarfe je Monat getrennt nach Schulausflügen, mehrtägigen Klassenfahrten, Ausstattung mit persönlichem Schulbedarf, Schülerbeförderung, Lernförderung, Teilnahme an einer gemeinsamen Mittagsverpflegung sowie Teilhabe am sozialen und kulturellen Leben in der Gemeinschaft und
2. für Leistungsberechtigte, die nicht zu dem Personenkreis der Nummer 1 zählen: Geschlecht, Altersgruppe, Staatsangehörigkeit, Vorhandensein eigenen Wohnraums, Art des Trägers.

(2) (weggefallen)

(3) Erhebungsmerkmale bei den Erhebungen nach § 121 Nummer 1 Buchstabe b bis f sind für jeden Leistungsberechtigten:

1. Geschlecht, Geburtsmonat und -jahr, Wohngemeinde und Gemeindeteil, Staatsangehörigkeit, bei Ausländern auch aufenthaltsrechtlicher Status, Art des Trägers, erbrachte Leistung im Laufe und am Ende des Berichtsjahres sowie in und außerhalb von Einrichtungen nach Art der Leistung nach § 8, am Jahresende erbrachte Leistungen nach dem Dritten und Vierten Kapitel jeweils getrennt nach in und außerhalb von Einrichtungen,
2. bei Leistungsberechtigten nach dem Siebten Kapitel auch die einzelne Art der Leistungen und die Ausgaben je Fall, Beginn und Ende der Leistungserbringung nach Monat und Jahr sowie Art der Unterbringung, Leistung durch ein Persönliches Budget,
3. (weggefallen)
4. bei Leistungsberechtigten nach dem Siebten Kapitel zusätzlich
   a) das Bestehen einer Pflegeversicherung,
   b) die Erbringung oder Gründe der Nichterbringung von Pflegeleistungen von Sozialversicherungsträgern und einer privaten Pflegeversicherung,
   c) die Höhe des anzurechnenden Einkommens, Bezug von Leistungen der Eingliederungshilfe nach Teil 2 des Neunten Buches.

(4) Erhebungsmerkmale bei der Erhebung nach § 121 Nummer 2 sind: Art des Trägers, Ausgaben für Leistungen in und außerhalb von Einrichtungen nach § 8, Einnahmen in und außerhalb von Einrichtungen nach Einnahmearten und Leistungen nach § 8.

§ 123 Hilfsmerkmale

(1) Hilfsmerkmale für Erhebungen nach § 121 sind

1. Name und Anschrift des Auskunftspflichtigen,
2. für die Erhebung nach § 122 Absatz 1 Nummer 1 und Absatz 3 die Kennnummern der Leistungsberechtigten,
3. Name und Telefonnummer der für eventuelle Rückfragen zur Verfügung stehenden Person.

(2) $_{1}$Die Kennnummern nach Absatz 1 Nummer 2 dienen der Prüfung der Richtigkeit der Statistik und der Fortschreibung der jeweils letzten Bestandserhebung. $_{2}$Sie enthalten keine Angaben über persönliche und sachliche Verhältnisse der Leistungsberechtigten und sind zum frühestmöglichen Zeitpunkt spätestens nach Abschluss der wiederkehrenden Bestandserhebung zu löschen.

§ 124 Periodizität, Berichtszeitraum und Berichtszeitpunkte

(1) $_{1}$Die Erhebungen nach § 122 Absatz 1 Nummer 1 Buchstabe a bis c werden als Bestandserhebungen jährlich zum 31. Dezember durchgeführt. $_{2}$Die Angaben sind darüber hinaus bei Beginn und Ende der Leistungserbringung sowie bei Änderung der Zusammensetzung der Personengemeinschaft nach § 122 Absatz 1 Nummer 1 Buchstabe c zu erteilen. $_{3}$Die Angaben zu § 122 Absatz 1 Nummer 1 Buchstabe d sind ebenfalls zum Zeitpunkt der Beendigung der Leistungserbringung und der Änderung der Zusammensetzung der Personengemeinschaft zu erteilen.

(2) $_{1}$Die Erhebung nach § 122 Absatz 1 Nummer 1 Buchstabe e wird für jedes abgelaufene Quartal eines Kalenderjahres durchgeführt. $_{2}$Dabei sind die Merkmale für jeden Monat eines Quartals zu erheben.

(3) Die Erhebung nach § 122 Absatz 1 Nummer 2 wird als Bestandserhebung vierteljährlich zum Quartalsende durchgeführt.

(4) Die Erhebungen nach § 122 Absatz 3 und 4 erfolgen jährlich für das abgelaufene Kalenderjahr.

§ 125 Auskunftspflicht

(1) $_{1}$Für die Erhebungen nach § 121 besteht Auskunftspflicht. $_{2}$Die Angaben nach § 123 Absatz 1 Nummer 3 sowie die Angaben zum Gemeindeteil nach § 122 Absatz 1 Nummer 1 Buchstabe c und e sowie Absatz 3 Nummer 1 sind freiwillig.

(2) Auskunftspflichtig sind die zuständigen örtlichen und überörtlichen Träger der Sozialhilfe sowie die kreisangehörigen Gemeinden und Gemeindeverbände, soweit sie Aufgaben dieses Buches wahrnehmen.

§ 126 Übermittlung, Veröffentlichung

(1) $_{1}$An die fachlich zuständigen obersten Bundes- oder Landesbehörden dürfen für die Verwendung gegenüber den gesetzgebenden Körperschaften und für Zwecke der Planung, jedoch nicht für die Regelung von Einzelfällen, vom Statistischen Bundesamt und den statistischen Ämtern der Länder Tabellen mit statistischen Ergebnissen nach § 121 übermittelt werden, auch soweit Tabellenfelder nur einen einzigen Fall ausweisen. $_{2}$Tabellen, deren Tabellenfelder nur einen einzigen Fall ausweisen, dürfen nur dann übermittelt werden, wenn sie nicht differenzierter als auf Regierungsbezirksebene, bei Stadtstaaten auf Bezirksebene, aufbereitet sind.

(2) Die statistischen Ämter der Länder stellen dem Statistischen Bundesamt zu den Erhebungen nach § 121 für Zusatzaufbereitungen des Bundes jährlich unverzüglich nach Aufbereitung der Bestandserhebung und der Erhebung im Laufe des Berichtsjahres Einzelangaben aus einer Zufallsstichprobe mit einem Auswahlsatz von 25 vom Hundert der Leistungsberechtigten zur Verfügung.

(3) Die Ergebnisse der Sozialhilfestatistik dürfen auf die einzelne Gemeinde bezogen veröffentlicht werden.

§ 127 Übermittlung an Kommunen

(1) Für ausschließlich statistische Zwecke dürfen den zur Durchführung statistischer Aufgaben zuständigen Stellen der Gemeinden und Gemeindeverbände für ihren Zuständigkeitsbereich Einzelangaben aus der Erhebung nach § 122 mit Ausnahme der Hilfsmerkmale übermittelt werden, soweit die Voraussetzungen nach § 16 Abs. 5 des Bundesstatistikgesetzes gegeben sind.

(2) Die Daten können auch für interkommunale Vergleichszwecke übermittelt werden, wenn die betreffenden Träger der Sozialhilfe zustimmen und sichergestellt ist, dass die Datenerhebung der Berichtsstellen nach standardisierten Erfassungs- und Melderegelungen sowie vereinheitlichter Auswertungsroutine erfolgt.

§ 128 Zusatzerhebungen

Über Leistungen und Maßnahmen nach dem Dritten und Fünften bis Neunten Kapitel, die nicht durch die Erhebungen nach § 121 Nummer 1 erfasst sind, können bei Bedarf Zusatzerhebungen als Bundesstatistiken durchgeführt werden.

Zweiter Abschnitt
Bundesstatistik für das Vierte Kapitel

§ 128a Bundesstatistik für das Vierte Kapitel

(1) 1Zur Beurteilung der Auswirkungen des Vierten Kapitels sowie zu seiner Fortentwicklung sind Erhebungen über die Leistungsberechtigten als Bundesstatistik durchzuführen. 2Die Erhebungen erfolgen zentral durch das Statistische Bundesamt.

(2) Die Statistik nach Absatz 1 umfasst folgende Merkmalkategorien:

1. Persönliche Merkmale,
2. Art und Höhe der Bedarfe,
3. Art und Höhe der angerechneten Einkommen und der nach § 82 Absatz 2 Satz 2, Absatz 3, 4 und 6 sowie nach § 82a abgesetzten Beträge.

§ 128b Persönliche Merkmale

Erhebungsmerkmale nach § 128a Absatz 2 Nummer 1 sind

1. Geschlecht, Geburtsjahr, Staatsangehörigkeit und Bundesland,
2. Geburtsmonat, Wohngemeinde und Gemeindeteil, bei Ausländern auch aufenthaltsrechtlicher Status,
3. Leistungsbezug in und außerhalb von Einrichtungen, bei Leistungsberechtigten außerhalb von Einrichtungen zusätzlich die Anzahl der im Haushalt lebenden Personen, bei Leistungsberechtigten in Einrichtungen die Art der Unterbringung,
4. Träger der Leistung,
5. Beginn der Leistungsgewährung nach Monat und Jahr sowie Ursache der Leistungsgewährung, Ende des Leistungsbezugs nach Monat und Jahr sowie Grund für die Einstellung der Leistung,
6. Dauer des Leistungsbezugs in Monaten,
7. gleichzeitiger Bezug von Leistungen nach dem Dritten und Fünften bis Neunten Kapitel,
8. Bezug einer Grundrente.

§ 128c Art und Höhe der Bedarfe

Erhebungsmerkmale nach § 128a Absatz 2 Nummer 2 sind

1. Regelbedarfsstufe, gezahlter Regelsatz in den Regelbedarfsstufen und abweichende Regelsatzfestsetzung,
2. Mehrbedarfe nach Art und Höhe,
3. einmalige Bedarfe nach Art und Höhe,
4. Beiträge zur Kranken- und Pflegeversicherung, getrennt nach
   a) Beiträgen für eine Pflichtversicherung in der gesetzlichen Krankenversicherung,
   b) Beiträgen für eine freiwillige Versicherung in der gesetzlichen Krankenversicherung,
   c) Beiträgen, die auf Grund des Zusatzbeitragssatzes nach dem Fünften Buch gezahlt werden,
   d) Beiträgen für eine private Krankenversicherung,
   e) Beiträgen für eine soziale Pflegeversicherung,
   f) Beiträgen für eine private Pflegeversicherung,
5. Beiträge für die Vorsorge, getrennt nach
   a) Beiträgen für die Altersvorsorge,
   b) Aufwendungen für Sterbegeldversicherungen,
6. Bedarfe für Bildung und Teilhabe, getrennt nach
   a) Schulausflügen,
   b) mehrtägigen Klassenfahrten,
   c) Ausstattung mit persönlichem Schulbedarf,
   d) Schulbeförderung,
   e) Lernförderung,
   f) Teilnahme an einer gemeinschaftlichen Mittagsverpflegung,
7. Aufwendungen für Unterkunft und Heizung sowie sonstige Hilfen zur Sicherung der Unterkunft, getrennt nach Leistungsberechtigten,

a) die in einer Wohnung
   aa) allein leben,
   bb) mit einem Ehegatten oder in eheähnlicher Gemeinschaft zusammenleben,
   cc) mit Verwandten ersten und zweiten Grades zusammenleben,
   dd) in einer Wohngemeinschaft leben,
b) die in einer stationären Einrichtung oder in einem persönlichen Wohnraum und zusätzlichen Räumlichkeiten
   aa) allein leben,
   bb) mit einer oder mehreren Personen zusammenleben,

8. Brutto- und Nettobedarf,
9. Darlehen getrennt nach
   a) Darlehen nach § 37 Absatz 1 und
   b) Darlehen bei am Monatsende fälligen Einkünften nach § 37a.

§ 128d Art und Höhe der angerechneten Einkommen und abgesetzten Beträge

(1) Erhebungsmerkmale nach § 128a Absatz 2 Nummer 3 sind die jeweilige Höhe der angerechneten Einkommensart, getrennt nach

1. Altersrente aus der gesetzlichen Rentenversicherung,
2. Hinterbliebenenrente aus der gesetzlichen Rentenversicherung,
3. Renten wegen Erwerbsminderung,
4. Versorgungsbezüge,
5. Renten aus betrieblicher Altersvorsorge,
6. Renten aus privater Vorsorge,
7. Vermögenseinkünfte,
8. Einkünfte nach dem Bundesversorgungsgesetz,
9. Erwerbseinkommen,
10. übersteigendes Einkommen eines im gemeinsamen Haushalt lebenden Partners,
11. öffentlich-rechtliche Leistungen für Kinder,
12. sonstige Einkünfte.

(2) Weitere Erhebungsmerkmale nach § 128a Absatz 2 Nummer 3 sind die Art und Höhe der nach § 82 Absatz 2 Satz 2, Absatz 3, 4 und 6 sowie nach § 82a abgesetzten Beträge.

§ 128e Hilfsmerkmale

(1) Hilfsmerkmale für die Bundesstatistik nach § 128a sind

1. Name und Anschrift der nach § 128g Auskunftspflichtigen,
2. die Kennnummern des Leistungsberechtigten,
3. Name und Telefonnummer sowie Adresse für elektronische Post der für eventuelle Rückfragen zur Verfügung stehenden Person.

(2) [1]Die Kennnummern nach Absatz 1 Nummer 2 dienen der Prüfung der Richtigkeit der Statistik und der Fortschreibung der jeweils letzten Bestandserhebung. [2]Sie enthalten keine Angaben über persönliche und sachliche Verhältnisse des Leistungsberechtigten und sind zum frühestmöglichen Zeitpunkt, spätestens nach Abschluss der wiederkehrenden Bestandserhebung, zu löschen.

§ 128f Periodizität, Berichtszeitraum und Berichtszeitpunkte

(1) Die Bundesstatistik nach § 128a wird quartalsweise durchgeführt.

(2) Die Merkmale nach den §§ 128b bis 128d, ausgenommen das Merkmal nach § 128b Nummer 5, sind als Bestandserhebung zum Quartalsende zu erheben, wobei sich die Angaben zu den Bedarfen nach § 128c Nummer 1 bis 8 sowie den angerechneten Einkommen und abgesetzten Beträgen nach § 128d jeweils auf den gesamten letzten Monat des Berichtsquartals beziehen.

(3) [1]Die Merkmale nach § 128b Nummer 5 sind für den gesamten Quartalszeitraum zu erheben, wobei gleichzeitig die Merkmale nach § 128b Nummer 1 und 2 zu erheben sind. [2]Bei den beendeten Leistungen ist zudem die bisherige Dauer der Leistungsgewährung nach § 128b Nummer 6 zu erheben.

(4) Die Merkmale nach § 128c Nummer 6 sind für jeden Monat eines Quartals zu erheben, wobei gleichzeitig die Merkmale nach § 128b Nummer 1 und 2 zu erheben sind.

§ 128g Auskunftspflicht

(1) [1]Für die Bundesstatistik nach § 128a besteht Auskunftspflicht. [2]Die Auskunftserteilung für die Angaben nach § 128e Nummer 3 und zum Gemeindeteil nach § 128b Nummer 2 sind freiwillig.

(2) Auskunftspflichtig sind die für die Ausführung des Gesetzes nach dem Vierten Kapitel zuständigen Träger.

§ 128h Datenübermittlung, Veröffentlichung

(1) [1]Die in sich schlüssigen und nach einheitlichen Standards formatierten Einzeldatensätze sind von den Auskunftspflichtigen elektronisch bis zum Ablauf von 30 Arbeitstagen nach Ende des jeweiligen Berichtsquartals nach § 128f an das Statistische Bundesamt zu übermitteln. [2]Soweit die Übermittlung zwischen informationstechnischen Netzen von Bund und Ländern stattfindet, ist dafür nach § 3 des Gesetzes über die Verbindung der informationstechnischen Netze des Bundes und der Länder – Gesetz zur Ausführung von Artikel 91c Absatz 4 des

Grundgesetzes – vom 10. August 2009 (BGBl. I S. 2702, 2706) das Verbindungsnetz zu nutzen. 3Die zu übermittelnden Daten sind nach dem Stand der Technik fortgeschritten zu signieren und zu verschlüsseln.

(2) Das Statistische Bundesamt übermittelt dem Bundesministerium für Arbeit und Soziales für Zwecke der Planung, jedoch nicht für die Regelung von Einzelfällen, Tabellen mit den Ergebnissen der Bundesstatistik nach § 128a, auch soweit Tabellenfelder nur einen einzigen Fall ausweisen.

(3) 1Zur Weiterentwicklung des Systems der Grundsicherung im Alter und bei Erwerbsminderung übermittelt das Statistische Bundesamt auf Anforderung des Bundesministeriums für Arbeit und Soziales Einzelangaben aus einer Stichprobe, die vom Statistischen Bundesamt gezogen wird und nicht mehr als 10 Prozent der Grundgesamtheit der Leistungsberechtigten umfasst. 2Die zu übermittelnden Einzelangaben dienen der Entwicklung und dem Betrieb von Mikrosimulationsmodellen durch das Bundesministerium für Arbeit und Soziales und dürfen nur im hierfür erforderlichen Umfang und mittels eines sicheren Datentransfers ausschließlich an das Bundesministerium für Arbeit und Soziales übermittelt werden. 3Angaben zu den Erhebungsmerkmalen nach § 128b Nummer 2 und 4 und den Hilfsmerkmalen nach § 128e dürfen nicht übermittelt werden; Angaben zu monatlichen Durchschnittsbeträgen in den Einzelangaben werden vom Statistischen Bundesamt auf volle Euro gerundet.

(4) 1Bei der Verarbeitung der Daten nach Absatz 3 ist das Statistikgeheimnis nach § 16 des Bundesstatistikgesetzes zu wahren. 2Dafür ist die Trennung von statistischen und nichtstatistischen Aufgaben durch Organisation und Verfahren zu gewährleisten. 3Die nach Absatz 3 übermittelten Daten dürfen nur für die Zwecke gespeichert, verändert, genutzt, übermittelt oder in der Verarbeitung eingeschränkt werden, für die sie übermittelt wurden. 4Eine Weitergabe von Einzelangaben aus einer Stichprobe nach Absatz 3 Satz 1 durch das Bundesministerium für Arbeit und Soziales an Dritte ist nicht zulässig. 5Die übermittelten Einzeldaten sind nach dem Erreichen des Zweckes zu löschen, zu dem sie übermittelt wurden.

(5) 1Das Statistische Bundesamt übermittelt den statistischen Ämtern der Länder Tabellen mit den Ergebnissen der Bundesstatistik für die jeweiligen Länder und für die für die Ausführung des Gesetzes nach dem Vierten Kapitel zuständigen Träger. 2Das Bundesministerium für Arbeit und Soziales erhält diese Tabellen ebenfalls. 3Die statistischen Ämter der Länder erhalten zudem für ihr Land die jeweiligen Einzeldatensätze für Sonderaufbereitungen auf regionaler Ebene.

(6) Die Ergebnisse der Bundesstatistik nach diesem Abschnitt dürfen auf die einzelnen Gemeinden bezogen veröffentlicht werden.

Dritter Abschnitt
Verordnungsermächtigung

§ 129 Verordnungsermächtigung

Das Bundesministerium für Arbeit und Soziales kann für Zusatzerhebungen nach § 128 im Einvernehmen mit dem Bundesministerium des Innern, für Bau und Heimat durch Rechtsverordnung mit Zustimmung des Bundesrates das Nähere regeln über

a) den Kreis der Auskunftspflichtigen nach § 125 Abs. 2,
b) die Gruppen von Leistungsberechtigten, denen Hilfen nach dem Dritten und Fünften bis Neunten Kapitel geleistet werden,
c) die Leistungsberechtigten, denen bestimmte einzelne Leistungen der Hilfen nach dem Dritten und Fünften bis Neunten Kapitel geleistet werden,
d) den Zeitpunkt der Erhebungen,
e) die erforderlichen Erhebungs- und Hilfsmerkmale im Sinne der §§ 122 und 123 und
f) die Art der Erhebung (Vollerhebung oder Zufallsstichprobe).

Sechzehntes Kapitel
Übergangs- und Schlussbestimmungen

§ 130 Übergangsregelung für ambulant Betreute

Für Personen, die Leistungen der Eingliederungshilfe für behinderte Menschen oder der Hilfe zur Pflege empfangen, deren Betreuung am 26. Juni 1996 durch von ihnen beschäftigte Personen oder ambulante Dienste sichergestellt wurde, gilt § 3a des Bundessozialhilfegesetzes in der am 26. Juli 1996 geltenden Fassung.

§ 131 Übergangsregelung für die Statistik über Einnahmen und Ausgaben nach dem Vierten Kapitel

1Die Erhebungen nach § 121 Nummer 2 in Verbindung mit § 122 Absatz 4 in der am 31. Dezember 2014 geltenden Fassung über die Ausgaben und Einnahmen der nach Landesrecht für die Ausführung von Geldleistungen nach dem Vierten Kapitel zuständigen Träger sind dabei auch in den Berichtsjahren 2015 und 2016 durchzuführen. 2Die §§ 124 bis 127 sind in der am 31. Dezember 2014 geltenden Fassung anzuwenden.

§ 132 Übergangsregelung zur Sozialhilfegewährung für Deutsche im Ausland

(1) Deutsche, die am 31. Dezember 2003 Leistungen nach § 147b des Bundessozialhilfegesetzes in der zu diesem Zeitpunkt geltenden Fassung bezogen haben, erhalten diese Leistungen bei fortdauernder Bedürftigkeit weiter.

(2) $_{1}$Deutsche,

1. die in den dem 1. Januar 2004 vorangegangenen 24 Kalendermonaten ohne Unterbrechung Leistungen nach § 119 des Bundessozialhilfegesetzes in der am 31. Dezember 2003 geltenden Fassung bezogen haben und
2. in dem Aufenthaltsstaat über eine dauerhafte Aufenthaltsgenehmigung verfügen,

erhalten diese Leistungen bei fortdauernder Bedürftigkeit weiter. $_{2}$Für Deutsche, die am 31. Dezember 2003 Leistungen nach § 119 des Bundessozialhilfegesetzes in der am 31. Dezember 2003 geltenden Fassung bezogen haben und weder die Voraussetzungen nach Satz 1 noch die Voraussetzungen des § 24 Abs. 1 erfüllen, enden die Leistungen bei fortdauernder Bedürftigkeit mit Ablauf des 31. März 2004.

(3) Deutsche, die die Voraussetzungen des § 1 Abs. 1 des Bundesentschädigungsgesetzes erfüllen und

1. zwischen dem 30. Januar 1933 und dem 8. Mai 1945 das Gebiet des Deutschen Reiches oder der Freien Stadt Danzig verlassen haben, um sich einer von ihnen nicht zu vertretenden und durch die politischen Verhältnisse bedingten besonderen Zwangslage zu entziehen oder aus den gleichen Gründen nicht in das Gebiet des Deutschen Reiches oder der Freien Stadt Danzig zurückkehren konnten oder
2. nach dem 8. Mai 1945 und vor dem 1. Januar 1950 das Gebiet des Deutschen Reiches nach dem Stande vom 31. Dezember 1937 oder das Gebiet der Freien Stadt Danzig verlassen haben,

können, sofern sie in dem Aufenthaltsstaat über ein dauerhaftes Aufenthaltsrecht verfügen, in außergewöhnlichen Notlagen Leistungen erhalten, auch wenn sie nicht die Voraussetzungen nach den Absätzen 1 und 2 oder nach § 24 Abs. 1 erfüllen; § 24 Abs. 2 gilt.

§ 133 Übergangsregelung für besondere Hilfen an Deutsche nach Artikel 116 Abs. 1 des Grundgesetzes

(1) $_{1}$Deutsche, die außerhalb des Geltungsbereiches dieses Gesetzes, aber innerhalb des in Artikel 116 Abs. 1 des Grundgesetzes genannten Gebiets geboren sind und dort ihren gewöhnlichen Aufenthalt haben, können in außergewöhnlichen Notlagen besondere Hilfen erhalten, auch wenn sie nicht die Voraussetzungen des § 24 Abs. 1 erfüllen. $_{2}$§ 24 Abs. 2 gilt. $_{3}$Die Höhe dieser Leistungen bemisst sich nach den im Aufenthaltsstaat in vergleichbaren Lebensumständen üblichen Leistungen. $_{4}$Die besonderen Hilfen werden unter Übernahme der Kosten durch den Bund durch Träger der freien Wohlfahrtspflege mit Sitz im Inland geleistet.

(2) Die Bundesregierung wird ermächtigt, durch Rechtsverordnung mit Zustimmung des Bundesrates die persönlichen Bezugsvoraussetzungen, die Bemessung der Leistungen sowie die Trägerschaft und das Verfahren zu bestimmen.

§ 133a Übergangsregelung für Hilfeempfänger in Einrichtungen

Für Personen, die am 31. Dezember 2004 einen Anspruch auf einen zusätzlichen Barbetrag nach § 21 Abs. 3 Satz 4 des Bundessozialhilfegesetzes haben, wird diese Leistung in der für den vollen Kalendermonat Dezember 2004 festgestellten Höhe weiter erbracht.

§ 133b Übergangsregelung zu Bedarfen für Unterkunft und Heizung

$_{1}$§ 42a Absatz 3 und 4 findet keine Anwendung auf Leistungsberechtigte, bei denen vor dem 1. Juli 2017 Bedarfe für Unterkunft und Heizung nach § 35 anerkannt worden sind, die

1. dem Kopfteil an den Aufwendungen für Unterkunft und Heizung entsprechen, die für einen entsprechenden Mehrpersonenhaushalt als angemessen gelten, oder
2. nach ihrer Höhe der durchschnittlichen Warmmiete eines Einpersonenhaushaltes im örtlichen Zuständigkeitsbereich des für die Ausführung des Gesetzes nach diesem Kapitel zuständigen Trägers nicht übersteigen.

$_{2}$Satz 1 findet Anwendung, solange die leistungsberechtigte Person mit mehreren Personen in derselben Wohnung lebt.

§ 134 Übergangsregelung für die Fortschreibung der Regelbedarfsstufe 6

Abweichend von § 28a ist die Regelbedarfsstufe 6 der Anlage zu § 28 nicht mit dem sich nach der Verordnung nach § 40 ergebenden Prozentsatz fortzuschreiben, solange sich durch die entsprechende Fortschreibung des Betrages nach § 8 Absatz 1 Satz 1 Nummer 6 des Regelbedarfs-Ermittlungsgesetzes kein höherer Betrag ergeben würde.

§ 135 Übergangsregelung aus Anlass des Zweiten Rechtsbereinigungsgesetzes

(1) $_{1}$Erhielten am 31. Dezember 1986 Tuberkulosekranke, von Tuberkulose Bedrohte oder von Tuberkulose Genesene laufende Leistungen nach Vor-

schriften, die durch das Zweite Rechtsbereinigungsgesetz außer Kraft treten, sind diese Leistungen nach den bisher maßgebenden Vorschriften weiterzugewähren, längstens jedoch bis zum 31. Dezember 1987. 2Sachlich zuständig bleibt der überörtliche Träger der Sozialhilfe, soweit nicht nach Landesrecht der örtliche Träger zuständig ist.

(2) Die Länder können für die Verwaltung der im Rahmen der bisherigen Tuberkulosehilfe gewährten Darlehen andere Behörden bestimmen.

§ 136 Erstattung des Barbetrags durch den Bund in den Jahren 2017 bis 2019

(1) Für Leistungsberechtigte nach dem Vierten Kapitel, die zugleich Leistungen der Eingliederungshilfe nach dem Sechsten Kapitel in einer stationären Einrichtung erhalten, erstattet der Bund den Ländern in den Jahren 2017 bis 2019 für jeden Leistungsberechtigten je Kalendermonat einen Betrag, dessen Höhe sich nach einem Anteil von 14 Prozent der Regelbedarfsstufe 1 nach der Anlage zu § 28 bemisst.

(2) 1Die Länder teilen dem Bundesministerium für Arbeit und Soziales die Zahl der Leistungsberechtigten je Kalendermonat nach Absatz 1 für jeden für die Ausführung des Gesetzes nach diesem Kapitel zuständigen Träger mit, sofern diese in einem Kalendermonat für mindestens 15 Kalendertage einen Barbetrag erhalten haben. 2Die Meldungen nach Satz 1 erfolgen

1. bis zum Ablauf der 35. Kalenderwoche des Jahres 2017 für den Meldezeitraum Januar bis Juni 2017,
2. bis zum Ablauf der 42. Kalenderwoche des Jahres 2018 für den Meldezeitraum Juli 2017 bis Juni 2018,
3. bis zum Ablauf der 42. Kalenderwoche des Jahres 2019 für den Meldezeitraum Juli 2018 bis Juni 2019 und
4. bis zum Ablauf der 16. Kalenderwoche des Jahres 2020 für den Meldezeitraum Juli 2019 bis Dezember 2019.

(3) 1Der Erstattungsbetrag für jeden Kalendermonat im Meldezeitraum nach Absatz 2 errechnet sich aus

1. der Anzahl der jeweils gemeldeten Leistungsberechtigten,
2. multipliziert mit dem Anteil von 14 Prozent des für jeden Kalendermonat jeweils geltenden Betrags der Regelbedarfsstufe 1 nach der Anlage zu § 28.

2Der Erstattungsbetrag für den jeweiligen Meldezeitraum ergibt sich aus der Summe der Erstattungsbeträge je Kalendermonat nach Satz 1.

(4) Zu zahlen ist der Erstattungsbetrag

1. zum 15. Oktober 2017 für den Meldezeitraum Januar bis Juni 2017,
2. zum 15. November 2018 für den Meldezeitraum Juli 2017 bis Juni 2018,
3. zum 15. November 2019 für den Meldezeitraum Juli 2018 bis Juni 2019,
4. zum 15. Mai 2020 für den Meldezeitraum Juli 2019 bis Dezember 2019.

§ 136a Erstattung des Barbetrags durch den Bund ab dem Jahr 2020

(1) 1Für Leistungsberechtigte nach dem Vierten Kapitel, die zugleich Leistungen in einer stationären Einrichtung erhalten, erstattet der Bund den Ländern ab dem Jahr 2020 je Kalendermonat einen Betrag, dessen Höhe sich nach den in Satz 2 genannten Anteilen der Regelbedarfsstufe 1 nach der Anlage zu § 28 bemisst. 2Die Anteile an der Regelbedarfsstufe 1 belaufen sich

1. für das Jahr 2020 auf 5,2Prozent,
2. für das Jahr 2021 auf 5,0 Prozent,
3. für das Jahr 2022 auf 4,9 Prozent,
4. für das Jahr 2023 auf 4,7 Prozent,
5. für das Jahr 2024 auf 4,6 Prozent und
6. für das Jahr 2025 auf 4,4 Prozent.

(2) Die Länder teilen dem Bundesministerium für Arbeit und Soziales für jedes Kalenderjahr (Meldezeitraum) von 2020 bis 2025 jeweils bis zum 30. Juni des Folgejahres für jeden Träger, der für die Ausführung des Gesetzes nach diesem Kapitel zuständig ist, die Zahl der Leistungsberechtigten mit, die in einem Kalendermonat des Meldezeitraums für mindestens 15 Kalendertage einen Barbetrag erhalten haben.

(3) 1Der Erstattungsbetrag für jeden Kalendermonat im Meldezeitraum errechnet sich aus der Anzahl der jeweils gemeldeten Leistungsberechtigten multipliziert mit dem Betrag, der sich aus dem sich für das jeweilige Jahr ergebenden Anteil nach Absatz 1 Satz 2 an dem jeweils geltenden Betrag der Regelbedarfsstufe 1 nach der Anlage zu § 28 ergibt. 2Der Erstattungsbetrag für den jeweiligen Meldezeitraum ergibt sich aus der Summe der Erstattungsbeträge je Kalendermonat nach Satz 1.

(4) Der Erstattungsbetrag nach Absatz 3 Satz 2 ist zum 31. August des Kalenderjahres zu zahlen, das auf den jeweiligen Meldezeitraum folgt.

§ 137 Überleitung in Pflegegrade zum 1. Januar 2017

1Pflegebedürftige, deren Pflegebedürftigkeit nach den Vorschriften des Siebten Kapitels in der am 31. Dezember 2016 geltenden Fassung festgestellt worden ist und bei denen spätestens am 31. Dezember 2016 die Voraussetzungen auf Leistungen

9

nach den Vorschriften des Siebten Kapitels vorliegen, werden ab dem 1. Januar 2017 ohne erneute Antragstellung und ohne erneute Begutachtung wie folgt in die Pflegegrade übergeleitet:

1. Pflegebedürftige mit Pflegestufe I in den Pflegegrad 2,
2. Pflegebedürftige mit Pflegestufe II in den Pflegegrad 3,
3. Pflegebedürftige mit Pflegestufe III in den Pflegegrad 4.

2Die Überleitung in die Pflegegrade nach § 140 des Elften Buches ist für den Träger der Sozialhilfe bindend.

§ 138 Übergangsregelung für Pflegebedürftige aus Anlass des Dritten Pflegestärkungsgesetzes

1Einer Person, die am 31. Dezember 2016 einen Anspruch auf Leistungen nach dem Siebten Kapitel in der am 31. Dezember 2016 geltenden Fassung hat, sind die ihr am 31. Dezember 2016 zustehenden Leistungen über den 31. Dezember 2016 hinaus bis zum Abschluss des von Amts wegen zu betreibenden Verfahrens zur Ermittlung und Feststellung des Pflegegrades und des notwendigen pflegerischen Bedarfs nach § 63a in der ab dem 1. Januar 2017 geltenden Fassung weiter zu gewähren. 2Soweit eine Person zugleich Leistungen nach dem Elften Buch in der ab dem 1. Januar 2017 geltenden Fassung erhält, sind diese anzurechnen. 3Dies gilt nicht für die Zuschläge nach § 141 Absatz 2 des Elften Buches sowie für den Entlastungsbetrag nach § 45b des Elften Buches. 4Ergibt das Verfahren, dass für die Zeit ab dem 1. Januar 2017 die Leistungen für den notwendigen pflegerischen Bedarf, die nach dem Siebten Kapitel in der ab dem 1. Januar 2017 geltenden Fassung zu gewähren sind, geringer sind als die nach Satz 1 gewährten Leistungen, so sind die nach Satz 1 gewährten höheren Leistungen nicht vom Leistungsbezieher zu erstatten; § 45 des Zehnten Buches bleibt unberührt. 5Ergibt das Verfahren, dass für die Zeit ab dem 1. Januar 2017 die Leistungen für den notwendigen pflegerischen Bedarf, die nach dem Siebten Kapitel in der ab dem 1. Januar 2017 geltenden Fassung zu gewähren sind, höher sind als die nach Satz 1 gewährten Leistungen, so sind die Leistungen rückwirkend nach den Vorschriften des Siebten Kapitels in der ab dem 1. Januar 2017 geltenden Fassung zu gewähren.

§ 139 Übergangsregelung für Bedarfe für Unterkunft und Heizung ab dem Jahr 2020

(1) Für Leistungsberechtigte,

1. die am 31. Dezember 2019 nach dem Dritten oder Vierten Kapitel und zugleich nach dem Sechsten Kapitel leistungsberechtigt sind und
2. die am 31. Dezember 2019 in einer Unterkunft leben, für die Bedarfe für Unterkunft und Heizung nach § 35 anerkannt werden,

sind, wenn

3. sie am 1. Januar 2020 leistungsberechtigt nach dem Dritten oder Vierten Kapitel sind und zugleich Leistungen nach Teil 2 des Neunten Buches beziehen und
4. die Unterkunft nach Nummer 2 am 1. Januar 2020 als persönlicher Wohnraum und zusätzliche Räumlichkeiten nach § 42a Absatz 2 Satz 1 Nummer 2 gilt,

für diese Unterkunft die Bedarfe für Unterkunft und Heizung nach § 42a Absatz 2 Satz 1 Nummer 1 und Satz 2 zu berücksichtigen.

(2) Leistungsberechtigten,

1. die am 31. Dezember 2019 nach dem Dritten oder Vierten Kapitel und zugleich nach dem Sechsten Kapitel leistungsberechtigt sind und
2. denen am 31. Dezember 2019 Bedarfe für Unterkunft und Heizung nach § 27b Absatz 1 Satz 2 in Verbindung mit § 42 Nummer 4 Buchstabe b anzuerkennen sind,

sind, wenn sie am 1. Januar 2020 leistungsberechtigt nach dem Dritten oder Vierten Kapitel sind und zugleich Leistungen nach Teil 2 des Neunten Buches beziehen, für diese Unterkunft ab dem 1. Januar 2020 Bedarfe für Unterkunft und Heizung nach § 42a Absatz 2 Satz 1 Nummer 2 und Satz 3 anzuerkennen, solange sich keine Veränderung in der Unterbringung ergibt, durch die diese die Voraussetzungen einer Wohnung nach § 42a Absatz 2 Satz 1 Nummer 1 und Satz 2 erfüllt.

§ 140 Übergangsregelung zur Verhinderung einer Zahlungslücke

(1) 1Leistungsberechtigte,

1. die am 31. Dezember 2019 Leistungen nach dem Sechsten Kapitel und ab dem 1. Januar 2020 Leistungen nach Teil 2 des Neunten Buches beziehen,
2. die nach dem Dritten oder Vierten Kapitel leistungsberechtigt sind und deren notwendiger Lebensunterhalt sich am 31. Dezember 2019 nach § 27b ergibt und für die sich ab dem 1. Januar 2020 der notwendige Lebensunterhalt
   a) bei einer Leistungsberechtigung nach dem Dritten Kapitel nach § 27a ergibt,
   b) bei einer Leistungsberechtigung nach dem Vierten Kapitel nach § 42 Nummer 1 bis 3, 4 Buchstabe a und Nummer 5 ergibt und

3. denen ab dem Monat Januar 2020 erstmals eine Rente aus der gesetzlichen Rentenversicherung zufließt,

haben abweichend von § 82 die zufließende Rente im Umstellungsmonat nicht für ihren notwendigen Lebensunterhalt nach dem Dritten oder Vierten Kapitel einzusetzen. 2Umstellungsmonat nach Satz 1 ist der Kalendermonat im ersten Quartal des Jahres 2020, in dem die Rente der leistungsberechtigten Person erstmals zufließt. 3Die Sätze 1 und 2 gelten entsprechend für alle laufend gezahlten und am Monatsende zufließenden Einkommen.

(2) 1Personen,

1. die am 31. Dezember 2019 Leistungen nach dem Sechsten Kapitel und ab dem 1. Januar 2020 Leistungen nach Teil 2 des Neunten Buches beziehen,
2. die ihren sich am 31. Dezember 2019 nach § 27b ergebenden notwendigen Lebensunterhalt nach dem Dritten oder Vierten Kapitel ebenso aus eigenen Mitteln bestreiten können wie ihren sich ab dem 1. Januar 2020
   a) bei einer Leistungsberechtigung nach dem Dritten Kapitel nach § 27a,
   b) bei einer Leistungsberechtigung nach dem Vierten Kapitel nach § 42 Nummer 1 bis 3, 4 Buchstabe a und Nummer 5

   ergebenden notwendigen Lebensunterhalt und
3. denen ab dem Monat Januar 2020 eine Rente aus der gesetzlichen Rentenversicherung zufließt,

erhalten im Umstellungsmonat einen Zuschuss. 2Für den Umstellungsmonat gilt Absatz 1 Satz 2 entsprechend; dies gilt auch, sofern die Rente bereits vor Januar 2020 zugeflossen ist und letztmalig für Dezember 2019 als eigene Mittel für den Lebensunterhalt einzusetzen war. 3Die Höhe des Zuschusses ergibt sich aus den zu Beginn des Umstellungsmonats nicht gedeckten Aufwendungen für den Lebensunterhalt nach Satz 1 Nummer 2; die Höhe des Zuschusses ist begrenzt auf die Höhe der zufließenden Rente. 4Der Zuschuss nach den Sätzen 1 bis 3 gilt

1. als Geldleistung nach dem Vierten Kapitel für Personen,
   a) die unabhängig von der jeweiligen Arbeitsmarktlage voll erwerbsgemindert im Sinne des § 43 Absatz 2 des Sechsten Buches sind und bei denen unwahrscheinlich ist, dass die volle Erwerbsminderung behoben werden kann oder
   b) die in einer Werkstatt für behinderte Menschen nach § 56 des Neunten Buches oder bei einem anderen Leistungsanbieter nach § 60 des Neunten Buches tätig sind oder
   c) die die Altersgrenze nach § 41 Absatz 2 erreicht oder überschritten haben,
2. als Leistung nach dem Dritten Kapitel für Personen, bei denen die Voraussetzungen der Nummer 1 nicht vorliegen.

5Bei Personen, für die Satz 4 Nummer 1 gilt, ist § 44 Absatz 1 Satz 1 nicht anzuwenden. 6Die Sätze 1 bis 5 gelten entsprechend für alle laufend gezahlten und am Monatsende zufließenden Einkommen. 7Der Zuschuss nach den Sätzen 1 bis 3 gilt nicht als Leistung nach § 7 Absatz 1 Satz 1 Nummer 5 und 6 des Wohngeldgesetzes.

§ 141 Übergangsregelung aus Anlass der COVID-19-Pandemie; Verordnungsermächtigung

(1) Leistungen nach dem Dritten und Vierten Kapitel werden für Bewilligungszeiträume, die in der Zeit vom 1. März 2020 bis zum 31. März 2022 beginnen, nach Maßgabe der Absätze 2 bis 4 erbracht.

(2) 1Abweichend von § 2 Absatz 1, § 19 Absatz 1, 2 und 5, § 27 Absatz 1 und 2, § 39, § 41 Absatz 1, § 43 Absatz 1, § 43a Absatz 2 und § 90 wird Vermögen für die Dauer von sechs Monaten nicht berücksichtigt. 2Satz 1 gilt nicht, wenn das Vermögen erheblich ist; es wird vermutet, dass kein erhebliches Vermögen vorhanden ist, wenn die leistungsnachsuchenden Personen dies im Antrag erklären.

(3) 1Abweichend von § 35 und § 42a Absatz 1 gelten die tatsächlichen Aufwendungen für Unterkunft und Heizung für die Dauer von sechs Monaten als angemessen. 2Nach Ablauf des Zeitraums nach Satz 1 ist § 35 Absatz 2 Satz 2 mit der Maßgabe anzuwenden, dass der Zeitraum nach Satz 1 nicht auf die in § 35 Absatz 2 Satz 2 genannte Frist anzurechnen ist. 3Satz 1 gilt nicht in den Fällen, in denen im vorangegangenen Bewilligungszeitraum die angemessenen und nicht die tatsächlichen Aufwendungen als Bedarf anerkannt wurden.

(4) Sofern Geldleistungen der Grundsicherung im Alter und bei Erwerbsminderung nach § 44a Absatz 1 vorläufig oder Geldleistungen der Hilfe zum Lebensunterhalt vorschussweise nach § 42 des Ersten Buches zu bewilligen sind, ist über den monatlichen Leistungsanspruch für Bewilligungszeiträume, die bis zum 31. März 2021 begonnen haben, nur auf Antrag der leistungsberechtigten Person abschließend zu entscheiden; § 44a Absatz 5 Satz 1 findet keine Anwendung.

(5) 1Abweichend von § 34a Absatz 1 Satz 1 gilt der Antrag auf Leistungen nach § 34 Absatz 5 in der Zeit vom 1. Juli 2021 bis zum Ablauf des 31. De-

9

zember 2023 als von dem Antrag auf Leistungen zur Sicherung des Lebensunterhalts mit umfasst. 2Dies gilt für ab dem 1. Juli 2021 entstehende Lernförderungsbedarfe auch dann, wenn die jeweiligen Bewilligungszeiträume nur teilweise in den in Satz 1 genannten Zeitraum fallen, weil sie entweder bereits vor dem 1. Juli 2021 begonnen haben oder erst nach dem 31. Dezember 2023 enden.

(6) Die Bundesregierung wird ermächtigt, den in Absatz 1 genannten Zeitraum durch Rechtsverordnung ohne Zustimmung des Bundesrates längstens bis zum 31. Dezember 2022 zu verlängern.

§ 142 Übergangsregelung für die gemeinschaftliche Mittagsverpflegung für die gemeinschaftliche Mittagsverpflegung für Menschen mit Behinderungen aus Anlass der COVID-19-Pandemie; Verordnungsermächtigung

(1) Wurde im Oktober 2021 ein Mehrbedarf nach § 42b Absatz 2 anerkannt, wird dieser bis zum Ablauf des 31. März 2022 in unveränderter Höhe auch dann anerkannt, wenn abweichend von § 42b Absatz 2 Satz 1 und 2 die Voraussetzungen der Gemeinschaftlichkeit der Mittagsverpflegung und der Essenseinnahme in der Verantwortung des Leistungsanbieters nicht vorliegen. Für die Berechnung der Höhe des Mehrbedarfs sind die Anzahl der für Oktober 2021 berücksichtigten Arbeitstage und die sich nach § 42b Absatz 2 Satz 3 ergebenden Mehraufwendungen je Arbeitstag zugrunde zu legen.

(2) Die Bundesregierung wird ermächtigt, den in Absatz 1 Satz 1 genannten Zeitraum durch Rechtsverordnung ohne Zustimmung des Bundesrates längstens bis zum 31. Dezember 2022 zu verlängern.

§ 143 Übergangsregelung zum Freibetrag für Grundrentenzeiten und vergleichbare Zeiten

Der Träger der Sozialhilfe hat über Leistungen der Hilfe zum Lebensunterhalt und der Grundsicherung im Alter und bei Erwerbsminderung ohne Berücksichtigung eines eventuellen Freibetrages nach § 82a zu entscheiden, so lange ihm nicht durch eine Mitteilung des Rentenversicherungsträgers oder berufsständischer Versicherungs- oder Versorgungseinrichtungen nachgewiesen ist, dass die Voraussetzungen für die Einräumung des Freibetrages vorliegen.

§ 144 Einmalzahlung aus Anlass der COVID-19-Pandemie

1Leistungsberechtigte, denen für den Monat Mai 2021 Leistungen nach dem Dritten oder Vierten Kapitel gezahlt werden und deren Regelsatz sich nach der Regelbedarfsstufe 1, 2 oder 3 der Anlage zu § 28 ergibt, erhalten für den Zeitraum vom 1. Januar 2021 bis zum 30. Juni 2021 zum Ausgleich der mit der COVID-19-Pandemie in Zusammenhang stehenden Mehraufwendungen eine Einmalzahlung in Höhe von 150 Euro. 2Leistungsberechtigten, für die die Regelbedarfsstufe 3 gilt, ist die Leistung nach Satz 1 zusammen mit dem Barbetrag nach § 27b Absatz 3 oder § 27c Absatz 3 auszuzahlen; die Einmalzahlungen für Leistungsberechtigte nach dem Vierten Kapitel sind Bruttoausgaben nach § 46a Absatz 2 Satz 1. 3Die Sätze 1 und 2 gelten nur, sofern bei Leistungsberechtigten kein für sie gewährtes und an sie unmittelbar ausgezahltes oder weitergeleitetes Kindergeld als Einkommen berücksichtigt wird.

Anlage
(zu § 28)

Regelbedarfsstufen nach § 28

gültig ab 1. Januar 2022

Regelbedarfsstufe 1	449 Euro
Regelbedarfsstufe 2	404 Euro
Regelbedarfsstufe 3	360 Euro
Regelbedarfsstufe 4	376 Euro
Regelbedarfsstufe 5	311 Euro
Regelbedarfsstufe 6	285 Euro

gültig ab 1. Januar 2021

Regelbedarfsstufe 1	446 Euro
Regelbedarfsstufe 2	401 Euro
Regelbedarfsstufe 3	357 Euro
Regelbedarfsstufe 4	373 Euro
Regelbedarfsstufe 5	309 Euro
Regelbedarfsstufe 6	283 Euro

gültig ab 1. Januar 2020

Regelbedarfsstufe 1	432 Euro
Regelbedarfsstufe 2	389 Euro
Regelbedarfsstufe 3	345 Euro
Regelbedarfsstufe 4	328 Euro
Regelbedarfsstufe 5	308 Euro
Regelbedarfsstufe 6	250 Euro

gültig ab 1. Januar 2019

Regelbedarfsstufe 1	424 Euro
Regelbedarfsstufe 2	382 Euro
Regelbedarfsstufe 3	339 Euro
Regelbedarfsstufe 4	322 Euro
Regelbedarfsstufe 5	302 Euro
Regelbedarfsstufe 6	245 Euro

gültig ab 1. Januar 2018

Regelbedarfsstufe 1	416 Euro
Regelbedarfsstufe 2	374 Euro
Regelbedarfsstufe 3	332 Euro
Regelbedarfsstufe 4	316 Euro
Regelbedarfsstufe 5	296 Euro
Regelbedarfsstufe 6	240 Euro

gültig ab 1. Januar 2017

Regelbedarfsstufe 1	409 Euro
Regelbedarfsstufe 2	368 Euro
Regelbedarfsstufe 3	327 Euro
Regelbedarfsstufe 4	311 Euro
Regelbedarfsstufe 5	291 Euro
Regelbedarfsstufe 6	237 Euro

gültig ab 1. Januar 2016

Regelbedarfsstufe 1	404 Euro
Regelbedarfsstufe 2	364 Euro
Regelbedarfsstufe 3	324 Euro
Regelbedarfsstufe 4	306 Euro
Regelbedarfsstufe 5	270 Euro
Regelbedarfsstufe 6	237 Euro

gültig ab 1. Januar 2015

Regelbedarfsstufe 1	399 Euro
Regelbedarfsstufe 2	360 Euro
Regelbedarfsstufe 3	320 Euro
Regelbedarfsstufe 4	302 Euro
Regelbedarfsstufe 5	267 Euro
Regelbedarfsstufe 6	234 Euro

gültig ab 1. Januar 2014

Regelbedarfsstufe 1	391 Euro
Regelbedarfsstufe 2	353 Euro
Regelbedarfsstufe 3	313 Euro
Regelbedarfsstufe 4	296 Euro
Regelbedarfsstufe 5	261 Euro
Regelbedarfsstufe 6	229 Euro

gültig ab 1. Januar 2013

Regelbedarfsstufe 1	382 Euro
Regelbedarfsstufe 2	345 Euro
Regelbedarfsstufe 3	306 Euro
Regelbedarfsstufe 4	289 Euro
Regelbedarfsstufe 5	255 Euro
Regelbedarfsstufe 6	224 Euro

gültig ab 1. Januar 2012

Regelbedarfsstufe 1	374 Euro
Regelbedarfsstufe 2	337 Euro
Regelbedarfsstufe 3	299 Euro
Regelbedarfsstufe 4	287 Euro
Regelbedarfsstufe 5	251 Euro
Regelbedarfsstufe 6	219 Euro

gültig ab 1. Januar 2011

Regelbedarfsstufe 1	364 Euro
Regelbedarfsstufe 2	328 Euro
Regelbedarfsstufe 3	291 Euro
Regelbedarfsstufe 4	287 Euro
Regelbedarfsstufe 5	251 Euro
Regelbedarfsstufe 6	215 Euro

Regelbedarfsstufe 1:

Für jede erwachsene Person, die in einer Wohnung nach § 42a Absatz 2 Satz 2 lebt und für die nicht Regelbedarfsstufe 2 gilt.

Regelbedarfsstufe 2:

Für jede erwachsene Person, wenn sie

1. in einer Wohnung nach § 42a Absatz 2 Satz 2 mit einem Ehegatten oder Lebenspartner oder in eheähnlicher oder lebenspartnerschaftsähnlicher Gemeinschaft mit einem Partner zusammenlebt oder
2. nicht in einer Wohnung lebt, weil ihr allein oder mit einer weiteren Person ein persönlicher Wohnraum und mit weiteren Personen zusätzliche Räumlichkeiten nach § 42a Absatz 2 Satz 3 zur gemeinschaftlichen Nutzung überlassen sind.

Regelbedarfsstufe 3:

Für eine erwachsene Person, deren notwendiger Lebensunterhalt sich nach § 27b bestimmt.

Regelbedarfsstufe 4:

Für eine Jugendliche oder einen Jugendlichen vom Beginn des 15. bis zur Vollendung des 18. Lebensjahres.

Regelbedarfsstufe 5:

Für ein Kind vom Beginn des siebten bis zur Vollendung des 14. Lebensjahres.

Regelbedarfsstufe 6:

Für ein Kind bis zur Vollendung des sechsten Lebensjahres.

Anlage
(zu § 34)

Ausstattung mit persönlichem Schulbedarf in Euro

gültig im Kalenderjahr	Teilbetrag für das im jeweiligen Kalenderjahr beginnende erste Schulhalbjahr	Teilbetrag für das im jeweiligen Kalenderjahr beginnende zweite Schulhalbjahr
2019	100 Euro	–
2020	100 Euro	50 Euro
2021	103 Euro	51,50 Euro
2022	104 Euro	52 Euro

Verordnung zur Durchführung der Hilfe zur Überwindung besonderer sozialer Schwierigkeiten

in der Fassung der Bekanntmachung vom 24. Januar 2001 (BGBl. I S. 179)

Zuletzt geändert durch
Gesetz zur Einordnung des Sozialhilferechts in das Sozialgesetzbuch
vom 27. Dezember 2003 (BGBl. I S. 3022)

Auf Grund des § 72 Abs. 5 des Bundessozialhilfegesetzes in der Fassung der Bekanntmachung vom 23. März 1994 (BGBl. I S. 646, 2975), der zuletzt geändert wurde durch Artikel 1 Nr. 4 des Gesetzes vom 25. Juni 1999 (BGBl. I S. 1442), in Verbindung mit Artikel 6 Abs. 1 des Gesetzes vom 16. Februar 1993 (BGBl. I S. 239), verordnet das Bundesministerium für Arbeit und Sozialordnung:

§ 1 Persönliche Voraussetzungen

(1) Personen leben in besonderen sozialen Schwierigkeiten, wenn besondere Lebensverhältnisse derart mit sozialen Schwierigkeiten verbunden sind, dass die Überwindung der besonderen Lebensverhältnisse auch die Überwindung der sozialen Schwierigkeiten erfordert. Nachgehende Hilfe ist Personen zu gewähren, soweit bei ihnen nur durch Hilfe nach dieser Verordnung der drohende Wiedereintritt besonderer sozialer Schwierigkeiten abgewendet werden kann.

(2) Besondere Lebensverhältnisse bestehen bei fehlender oder nicht ausreichender Wohnung, bei ungesicherter wirtschaftlicher Lebensgrundlage, bei gewaltgeprägten Lebensumständen, bei Entlassung aus einer geschlossenen Einrichtung oder bei vergleichbaren nachteiligen Umständen. Besondere Lebensverhältnisse können ihre Ursachen in äußeren Umständen oder in der Person der Hilfesuchenden haben.

(3) Soziale Schwierigkeiten liegen vor, wenn ein Leben in der Gemeinschaft durch ausgrenzendes Verhalten des Hilfesuchenden oder eines Dritten wesentlich eingeschränkt ist, insbesondere im Zusammenhang mit der Erhaltung oder Beschaffung einer Wohnung, mit der Erlangung oder Sicherung eines Arbeitsplatzes, mit familiären oder anderen sozialen Beziehungen oder mit Straffälligkeit.

§ 2 Art und Umfang der Maßnahmen

(1) Art und Umfang der Maßnahmen richten sich nach dem Ziel, die Hilfesuchenden zur Selbsthilfe zu befähigen, die Teilnahme am Leben in der Gemeinschaft zu ermöglichen und die Führung eines menschenwürdigen Lebens zu sichern. Durch Unterstützung der Hilfesuchenden zur selbständigen Bewältigung ihrer besonderen sozialen Schwierigkeiten sollen sie in die Lage versetzt werden, ihr Leben entsprechend ihren Bedürfnissen, Wünschen und Fähigkeiten zu organisieren und selbstverantwortlich zu gestalten. Dabei ist auch zu berücksichtigen, dass Hilfesuchende verpflichtet sind, nach eigenen Kräften an der Überwindung der besonderen sozialen Schwierigkeiten mitzuwirken. Auf Leistungen anderer Stellen oder nach anderen Vorschriften des Zwölften Buches Sozialgesetzbuch, die im Sinne dieser Verordnung geeignet sind, ist hinzuwirken; die Regelungen über Erstattungsansprüche der Leistungsträger untereinander gemäß §§ 102 bis 114 des Zehnten Buches Sozialgesetzbuch finden insoweit auch zwischen Trägern der Sozialhilfe Anwendung.

(2) Maßnahmen sind die Dienst-, Geld- und Sachleistungen, die notwendig sind, um die besonderen sozialen Schwierigkeiten nachhaltig abzuwenden, zu beseitigen, zu mildern oder ihre Verschlimmerung zu verhüten. Vorrangig sind als Hilfe zur Selbsthilfe Dienstleistungen der Beratung und persönlichen Unterstützung für die Hilfesuchenden und für ihre Angehörigen, bei der Erhaltung und Beschaffung einer Wohnung, bei der Vermittlung in Ausbildung, bei der Erlangung und Sicherung eines Arbeitsplatzes sowie bei Aufbau und Aufrechterhaltung sozialer Beziehungen und der Gestaltung des Alltags. Bei der Hilfe sind geschlechts- und altersbedingte Besonderheiten sowie besondere Fähigkeiten und Neigungen zu berücksichtigen.

(3) Bei der Ermittlung und Feststellung des Hilfebedarfs sowie bei der Erstellung und Fortschreibung eines Gesamtplanes sollen die Hilfesuchenden unter Berücksichtigung der vorhandenen Kräfte und Fähigkeiten beteiligt werden. Wird ein Gesamtplan erstellt, sind der ermittelte Bedarf und die dem Bedarf entsprechenden Maßnahmen der Hilfe zu benennen und anzugeben, in welchem Verhältnis zueinander sie verwirklicht werden sollen. Dabei ist der verbundene Einsatz der unterschiedlichen Hilfen nach dem Zwölften Buch Sozialgesetzbuch und nach anderen Leistungsgesetzen anzustreben. Soweit es erforderlich ist, wirkt der Träger der Sozialhilfe mit anderen am Einzelfall Beteiligten zusammen; bei Personen vor Vollendung des 21. Lebensjahres ist ein Zusammenwirken mit dem Träger der öffentlichen Jugendhilfe erforderlich.

(4) Gesamtplan und Maßnahmen sind zu überprüfen, sobald Umstände die Annahme rechtfertigen, dass die Hilfe nicht oder nicht mehr zielgerecht ausgestaltet ist oder Hilfesuchende nicht nach ihren Kräften mitwirken.

(5) In stationären Einrichtungen soll die Hilfe nur befristet und nur dann gewährt werden, wenn eine verfügbare ambulante oder teilstationäre Hilfe nicht geeignet und die stationäre Hilfe Teil eines Gesamtplanes ist, an dessen Erstellung der für die stationäre Hilfe zuständige Träger der Sozialhilfe beteiligt war. Ist die Erstellung eines Gesamtplanes vor Beginn der Hilfe nicht möglich, hat sie unverzüglich danach zu erfolgen. Die Hilfe ist spätestens nach jeweils sechs Monaten zu überprüfen. Frauenhäuser sind keine Einrichtungen im Sinne von Satz 1; ambulante Maßnahmen nach den §§ 3 bis 6 werden durch den Aufenthalt in einem Frauenhaus nicht ausgeschlossen.

§ 3 Beratung und persönliche Unterstützung

(1) Zur Beratung und persönlichen Unterstützung gehört es vor allem, den Hilfebedarf zu ermitteln, die Ursachen der besonderen Lebensumstände sowie der sozialen Schwierigkeiten festzustellen, sie bewusst zu machen, über die zur Überwindung der besonderen Lebensverhältnisse und sozialen Schwierigkeiten in Betracht kommenden Maßnahmen und geeigneten Hilfeangebote und -organisationen zu unterrichten, diese soweit erforderlich zu vermitteln und ihre Inanspruchnahme und Wirksamkeit zu fördern.

(2) Beratung und persönliche Unterstützung müssen darauf ausgerichtet sein, die Bereitschaft und Fähigkeit zu erhalten und zu entwickeln, bei der Überwindung der besonderen sozialen Schwierigkeiten nach Kräften mitzuwirken und so weit wie möglich unabhängig von Sozialhilfe zu leben. Sie sollen auch erforderliche Hilfestellungen bei der Inanspruchnahme in Betracht kommender Sozialleistungen, bei der Inanspruchnahme von Schuldnerberatung oder bei der Erledigung von Angelegenheiten mit Behörden und Gerichten umfassen.

(3) Soweit es im Einzelfall erforderlich ist, erstreckt sich die persönliche Unterstützung auch darauf, in der Umgebung des Hilfesuchenden

1. Verständnis für die Art der besonderen Lebensverhältnisse und die damit verbundenen sozialen Schwierigkeiten zu wecken und Vorurteilen entgegenzuwirken,
2. Einflüssen zu begegnen, welche die Bemühungen und Fähigkeiten zur Überwindung besonderer sozialer Schwierigkeiten beeinträchtigen.

(4) Beratung und persönliche Unterstützung kann auch in Gruppen gewährt werden, wenn diese Art der Hilfegewährung geeignet ist, den Erfolg der Maßnahmen herbeizuführen.

§ 4 Erhaltung und Beschaffung einer Wohnung

(1) Maßnahmen zur Erhaltung und Beschaffung einer Wohnung sind vor allem die erforderliche Beratung und persönliche Unterstützung.

(2) Soweit es Maßnahmen nach Absatz 1 erfordern, umfasst die Hilfe auch sonstige Leistungen zur Erhaltung und Beschaffung einer Wohnung nach dem Dritten Kapitel des Zwölften Buches Sozialgesetzbuch, insbesondere nach § 34.

(3) Maßnahmen der Gefahrenabwehr lassen den Anspruch auf Hilfe zur Überwindung besonderer sozialer Schwierigkeiten bei der Erhaltung und Beschaffung einer Wohnung unberührt.

§ 5 Ausbildung, Erlangung und Sicherung eines Arbeitsplatzes

(1) Die Hilfe zur Ausbildung sowie zur Erlangung und Sicherung eines Arbeitsplatzes umfasst, wenn andere arbeits- und beschäftigungswirksame Maßnahmen im Einzelfall nicht in Betracht kommen, vor allem Maßnahmen, die darauf gerichtet sind, die Fähigkeiten und Fertigkeiten sowie die Bereitschaft zu erhalten und zu entwickeln, einer regelmäßigen Erwerbstätigkeit nachzugehen und den Lebensunterhalt für sich und Angehörige aus Erwerbseinkommen zu bestreiten.

(2) Zu den Maßnahmen können vor allem solche gehören, die

1. dem drohenden Verlust eines Ausbildungs- oder Arbeitsplatzes entgegenwirken,
2. es ermöglichen, den Ausbildungsabschluss allgemeinbildender Schulen nachzuholen und die für die Ausübung einer Erwerbstätigkeit auf dem allgemeinen Arbeitsmarkt notwendigen Fähigkeiten und Fertigkeiten zu erwerben,
3. eine Ausbildung für einen angemessenen Beruf ermöglichen,
4. der Erlangung und Sicherung eines geeigneten Arbeitsplatzes oder einer sonstigen angemessenen Tätigkeit dienen,
5. den Abschluss sozialversicherungspflichtiger Beschäftigungsverhältnisse ermöglichen oder den Aufbau einer Lebensgrundlage durch selbständige Tätigkeit zu fördern.

§ 6 Hilfe zum Aufbau und zur Aufrechterhaltung sozialer Beziehungen und zur Gestaltung des Alltags

Zu den Maßnahmen im Sinne des § 68 Abs. 1 des Zwölften Buches Sozialgesetzbuch gehört auch Hilfe zum Aufbau und zur Aufrechterhaltung sozialer Beziehungen und zur Gestaltung des Alltags. Sie

9

umfasst vor allem Maßnahmen der persönlichen Hilfe, die

1. die Begegnung und dem Umgang mit anderen Personen,
2. eine aktive Gestaltung, Strukturierung und Bewältigung des Alltags,
3. eine wirtschaftliche und gesundheitsbewusste Lebensweise,
4. den Besuch von Einrichtungen oder Veranstaltungen, die der Geselligkeit, der Unterhaltung oder kulturellen Zwecken dienen,
5. eine gesellige, sportliche oder kulturelle Betätigung

fördern oder ermöglichen.

§ 7 Inkrafttreten, Außerkrafttreten

Diese Verordnung tritt am ersten Tag des auf die Verkündung folgenden sechsten Kalendermonats in Kraft. Gleichzeitig tritt die Verordnung zur Durchführung des § 72 des Bundessozialhilfegesetzes vom 9. Juni 1976 (BGBl. I S. 1469), geändert durch Artikel 4 Abs. 5 des Gesetzes vom 16. Februar 1993 (BGBl. I S. 239), außer Kraft.

Verordnung zur Durchführung des § 82 des Zwölften Buches Sozialgesetzbuch

Vom 28. November 1962 (BGBl. I S. 692)

Zuletzt geändert durch
Gesetz zur Änderung des Zwölften Buches Sozialgesetzbuch und weiterer Vorschriften
vom 21. Dezember 2015 (BGBl. I S. 2557)

Auf Grund des § 76 Abs. 3 des Bundessozialhilfegesetzes vom 30. Juni 1961 (Bundesgesetzbl. I S. 815) verordnet die Bundesregierung mit Zustimmung des Bundesrates:

§ 1 Einkommen

Bei der Berechnung der Einkünfte in Geld oder Geldeswert, die nach § 82 Abs. 1 des Zwölften Buches Sozialgesetzbuch zum Einkommen gehören, sind alle Einnahmen ohne Rücksicht auf ihre Herkunft und Rechtsnatur sowie ohne Rücksicht darauf, ob sie zu den Einkunftsarten im Sinne des Einkommensteuergesetzes gehören und ob sie der Steuerpflicht unterliegen, zugrunde zu legen.

§ 2 Bewertung von Sachbezügen

(1) Für die Bewertung von Einnahmen, die nicht in Geld bestehen (Kost, Wohnung und sonstige Sachbezüge), sind die auf Grund des § 17 Abs. 2 des Vierten Buches Sozialgesetzbuch für die Sozialversicherung zuletzt festgesetzten Werte der Sachbezüge maßgebend; soweit der Wert der Sachbezüge nicht festgesetzt ist, sind der Bewertung die üblichen Mittelpreise des Verbrauchsortes zu Grunde zu legen. Die Verpflichtung, den notwendigen Lebensunterhalt im Einzelfall nach dem Dritten Kapitel des Zwölften Buches Sozialgesetzbuch sicherzustellen, bleibt unberührt.

(2) Absatz 1 gilt auch dann, wenn in einem Tarifvertrag, einer Tarifordnung, einer Betriebs- oder Dienstordnung, einer Betriebsvereinbarung, einem Arbeitsvertrag oder einem sonstigen Vertrag andere Werte festgesetzt worden sind.

§ 3 Einkünfte aus nichtselbständiger Arbeit

(1) Welche Einkünfte zu den Einkünften aus nichtselbständiger Arbeit gehören, bestimmt sich nach § 19 Abs. 1 Ziff. 1 des Einkommensteuergesetzes.

(2) Als nichtselbständige Arbeit gilt auch die Arbeit, die in einer Familiengemeinschaft von einem Familienangehörigen des Betriebsinhabers gegen eine Vergütung geleistet wird. Wird die Arbeit nicht nur vorübergehend geleistet, so ist in Zweifelsfällen anzunehmen, daß der Familienangehörige eine Vergütung erhält, wie sie einem Gleichaltrigen für eine gleichartige Arbeit gleichen Umfangs in einem fremden Betrieb ortsüblich gewährt wird.

(3) Bei der Berechnung der Einkünfte ist von den monatlichen Bruttoeinnahmen auszugehen. Sonderzuwendungen, Gratifikationen und gleichartige Bezüge und Vorteile, die in größeren als monatlichen Zeitabständen gewährt werden, sind wie einmalige Einnahmen zu behandeln.

(4) Zu den mit der Erzielung der Einkünfte aus nichtselbständiger Arbeit verbundenen Ausgaben im Sinne des § 82 Abs. 2 Nr. 4 des Zwölften Buches Sozialgesetzbuch gehören vor allem

1. notwendige Aufwendungen für Arbeitsmittel,
2. notwendige Aufwendungen für Fahrten zwischen Wohnung und Arbeitsstätte,
3. notwendige Beiträge für Berufsverbände,
4. notwendige Mehraufwendungen infolge Führung eines doppelten Haushalts nach näherer Bestimmung des Absatzes 7.

Ausgaben im Sinne des Satzes 1 sind nur insoweit zu berücksichtigen, als sie von dem Bezieher des Einkommens selbst getragen werden.

(5) Als Aufwendungen für Arbeitsmittel (Absatz 4 Nr. 1) kann ein monatlicher Pauschbetrag von 5,20 Euro berücksichtigt werden, wenn nicht im Einzelfall höhere Aufwendungen nachgewiesen werden.

(6) Wird für die Fahrt zwischen Wohnung und Arbeitsstätte (Absatz 4 Nr. 2) ein eigenes Kraftfahrzeug benutzt, gilt folgendes:

1. Wäre bei Nichtvorhandensein eines Kraftfahrzeuges die Benutzung eines öffentlichen Verkehrsmittels notwendig, so ist ein Betrag in Höhe der Kosten der tariflich günstigsten Zeitkarte abzusetzen.
2. Ist ein öffentliches Verkehrsmittel nicht vorhanden oder dessen Benutzung im Einzelfall nicht zumutbar und deshalb die Benutzung eines Kraftfahrzeuges notwendig, so sind folgende monatliche Pauschbeträge abzusetzen:
   a) bei Benutzung eines Kraftwagens 5,20 Euro,
   b) bei Benutzung eines Kleinstkraftwagens (drei- oder vierrädriges Kraftfahrzeug, dessen Motor einen Hubraum von nicht mehr als 500 ccm hat) 3,70 Euro,
   c) bei Benutzung eines Motorrades oder eines Motorrollers 2,30 Euro,

d) bei Benutzung eines Fahrrades mit Motor 1,30 Euro

für jeden vollen Kilometer, den die Wohnung von der Arbeitsstätte entfernt liegt, jedoch für nicht mehr als 40 Kilometer. Bei einer Beschäftigungsdauer von weniger als einem Monat sind die Beträge anteilmäßig zu kürzen.

(7) Ist der Bezieher des Einkommens außerhalb des Ortes beschäftigt, an dem er einen eigenen Hausstand unterhält, und kann ihm weder der Umzug noch die tägliche Rückkehr an den Ort des eigenen Hausstandes zugemutet werden, so sind die durch Führung des doppelten Haushalts ihm nachweislich entstehenden Mehraufwendungen, höchstens ein Betrag von 130 Euro monatlich, sowie die unter Ausnutzung bestehender Tarifvergünstigungen entstehenden Aufwendungen für Fahrtkosten der zweiten Wagenklasse für eine Familienheimfahrt im Kalendermonat abzusetzen. Ein eigener Hausstand ist dann anzunehmen, wenn der Bezieher des Einkommens eine Wohnung mit eigener oder selbstbeschaffter Möbelausstattung besitzt. Eine doppelte Haushaltsführung kann auch dann anerkannt werden, wenn der Bezieher des Einkommens nachweislich ganz oder überwiegend die Kosten für einen Haushalt trägt, den er gemeinsam mit nächsten Angehörigen führt.

§ 4 Einkünfte aus Land- und Forstwirtschaft, Gewerbebetrieb und selbständiger Arbeit

(1) Welche Einkünfte zu den Einkünften aus Land- und Forstwirtschaft, Gewerbebetrieb und selbständiger Arbeit gehören, bestimmt sich nach § 13 Abs. 1 und 2, § 15 Abs. 1 und § 18 Abs. 1 des Einkommensteuergesetzes; der Nutzungswert der Wohnung im eigenen Haus bleibt unberücksichtigt.

(2) Die Einkünfte sind für das Jahr zu berechnen, in dem der Bedarfszeitraum liegt (Berechnungsjahr).

(3) Als Einkünfte ist bei den einzelnen Einkunftsarten ein Betrag anzusetzen, der auf der Grundlage früherer Betriebsergebnisse aus der Gegenüberstellung der im Rahmen des Betriebes im Berechnungsjahr bereits erzielten Einnahmen und geleisteten notwendigen Ausgaben sowie der im Rahmen des Betriebes im Berechnungsjahr noch zu erwartenden Einnahmen und notwendigen Ausgaben zu errechnen ist. Bei der Ermittlung früherer Betriebsergebnisse (Satz 1) kann ein durch das Finanzamt festgestellter Gewinn berücksichtigt werden.

(4) Soweit im Einzelfall geboten, kann abweichend von der Regelung des Absatzes 3 als Einkünfte ein Betrag angesetzt werden, der nach Ablauf des Berechnungsjahres aus der Gegenüberstellung der im Rahmen des Betriebes im Berechnungsjahr erzielten Einnahmen und geleisteten notwendigen Ausgaben zu errechnen ist. Als Einkünfte im Sinne des Satzes 1 kann auch der vom Finanzamt für das Berechnungsjahr festgestellte Gewinn angesetzt werden.

(5) Wird der vom Finanzamt festgestellte Gewinn nach Absatz 3 Satz 2 berücksichtigt oder nach Absatz 4 Satz 2 als Einkünfte angesetzt, so sind Absetzungen, die bei Gebäuden und sonstigen Wirtschaftsgütern durch das Finanzamt nach

1. den §§ 7, 7b und 7e des Einkommensteuergesetzes,
2. den Vorschriften des Berlinförderungsgesetzes,
3. den §§ 76, 77 und 78 Abs. 1 der Einkommensteuer-Durchführungsverordnung,
4. der Verordnung über Steuervergünstigungen zur Förderung des Baues von Landarbeiterwohnungen in der Fassung der Bekanntmachung vom 6. August 1974 (Bundesgesetzbl. I S. 1869)

vorgenommen worden sind, dem durch das Finanzamt festgestellten Gewinn wieder hinzuzurechnen. Soweit jedoch in diesen Fällen notwendige Ausgaben für die Anschaffung oder Herstellung der in Satz 1 genannten Wirtschaftsgüter im Feststellungszeitraum geleistet worden sind, sind sie vom Gewinn abzusetzen.

§ 5 Sondervorschrift für die Einkünfte aus Land- und Forstwirtschaft

(1) Die Träger der Sozialhilfe können mit Zustimmung der zuständigen Landesbehörde die Einkünfte aus Land- und Forstwirtschaft abweichend von § 4 nach § 7 der Dritten Verordnung über Ausgleichsleistungen nach dem Lastenausgleichsgesetz (3. LeistungsDV-LA) berechnen; der Nutzungswert der Wohnung im eigenen Haus bleibt jedoch unberücksichtigt.

(2) Von der Berechnung der Einkünfte nach Absatz 1 ist abzusehen,

1. wenn sie im Einzelfall offenbar nicht den besonderen persönlichen oder wirtschaftlichen Verhältnissen entspricht oder
2. wenn der Bezieher der Einkünfte zur Einkommensteuer veranlagt wird, es sei denn, daß der Gewinn auf Grund von Durchschnittssätzen ermittelt wird.

§ 6 Einkünfte aus Kapitalvermögen

(1) Welche Einkünfte zu den Einkünften aus Kapitalvermögen gehören, bestimmt sich nach § 20 Abs. 1 bis 3 des Einkommensteuergesetzes.

(2) Als Einkünfte aus Kapitalvermögen sind die Jahresroheinnahmen anzusetzen, vermindert um die Kapitalertragsteuer sowie um die mit der Erzielung der Einkünfte verbundenen notwendigen

Ausgaben (§ 82 Abs. 2 Nr. 4 des Zwölften Buches Sozialgesetzbuch).

(3) Die Einkünfte sind auf der Grundlage der vor dem Berechnungsjahr erzielten Einkünfte unter Berücksichtigung der im Berechnungsjahr bereits eingetretenen und noch zu erwartenden Veränderungen zu errechnen. Soweit im Einzelfall geboten, können hiervon abweichend die Einkünfte für das Berechnungsjahr auch nachträglich errechnet werden.

§ 7 Einkünfte aus Vermietung und Verpachtung

(1) Welche Einkünfte zu den Einkünften aus Vermietung und Verpachtung gehören, bestimmt sich nach § 21 Abs. 1 und 3 des Einkommensteuergesetzes.

(2) Als Einkünfte aus Vermietung und Verpachtung ist der Überschuß der Einnahmen über die mit ihrer Erzielung verbundenen notwendigen Ausgaben (§ 82 Abs. 2 Nr. 4 des Zwölften Buches Sozialgesetzbuch) anzusetzen; zu den Ausgaben gehören

1. Schuldzinsen und dauernde Lasten,
2. Steuern vom Grundbesitz, sonstige öffentliche Abgaben und Versicherungsbeiträge,
3. Leistungen auf die Hypothekengewinnabgabe und die Kreditgewinnabgabe, soweit es sich um Zinsen nach § 211 Abs. 1 Nr. 2 des Lastenausgleichsgesetzes handelt,
4. der Erhaltungsaufwand,
5. sonstige Aufwendungen zur Bewirtschaftung des Haus- und Grundbesitzes, ohne besonderen Nachweis Aufwendungen in Höhe von 1 vom Hundert der Jahresroheinnahmen.

Zum Erhaltungsaufwand im Sinne des Satzes 1 Nr. 4 gehören die Ausgaben für Instandsetzung und Instandhaltung, nicht jedoch die Ausgaben für Verbesserungen; ohne Nachweis können bei Wohnungsgrundstücken, die vor dem 1. Januar 1925 bezugsfähig geworden sind, 15 vom Hundert, bei Wohnungsgrundstücken, die nach dem 31. Dezember 1924 bezugsfähig geworden sind, 10 vom Hundert der Jahresroheinnahmen als Erhaltungsaufwand berücksichtigt werden.

(3) Die in Absatz 2 genannten Ausgaben sind von den Einnahmen insoweit nicht abzusetzen, als sie auf den vom Vermieter oder Verpächter selbst genutzten Teil des vermieteten oder verpachteten Gegenstandes entfallen.

(4) Als Einkünfte aus der Vermietung von möblierten Wohnungen und von Zimmern sind anzusetzen

bei möblierten Wohnungen 80 vom Hundert,

bei möblierten Zimmern 70 vom Hundert,

bei Leerzimmern 90 vom Hundert

der Roheinnahmen. Dies gilt nicht, wenn geringe Einkünfte nachgewiesen werden.

(5) Die Einkünfte sind als Jahreseinkünfte, bei der Vermietung von möblierten Wohnungen und von Zimmern jedoch als Monatseinkünfte zu berechnen. Sind sie als Jahreseinkünfte zu berechnen, gilt § 6 Abs. 3 entsprechend.

§ 8 Andere Einkünfte

(1) Andere als die in den §§ 3, 4, 6 und 7 genannten Einkünfte sind, wenn sie nicht monatlich oder wenn sie monatlich in unterschiedlicher Höhe erzielt werden, als Jahreseinkünfte zu berechnen. Zu den anderen Einkünften im Sinne des Satzes 1 gehören auch die in § 19 Abs. 1 Ziff. 2 des Einkommensteuergesetzes genannten Bezüge sowie Renten und sonstige wiederkehrende Bezüge. § 3 Abs. 3 gilt entsprechend.

(2) Sind die Einkünfte als Jahreseinkünfte zu berechnen, gilt § 6 Abs. 3 entsprechend.

§ 9 Einkommensberechnung in besonderen Fällen

Ist der Bedarf an Sozialhilfe einmalig oder nur von kurzer Dauer und duldet die Entscheidung über die Hilfe keinen Aufschub, so kann der Träger der Sozialhilfe nach Anhörung des Beziehers des Einkommens die Einkünfte schätzen.

§ 10 Verlustausgleich

Ein Verlustausgleich zwischen einzelnen Einkunftsarten ist nicht vorzunehmen. In Härtefällen kann jedoch die gesamtwirtschaftliche Lage des Beziehers des Einkommens berücksichtigt werden.

§ 11 Maßgebender Zeitraum

(1) Soweit die Einkünfte als Jahreseinkünfte berechnet werden, gilt der zwölfte Teil dieser Einkünfte zusammen mit den monatlich berechneten Einkünften als monatliches Einkommen im Sinne des Zwölften Buches Sozialgesetzbuch. § 8 Abs. 1 Satz 3 geht der Regelung des Satzes 1 vor.

(2) Ist der Betrieb oder die sonstige Grundlage der als Jahreseinkünfte zu berechnenden Einkünfte nur während eines Teils vorhanden oder zur Einkommenserzielung genutzt, so sind die Einkünfte aus der betreffenden Einkunftsart nur für diesen Zeitraum zu berechnen; für ihn gilt als monatliches Einkommen im Sinne des Zwölften Buches Sozialgesetzbuch derjenige Teil der Einkünfte, der der Anzahl der in den genannten Zeitraum fallenden Monate entspricht. Satz 1 gilt nicht für Einkünfte aus Saisonbetrieben und andere ihrer Natur nach auf einen Teil des Jahres beschränkte Einkünfte, wenn die Einkünfte den Hauptbestandteil des Einkommens bilden.

9

§ 12 Ausgaben nach § 82 Abs. 2 Nr. 1 bis 3 des Zwölften Buches Sozialgesetzbuch

Die in § 82 Abs. 2 Nr. 1 bis 3 des Zwölften Buches Sozialgesetzbuch bezeichneten Ausgaben sind von der Summe der Einkünfte abzusetzen, soweit sie nicht bereits nach den Bestimmungen dieser Verordnung bei den einzelnen Einkunftsarten abzuziehen sind.

§ 13 (weggefallen)

§ 14 Inkrafttreten

Diese Verordnung tritt am 1. Januar 1963 in Kraft.

07531 16729
Fax Fr. Schlägel